Minerva Shobo Librairie

未来を創造する
国際マーケティング戦略論

標準化・適応化戦略の理論と実践

金　炯中
[著]

ミネルヴァ書房

はしがき

　本書は，半世紀以上にわたって国際マーケティング研究の中核的領域となっている標準化・適応化戦略に焦点を当て，理論的研究・実証的研究・事例研究といった多方面からのアプローチを通じてリサーチ上の問題と課題の解明を試みると同時に，新しい国際マーケティング戦略の方向性を探索しようとするものである。

　執筆のきっかけとなったのは，筆者が来日した2001年に「JINRO」のマーケティング戦略を目の当たりにしたことである。韓国の大手焼酎メーカーである「眞露」は，進出当初，本国製品をそのまま日本で展開したことで失敗を経験するが，その後，水割りという韓国にはない飲酒文化を考慮し，糖分や容量，またブランド名（漢字からローマ字）などを修正することで，甲類焼酎市場7年連続1位を達成することとなる。当時ほとんどの韓国企業が日本からの撤退を余儀なくされていた中，なぜ同社は成功できたのか？さらには，マーケティングのどの部分をどの程度標準化あるいは適応化すればよいのか？この事例を目撃したことでこのような疑問を抱き，企業の海外展開においてもっとも重要な意思決定問題ともいえる標準化・適応化戦略に関する問題意識を持つようになった。

　グローバル化が新たな局面を迎えている今日，企業間競争は激化の一途をたどっており，海外事業に係わる意思決定問題もますます複雑になってきている。そうした中，企業がグローバル競争に対抗するためには有効な国際マーケティング戦略の構築が不可欠であり，このような現実を反映した国際マーケティング研究の必要性もいっそう高まっている。もちろん，標準化・適応化戦略研究に関しても状況は同様である。

　そこで本書は，標準化・適応化戦略に対する分析枠組を統合的視点から提示すると共に，海外進出戦略および市場細分化戦略との関係を踏まえながら，国際マーケティング戦略の新たな理論的・実践的方向性を提示することを目的と

した。

　本書の特徴をまとめると次の3つがあげられる。第1に，標準化・適応化戦略論に対する先行研究を批判的に検討し，理論上の問題と実証的問題を明らかにした上で，その解決策の一つとして新たな分析枠組を提示したことである。

　第2に，実証研究の蓄積が乏しい日本において，地域市場の重要性に注目し，独自の分析方法を用いながら実証分析を行ったことである。分析に当たっては，アジア市場に進出している韓国企業を対象としているが，中小規模企業の実態について述べていることも特徴の1つである。

　第3に，個別に議論されがちであった海外進出戦略と国際市場細分化にも目を向け，標準化・適応化戦略との連結の重要性について実証分析及び事例分析を通じて強調したことである。

　本書は，2009年に中央大学大学院商学研究科に提出した博士論文「韓国企業の国際マーケティング戦略に関する研究――標準化・適応化戦略を中心として」をベースとしている。それゆえ，いまとなってはやや古いデータもあるが，「遅いと思った時が一番早い時である」という格言を信じ，このタイミングで文書として残すことにした。なお，本書の中で，博士論文以外の形で公刊されている章が2つある。第9章は「標準化・適応化戦略における市場選択の重要性―サムスン電子の事例を中心として―」『国際ビジネス研究』第3巻第2号，2011年を基にしており，第10章は「農心のグローバル化とグローバル・マーケティング管理」『静岡産業大学情報学部研究紀要』第17号，2015年をベースとしている。ただし，各章には大幅な加筆・修正が施されている。

　本書を完成させるまでに，実に多くの方々にお世話になった。

　まず，恩師である中央大学商学部教授の林田博光先生には，深く感謝を申し上げたい。本書の執筆への助言だけではなく，研究の方向性，研究者としての姿勢など多くを学ばせていただいている。林田先生のご指導なくしては，本書の完成はなかったであろう。林田先生には深謝するとともに，先生の御恩に応えるため，今後も研究・教育活動に精進したい。

　博士論文のご指導をして下さった先生方にもお礼申し上げたい。日頃からご指導をいただいている中央大学の三浦俊彦先生をはじめ，中迫俊逸先生，山本慎悟先生，木立真直先生から本研究について有意義なご助言をいただいた。ま

た，奥本勝彦先生，佐久間英俊先生からも貴重なアドバイスをいただいた。

　中央大学の先輩の先生方にもたいへんお世話になっている。特に，東京経済大学の丸谷雄一郎先生と専修大学の石川和男先生には，公私にわたり暖かいご支援をいただいている。また，修士課程入学当時からご指導いただいている名古屋経済大学の徐誠敏先生，関西外国語大学の姜京守先生，関東学院大学の天野恵美子先生，そして別府大学の鄭玹朱先生にも改めて感謝を申し上げたい。

　また，明治大学の大石芳裕先生，日本大学の嶋正先生，明治大学の諸上茂登先生，関西学院大学の藤澤武史先生，前・同志社大学の林廣茂先生，横浜国立大学の谷地弘安先生，和光大学の小林猛久先生，東洋大学の李炅泰先生からは研究会や学会活動の中でご指導をいただいた。さらに，着任当時からご助言いただいている柯麗華先生をはじめ，静岡産業大学の多くの先生方にもお世話になった。共同研究の機会を与えていただいたニューヨーク市立大学の平久保仲人先生，静岡県立大学の尹大榮先生からもご指導をいただいている。こうした諸先生方からのアドバイスやコメントは，筆者の研究の発展に大きく寄与している。心より謝意を表したい。

　そして，本書の出版を快く引き受けてくださり，完成に向けて多大なご協力とご支援をいただいたミネルヴァ書房の東寿浩さんに，心からお礼を申し上げたい。

　最後に，私の研究生活を支えてくれている妻と子供たち，そして両親にも感謝の気持ちを捧げたい。

金　炯中

未来を創造する国際マーケティング戦略論
――標準化・適応化戦略の理論と実践――

目　次

はしがき

序　章　標準化・適応化戦略研究の必要性 …………………………………… 1
　1　問題意識と研究課題　1
　2　研究方法と構成　5

第Ⅰ部　理論研究

第1章　国際マーケティングの概念と標準化・適応化戦略論の変遷史 …… 13
　1　本章の基本課題　13
　2　国際マーケティングの概念の再検討　15
　3　標準化・適応化戦略論の変遷史　23
　4　標準化・適応化戦略論における諸問題　33
　5　標準化・適応化戦略論における問題解決に向けて　38

第2章　標準化・適応化戦略の分析枠組 ……………………………………… 41
　1　分析枠組の必要性　41
　2　標準化・適応化戦略の概念　43
　3　標準化・適応化戦略の理論的背景　47
　4　標準化・適応化戦略の分析枠組に関する先行研究　54
　5　統合的・動態的視点を取り入れた分析枠組の展開　65
　6　統合的・動態的分析枠組の特徴　68

第Ⅱ部　実証研究

第3章　標準化・適応化戦略に影響を与える要因 …………………………… 73
　1　影響要因への注目　73
　2　標準化・適応化戦略に関する実証研究　74
　3　影響要因に関する先行研究の検討および仮説の提示　80
　4　調査の概要および影響要因に関する仮説検証　86
　5　統合的視点から影響要因を考える　96

目次

第4章　国際マーケティング標準化程度の実態 …………………… 99
1　標準化程度の理解の重要性　99
2　標準化程度の実態に関する先行研究　100
3　研究課題と調査方法　107
4　企業要因別にみたマーケティング標準化程度の実態　107
5　企業要因とマーケティング標準化程度の関連性　114

第5章　標準化・適応化戦略と経営成果 …………………………… 116
1　標準化・適応化と経営成果との関係への注目　116
2　標準化・適応化と経営成果に関する先行研究　117
3　経営成果に影響を与える諸要因の検討および仮説の提示　124
4　標準化・適応化戦略と経営成果との関係に対する仮説検証　130
5　経営成果との関係を多面的にとらえることの意義　136

第6章　海外進出戦略と標準化・適応化戦略 ……………………… 140
1　海外進出戦略とマーケティング　140
2　海外進出戦略の全体像　142
3　海外進出戦略の理論と実際　154
4　進出形態別にみた標準化程度の実態　159
5　海外進出戦略と標準化・適応化戦略の関係性を考える　164

第7章　国際市場細分化戦略と標準化・適応化戦略 …………… 167
1　国際市場細分化戦略とマーケティング　167
2　国際市場細分化戦略の全体像　168
3　国際市場細分化変数としての地域市場　178
4　市場細分化戦略と標準化・適応化戦略の連結への試み　185
5　クロスマーケット標準化の活用の可能性　191

第8章　国際マーケティング戦略の成功要因 ……………………… 194
1　成功要因検討の必要性　194

2 国際マーケティングにおける成功要因に関する先行研究 195
3 研究課題と調査の概要 204
4 成功している企業と成功していない企業の実態比較 205
5 アジア市場で有効な国際マーケティング戦略は何か 211

第Ⅲ部 事例研究

第9章 携帯電話端末企業の国際マーケティング戦略 …… 217
1 携帯電話産業における国際マーケティング研究 217
2 既存研究の検討および本研究の分析視点 218
3 携帯電話端末機業界の概況 221
4 サムスン電子の国際マーケティング戦略 225
5 標準化・適応化戦略と市場選択の重要性 236

第10章 食品企業の国際マーケティング戦略 …… 239
1 食品産業と標準化・適応化戦略 239
2 既存研究の検討および本研究の分析視点 240
3 即席麺業界の概況 243
4 農心（即席麺メーカー）の国際マーケティング戦略 245
5 動態的視点を用いた標準化・適応化の実態分析 260
6 動態的視点から標準化・適応化戦略をとらえることの意義 263

終 章 国際マーケティング戦略の新たな方向性 …… 267
1 本研究の総括 267
2 今後の展望と課題 277

参考文献 281
索 引 315

序　章
標準化・適応化戦略研究の必要性

1　問題意識と研究課題

（1）問題意識

　企業活動がグローバル化している現状において，活動している国の状況によらず，マーケティングを世界共通に展開していく標準化戦略をとるか，あるいは活動している国の状況に合わせた適応化戦略をとるかという問題は，1960年代から依然として国際マーケティング領域の関心事となっている。
　このテーマは，1990年代からはある一方を選択する問題ではなく，いかに両方を上手く調整し，良い経営成果を生み出すかという問題へと進展した。つまり，どのような影響要因を考慮して標準化程度を決定し[1]，またそれがどのような経営成果に影響を及ぼすかといった全体的な分析枠組に関心が集まった。
　しかし，このような標準化・適応化戦略の分析枠組には未だ解決されていない問題が残されている。具体的にみると，第1に従来の研究は，標準化・適応化戦略に影響を与える要因に関して外部環境要因または少数の企業内部要因だけに焦点を当てている。標準化・適応化戦略は，現地市場の文化や法規制，顧客の嗜好といった外部環境要因のみならず，戦略的志向性やこれまで蓄積されてきた経験といった企業内部要因からも影響を受ける。したがって，外部環境および企業の内部要因を統合的な視点から考慮した影響要因の提示が必要とされる。

---

[1] 標準化程度（degree of standardization）は，標準化と適応化を1つの連続体の両極端としてみなす考え方である。実際，完全標準化あるいは完全適応化は存在せず，大半の標準化・適応化の決定はこの両極端の間で行われる。これは，標準化程度が高ければ適応化程度は低くなることを意味する。詳細は，Cavusgil, et al.（1993: 483）を参照。

第2に，標準化・適応化戦略に関する従来の研究は，定量調査の結果に対し特定の分析視点をもたず，標準化あるいは適応化の実態をそのまま述べることにとどまっている。唯一，製品の類型別，つまり非耐久消費財，耐久消費財，産業財といった製品カテゴリー別に対象企業を分類し，各々の標準化程度を分析した研究が存在するのみである。この研究は，企業の内部的要因によって標準化程度が異なるという示唆を与えたが，標準化・適応化の実態に対する理解を深めるためには，多様な企業内部的要因を取り入れた追加的研究が必要である。

　第3に，1990年代に入ると，標準化・適応化戦略と経営成果に関する実証的分析が試みられる。だが，それらの分析結果は必ずしも単一の結論を導くものではなかった。すなわち，経営成果との関係が各論者の調査対象，分析方法などにより異なる結果を示しているのである。また，既存研究の大半はマーケティング4Pのみと経営成果との関係を分析している。もとより，経営成果はマーケティングのみで決定されるものではない。マーケティングを実行する際は企業が有する知識や経験といった内部特性も経営成果に影響を及ぼしうるのである。こうしたことから，標準化・適応化戦略と経営成果との関係に対するさらなる研究が求められているといえる。

　以上のように，従来の分析枠組は，まず標準化・適応化戦略の決定に影響を与える要因に関する問題，また，標準化程度に関する問題，そして，標準化・適応化戦略と経営成果に関する問題などさまざまな問題を抱えている。

　標準化・適応化戦略に関する実証研究は，上述したように影響要因，標準化程度，成果との関係分析に焦点が当てられ，標準化・適応化戦略を活用することに対しては関心が払われていなかった。その1つの原因は分析方法にあると考えられる。具体的にみると，従来の研究には，本国と進出国におけるマーケティング戦略を調査した研究と，1つの特定市場に進出している多数の子会社を調査した研究が存在する。もちろん，こうした研究は，企業が進出国市場でいかなる戦略を展開しているのかを分析することによって，あるいは特定市場における多数の子会社の戦略的特性を明らかにすることによって，企業の戦略に関する理解や特定市場に対する理解において有効な情報を与えてきた。しかし，本国市場と進出国市場の次元で検討されてきた従来の分析方法をそのまま

踏襲することが，必ずしも有効であるとはいいがたい。標準化・適応化戦略の活用という観点からすると，従来とは異なる分析方法を用いることが今なお必要とされる。

また，従来の実証研究は，そのほとんどが欧米市場と欧米企業を対象としている。ASEANを含んだアジアの新興市場やアジア企業を分析対象とした研究はほとんど見受けられない。もちろん，国際化が進んでいる欧米市場と欧米企業の特徴が従来の研究により明確になったことは否定できないが，今後の研究においては，他の市場および企業を対象とする積極的な実証分析が必要であろう。

さらに，従来の研究には，個別企業の標準化・適応化に対する事例分析を行っている研究が非常に少ない。もちろん，分析上の問題もあり，容易なことではないと思われるが，個別企業の実態を深く観察し，特定市場においてはマーケティング要素の何をどの程度標準化あるいは適応化していく必要があるかについて，継続的に分析することも必要だと考えられる。

国際マーケティング戦略には，標準化・適応化戦略以外に国際市場細分化戦略，海外進出戦略などが存在する。しかし，従来の標準化・適応化戦略は単独で検討されることが多く，他の国際マーケティング戦略との関係およびその連結については検討されていない状態である。具体的にみると，第1に，海外市場におけるマーケティング要素（4P）は海外進出戦略と密接な関係がある。おそらくその理由の1つは，マーケティング要素に対するコントロール程度が各進出形態によって異なるからであろう。例えば，間接輸出の場合はマーケティング要素に対するコントロール程度が低く，完全所有子会社の場合は比較的コントロールがしやすい。こうした関係から，進出形態の相違はマーケティング要素（4P）の標準化・適応化戦略に重要な影響を与えることが推定される。しかし，従来の研究においては，進出形態はマーケティングの標準化程度を決める要因の1つとしてしか認識されてこなかった。第2に，標準化・適応化戦略に関する既存研究は，国際市場細分化戦略との関係を明確にしておらず，両戦略を効果的に連結することには目を向けていない。特に，従来の細分化変数は顧客ニーズ，文化的特徴のような企業の外部市場環境に集中されていた。もちろん，進出先市場を選択する段階においては，こうした外部市場環境に対する

分析が有効である。しかし，海外に進出を終えた後，つまりすでに多数の海外市場で国際マーケティングを展開している企業においては，外部市場環境による細分化のみならず，現在のマーケティング4Pの標準化程度による細分化市場の提示も可能である。また，従来の研究は，国際市場細分化戦略の変数として地域（region）の重要性をそれほど認識していない。しかし，地理的に近い国は文化的にも類似している可能性が高く，様々な面においてもメリットを持つ。したがって，国際市場細分化の変数を再検討する必要があると思われる。

以上をふまえ，本研究の問題意識をまとめると，次の3つに集約できる。第1に，従来の分析枠組は，まず標準化・適応化戦略の決定に影響を与える要因に関する問題，また，標準化程度に関する問題，そして，経営成果に関する問題などさまざまな問題を抱えており，標準化・適応化戦略にはこうした問題を克服できる新たな分析枠組の提示が求められている。第2に，従来の研究は，本国と進出国という次元での実証分析が大半で，またその対象も欧米市場と欧米企業に偏っているのが現状である。ここには新たな分析方法の導入と分析対象の変換が必要とされる。同時に，個別企業の標準化・適応化に対する実態を，事例分析を通して深く観察する必要があるといえる。第3に，従来の標準化・適応化戦略は，国際市場細分化戦略，海外進出戦略との関係およびその連結に関してはほとんど検討されていない。したがって，標準化・適応化戦略の有効性と可能性のためにも，諸戦略との関係に対する詳細な分析が必要である。こうした問題意識から見出された本研究の具体的な研究課題は以下の通りである。

（2）研究課題

本研究の目的は，従来の国際マーケティングの標準化・適応化戦略がもつ限界を補完するために標準化・適応化戦略における新たな分析枠組を提示すると共に，進出戦略および市場細分化戦略との関係を踏まえながら，標準化・適応化戦略の新たな理論的および実践的視点を提示することである。

本研究における研究課題をまとめると次の通りである。

第1に，今日における標準化・適応化戦略論の課題および問題点は何か。
第2に，標準化・適応化戦略論の背景にはどのような理論が存在するのか，また，今日においてはどのような分析枠組が求められているのか。

第3に,標準化・適応化戦略に影響を与える要因にはどのようなものがあるのか。
第4に,マーケティング標準化程度は企業の内部要因によってどのように異なるのか。
第5に,標準化・適応化戦略はどのような経営成果に影響を与えるのか。
第6に,海外進出戦略と標準化・適応化戦略はどのような関連性を持っているのか。
第7に,国際市場細分化戦略と標準化・適応化戦略はどのような関連性を持っているのか。
第8に,成功している企業群と成功していない企業群の国際マーケティング戦略にはどのような相違点があるのか。
第9に,携帯電話端末企業の標準化・適応化戦略はどのように展開されているのか。
第10に,食品企業の標準化・適応化戦略はどのように展開されているのか。

以上のような研究課題を明確にするため,本研究は次のような研究方法と構成で展開していく。

2　研究方法と構成

(1) 研究方法

本研究は3つのパートで全10章から構成されている。第1章と第2章は理論的研究(文献研究)であり,第3章から第8章までは実証研究(調査研究)である。そして,第9章と第10章は事例研究である。まず,理論的研究は,概念の整理,歴史的考察,理論的背景の検討,そして従来研究の比較検討などを行うため,文献考察を通して展開される。ここでの文献考察は,標準化・適応化戦略に関する研究を中心に,国際マーケティングの概念,進出戦略,国際市場細分化戦略にも注目しながら研究を進める。特に,第1章では標準化・適応化戦略に対する歴史的考察を通して諸問題と課題を明らかにする。第2章では標準化・適応化戦略の諸問題を解決するための新たな分析枠組を提示する。その方法論としては,理論的背景の検討および従来研究の比較検討による文献考察を

行う。文献研究では，韓国，日本，欧米における論文，研究ノート，テキストなど国際マーケティングと関連する領域の文献を用いる。

次に，実証研究では，実際に標準化・適応化戦略がどのように展開されているのかを把握するため，アジア市場における韓国企業を対象に実施した定量調査の結果に基づいて論を進めていく。具体的には，アジア市場の2つ以上の国において事業を展開している企業の海外事業担当者を対象にアンケート調査を行い，実証的な検証を試みる。とりわけ，本研究においては，本国と進出国の次元での分析ではなく，2つの進出国間（クロスマーケット）の次元で分析したことが特徴である。アンケートの統計分析にはt検定，分散分析（ANOVA），そして重回帰分析などを行う。また，その統計処理にはExcelとSPSSを用いる。実証研究に取り入れた第3章から第8章までは，各章ごとのテーマに関する文献を考察し，そこから浮かび上がった仮説を設定，そして統計的ツールを用いて検証を試みる。具体的にみると，第3章では標準化・適応化への影響要因を析出，第4章では企業内部特性を考慮した標準化程度の実態分析，第5章では標準化・適応化戦略と経営成果との関係を検証，第6章では進出戦略と標準化・適応化戦略との関係を分析，第7章では国際市場細分化戦略と標準化・適応化戦略との関係を検討，第8章では国際マーケティング戦略の成功要因を析出する。

最後に，事例研究では，個別企業の標準化・適応化戦略の実態について事例分析を通して明らかにする。対象産業としては，近年ますますグローバル化が進んでいる携帯電話端末産業と食品産業である。分析に当たっては，該当企業の担当者や関係者を対象に実施したインタビュー調査の結果を用いる。具体的には，第9章では，携帯電話端末企業を対象に，国際市場細分化との関連を念頭に置きながら，標準化・適応化戦略の実態を詳細に分析する。第10章では，食品産業の中で即席麺製造企業に注目し，動態的視点を取り入れながら標準化・適応化戦略の実態を検討する。本研究の展開と各章の構成は次の通りである。

（2）**本書の構成**

第1章「国際マーケティングの概念と標準化・適応化戦略論の変遷史」では，

まず，国際マーケティングの概念を明確にする。とりわけ，グローバル・マーケティングとの相違について，発展段階論的アプローチを用いながら明らかにする。次に，国際マーケティング戦略の構図について簡単に検討する。加えて，標準化・適応化戦略論の生成とその発展過程について年代別分析を行う。最後に，こうした歴史的な考察を通して明らかになった標準化・適応化戦略論の今日的課題と問題点を示す。

　第2章「標準化・適応化戦略の分析枠組」では，標準化・適応化戦略論における諸問題を補完する方法として，標準化・適応化戦略の分析枠組に焦点を当てて展開する。まず，標準化・適応化戦略の分析枠組に影響を与えてきた諸理論について検討する。次に，従来の標準化・適応化戦略における代表的な分析枠組を各理論別に分類して考察する。その後，従来の分析枠組の限界を克服するため，諸理論の統合的な視点から新たな分析枠組を提示する。

　第3章「標準化・適応化戦略に影響を与える要因」では，アジア地域市場に進出している韓国企業のサンプルに基づいて，韓国企業の標準化・適応化戦略の決定に影響を与える要因を明らかにする。そのため，標準化・適応化決定に関する影響要因を提示した代表的な先行研究を検討しながら，諸影響要因を提示する。この章では，従来導入されていなかった新たな企業内部要因を提示しながら，影響要因と標準化・適応化との関係を重回帰分析を用いて検証する。

　第4章「国際マーケティング標準化程度の実態」では，従来の標準化程度に関する研究がもつ限界を克服するために独自の分析方法を2通り用い，アジア市場に進出している韓国企業の標準化程度を明らかにする。その分析方法は，第1にアジア地域市場のクロスマーケット（cross-market）における標準化程度をマーケティング要素別に分析し，細分化戦略との連結を試みる。つまり，2つの進出国間におけるマーケティング要素の標準化程度を分析することを通して，新たな視点からの細分化市場を提示する。第2に，企業の内部要因と標準化・適応化との関係を明確にするため，企業の内部要因別に（製品類型別，規模別，国際経験別）マーケティング要素を分類し，t 検定と分散分析（ANOVA）

---

(2) クロスマーケット（crossmarket）分析は，従来のように本国と進出国の次元でマーケティング標準化程度を分析するのではなく，2つの進出国間におけるマーケティング戦略を分析する方法である。詳細は Chung, (2005: 1346) を参照。

を用いて分析する。

　第5章「標準化・適応化戦略と経営成果」では，標準化あるいは適応化戦略を展開することが経営成果にどのような影響を与えるかを分析する。ここでは，従来の研究では考慮されていない企業の内部要因を取り入れながら検証を試みる。これらの関係の検証には重回帰分析を用いる。経営成果の測定に関しては，従来のように客観的変数に限定せず，事業拡張の可能性といったマネージャーの主観的な側面も考慮しながら経営成果と標準化・適応化戦略との関係を検証する。

　第6章「海外進出戦略と標準化・適応化戦略」では，まず，進出動機，進出形態の変化に焦点を当てながら海外進出戦略の理論的検討を行った後，韓国企業のサンプルを取り入れながら，これらの理論と現状を比較分析する。次に，進出戦略（進出形態）と標準化・適応化戦略との関係をより明確にするため，進出形態別標準化程度の相違を分析する。具体的には，まずマーケティング要素を製品，価格，流通チャネル，プロモーションそしてプロセスに分類する。また，進出形態を間接輸出，直接輸出，ジョイントベンチャー，完全所有子会社に大別し，分散分析（ANOVA）を用いながら両戦略の関係を明らかにする。

　第7章「国際市場細分化戦略と標準化・適応化戦略」では，まず，国際市場細分化戦略の概念とその変数について考察する。次に，国際市場細分化の変数として地域市場を提示し，その重要性を明らかにする。最後に，市場細分化変数としての地域市場と標準化戦略との関係をクロスマーケット標準化の概念を用いながら分析し，細分化戦略と標準化戦略との関係における新たな視点の提示を試みる。

　第8章「国際マーケティング戦略の成功要因」では，経営成果を基準に成功している企業群と成功していない企業群を分類し，成功している企業がどのような国際マーケティング戦略を展開しているのかを分析する。ここでは韓国企業のサンプルを対象にt検定を用いて検証する。ここでの成功要因は，企業の内部要因と戦略的要因に分類して検討する。内部的要因には現地知識，海外市場志向性，国際経験などがあり，戦略的要因としては，適切なマーケティング標準化程度，進出形態の変化，革新的適応化の活用などがあげられる。こうした要因を中心に成功している企業の国際マーケティング戦略を明らかにする。

第9章「携帯電話端末企業の国際マーケティング戦略」では，携帯電話端末企業のグローバル競争力を国際マーケティングの標準化・適応化戦略の側面から検討し，その特徴を明らかにする。そのため，近年業績を伸ばしているサムスン電子の携帯電話端末機事業を対象に，国際市場細分化との関係を分析視点に加えながら標準化・適応化戦略の実態を分析する。

　第10章「食品企業の国際マーケティング戦略」では，食品企業の標準化・適応化戦略の実態を動態的視点を取り入れながら明らかにすることを目的とする。そのため，即席麺業界に注目し，後発企業の中でも独自のブランドを構築している農心を対象に事例分析を行う。

　終章「国際マーケティング戦略の新たな方向性」では，各章の内容をまとめると同時に，本研究の意義と限界を提示し今後の研究課題および展望について検討する。

第I部

理論研究

第1章
国際マーケティングの概念と標準化・適応化戦略論の変遷史

1　本章の基本課題

　国際マーケティングという用語は，1950年代におけるアメリカ企業の輸出活動とマーケティング活動の結合によって生成される（森下，1967: 71-72）。国際マーケティングは，前身が輸出マーケティングともいわれ，その後，多国籍マーケティングという用語まで含んだ概念として発展していく。
　しかしながら，1990年代からはグローバル・マーケティングという用語が広く使用されるようになり，従来の国際マーケティングとの区別が困難になってきた。とかく，両概念に対するコンセンサスが未だ存在しておらず，国際マーケティングとグローバル・マーケティングの概念に関する解明が求められている。
　一方，1960年代以降，グローバルな市場においてマーケティングの4P（製品，価格，流通チャネル，販売促進）を標準化するか適応化するかということに関する論題は国際マーケティング戦略を議論する場合，もっとも中心となるテーマであった。
　しかし，このように長年に渡って議論されている標準化・適応化戦略論は，実際のところ，理論的にも実証的にも行き詰っているようにみえる部分が少なくない。例えば，標準化・適応化戦略を展開する理由は，経営成果に何らかの影響を与えるためであるとされてきたが，実証研究においては，標準化・適応化戦略と経営成果との関係が曖昧になっていることが確認される。すなわち，標準化戦略は経営成果に正の影響を与えるという結果を出している研究が存在する一方，負の影響を与えるという結果もある。また経営成果に何の影響も与えないという結果を出している研究も存在するのである。詳細については後述

するが，このような現象は，適応化と経営成果との関係においても同様である。

また，広告から始まった標準化・適応化戦略の議論は，今やその対象が製品を含んだマーケティング・プログラム（4P），それにプログラムを開発および管理するプロセス，加えて他の経営活動および親・子会社の組織的な問題へとその領域が拡張されている。特に，実証分析に用いられているマーケティング標準化戦略の諸変数を検討すると，その変数が大きく異なっていることがわかる。例えば，マーケティング4Pに対する変数だけみても，9変数から21変数まで研究によって異なっており，研究者の間にコンセンサスがない。このように，標準化・適応化戦略の対象について，従来の研究では共通した概念や範囲が確立されていないのである。

こうした問題以外にも，標準化・適応化戦略論においては，解決されるべき多くの問題が残されている状態である。したがって，標準化・適応化戦略論を体系化するためにもこのような問題点を明確にすることが必要とされる。

以上のことから本章は，2つの目的をもつ。第1は，国際マーケティングの概念を明確にすることであり，第2は，標準化・適応化戦略論における諸問題を析出することである。まず，国際マーケティングの概念を明確にするため，国際マーケティングの生成と定義を検討する。特に，国際マーケティングとグローバル・マーケティングの概念を明確にするため，発展段階論的アプローチを用いながら展開する。

次に，国際マーケティングの標準化・適応化戦略論における問題点を探るため，標準化論争が開始した1960年代から2000年代に至るまでの変遷過程を検討する。ここでは，標準化・適応化戦略の対象領域，標準化あるいは適応化の傾向，そして研究形態といった視点をもって従来の研究を考察する。

以上のような目的をもって，本章は次のような構成で展開する。第2節では，国際マーケティングの概念について検討する。具体的には，まず，国際マーケティングの生成と定義を検討し，続いて発展段階論的アプローチから国際マーケティングとグローバル・マーケティングの概念の相違を明らかにする。その後，標準化・適応化戦略を含んだ国際マーケティング戦略の全体的構図を検討する。第3節では，標準化・適応化戦略論の生成とその発展過程を1960年代から年代別に分析し，その変遷過程を明確に提示する。第4節では，歴史的な考

察を通して浮き彫りにされた標準化・適応化戦略論における諸問題を提示する。第5節では，本章の全体をまとめながら，研究課題を提示する。

2　国際マーケティングの概念の再検討

（1）国際マーケティングの生成と定義

国際マーケティングは，輸送と通信の発達および巨大企業の出現により始まったとされている（Wilkins, 1970＝1973: 42-43）。国際マーケティングは国際企業の成立と密接な関係をもっている。当時の先進企業が海外市場を求めて直接投資を行ったこと，またマーケティング政策として地域間価格差別方策を行ったことに注目する必要がある。つまり，国内市場の縮小によって輸出に加え，直接投資を展開するようになり，そこにマーケティングの考え方を導入したことが国際マーケティングの始まりである。[1]

このような国際マーケティングの生成に関しては3つのアプローチが存在する。[2]

第1は，輸出マーケティング・アプローチである。その背景をみると，第2次世界大戦後のアメリカにおいて，資本・生産の集中・独占化が進み，巨大企業が成立した。これは技術革新を伴ってさらに進められ，その巨大企業の生産能力は1国の枠を越えて成長し，世界市場を求めて海外進出をはかる。しかし1950年代後半になると，急速に発展した欧州諸国，日本などの競争が始まり，また進出先国のナショナリズムのもとで貿易の制限も大きくなってくる。そこでアメリカ企業は輸出活動にマーケティングを連結し，単なる輸出活動でなく輸出市場確保という活動を展開する。

第2は，異質環境下のマーケティングである。その特徴は，国際マーケティングが環境の差異によって生じるマーケティング思考および実践の修正（modification）を研究する分野であると考えることである。具体的にみると，世界市場における経済的，社会的，政治的，文化的環境諸要因の多様性に注目

---

[1] 嶋（1985）は，国際化（輸出と直接投資）とマーケティングが並存する時期に，国際マーケティングが成立したと述べている。詳細は，嶋（1985: 81）を参照。

[2] ここでの3つのアプローチは，角松（1983: 47-50）を参考にしている。

し，それらのマーケティング環境への影響，さらにマーケティング活動への影響を明らかにし，マーケティング活動の効果的な適用に寄与することであるとされている。

第3は，国際企業のマーケティングである。アメリカ企業が国際独占体としての性格を強め，その多国籍的事業活動を発展させるなかで生じた世界的視野でのマーケティング管理の問題，世界市場戦略としてのマーケティングのあり方を問う問題が国際マーケティングであると考えるアプローチである。

以上のように，国際企業の台頭，異質環境の理解の必要性，そして輸出活動にマーケティング活動を連結したことなどによって国際マーケティングが生成されたといえよう。

次は，国際マーケティングの定義について検討する。国際マーケティングの定義は研究者によって異なる。例えば，Cateora & Hess（1975: 4 = 1979: 2）は，「国際マーケティングとは，2カ国以上の消費者もしくはユーザーに向けての，ある企業の財貨およびサービスの流れを導く経営諸活動のパフォーマンスである」としている。

また，Terpstra（1972: 4）は「国際マーケティングとは，国境を越えて行われるマーケティングである」と述べている。さらに，Toyne & Walters（1989: 9）は「国際マーケティングとは，その主体の組織や管理プロセスおよび活動範囲を問わず，国境を越えて遂行されるマーケティング諸活動の総称である」と述べている。

このように国際マーケティングの定義は研究者によってやや異なっているが，「2カ国以上」という意味も結局，国境を越えて行われるとみなされるので，本稿では国際マーケティングを「国境を越えて行われるマーケティング諸活動」という広い意味で認識していきたい。

（2）国際マーケティング概念の発展

国際マーケティングの概念をめぐっては未だ明確にされていない部分が存在する。つまり，1990年代に入ってからグローバル・マーケティングという用語が広く用いられるようになり，従来の国際マーケティングとの区別が困難になっている。本題に入る前にこの国際マーケティングとグローバル・マーケティ

ングの両概念に対する理解を明確にする必要があると判断し,以下においては,発展段階論的アプローチから両概念の関係を明らかにする。

　国際マーケティングの発展段階論的アプローチは,国内マーケティングから輸出マーケティング,海外マーケティング,多国籍マーケティング,さらにグローバル・マーケティングへと段階的に変化していくという考え方である。もちろん,論者によっては輸出マーケティングの代わりにエクステンション・マーケティングを,また海外マーケティングの代わりに国際マーケティングや現地マーケティングなどの用語を使っており,それぞれの用語にコンセンサスはない。しかし,ここで注目したいのは用語の問題ではなく,輸出マーケティングからグローバル・マーケティングへと発展していくという考え方である。こうした発展段階論的アプローチを提示した研究者は多数存在するが,ここではその代表的な類型について検討する。

　まず,Keegan（1995: 9-11）は,国内マーケティング,輸出マーケティング,国際マーケティング,多国籍マーケティング,グローバル／トランスナショナル・マーケティングという類型を提示している。また,Kotabe & Helsen（2001＝2001: 12-18）は,国内マーケティングから輸出マーケティング,国際マーケティング,多国籍マーケティング,グローバル・マーケティングへと発展するとしている。さらにJeannet & Hennessey（2004: 3-5）は,国内マーケティングから輸出マーケティング,国際マーケティング,多国籍マーケティング,地域連合（Panregional）マーケティング,最後にグローバル・マーケティングへと進展するとしている。

　一方,日本では嶋（1996: 151-152）が市場空間と戦略視野という2つの軸で,国内から輸出,国際,多国籍,そしてグローバル・マーケティングへ進展するという発展段階を提示している。図1-1はその発展段階を表している。

　また,大石（2004: 19-22）は,時間の経過と管理・統制・調整の困難さとい

---

(3) 例えば,大石（1993: 5）は輸出マーケティングではなく,エクステンション・マーケティングという用語を使っている。また,嶋（2000: 18）は海外マーケティングの代わりに狭義の国際マーケティングという用語を使用している。
(4) 一方,丸谷（2001: 55）は,グローバル・マーケティングの段階を,標準化傾向が強かった狭義のグローバル・マーケティングと世界的標準化および現地適応化の同時達成を目指す広義のグローバル・マーケティングに分類している。

第Ⅰ部　理論研究

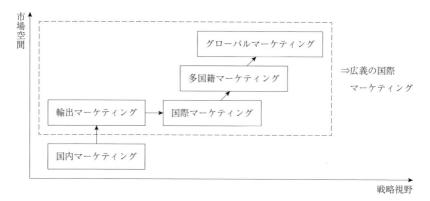

図1-1　国際マーケティングの進展
出所：嶋（1996: 152）から引用。

う2つの軸をもって国際マーケティングの発展段階を提示している。さらに彼は，国際マーケティングの進展を2つの視点から分類している。まず，流通視点からみた諸段階は，国内マーケティングから間接輸出，輸出マーケティング，海外マーケティング，国際ロジスティクスを経てグローバルSCMへ進展するという類型である。また，延長マーケティングからマルチドメスティック・マーケティング，地域マーケティングを経てグローバル・マーケティングへ発展するという考え方は，マーケティング視点からみた国際マーケティングの発展段階である。彼は，流通視点の場合，輸出マーケティングからグローバルSCMまでを，そしてマーケティング視点の場合，延長マーケティングからグローバル・マーケティングまでを広い意味での国際マーケティングであるとしている。

　以上，国際マーケティングの発展段階について簡略に検討したが，各段階に対する用語の差はあるものの，そのほとんどが輸出からグローバル・マーケティングへと発展していくという非常に類似した見解を提示している。また，国際マーケティングを一番広い概念として認識しており，その中でもっとも発展している類型がグローバル・マーケティングであることも共通点である。各段階の特徴は以下のようにまとめられる。

　まず輸出マーケティングは，生産は国内で，消費は国外で行われる（嶋，

1996: 151)。基本的に，製品やサービスは本国市場向けに開発したものであり，製品などの適応化は最小限のレベルにとどまっている（諸上，2002: 92）。研究者によっては輸出マーケティングをエクステンション・マーケティングと呼ぶ場合もある。次に国際マーケティングは，輸出に加え，ライセンシングや直接投資による現地生産なども視野に入れて活動する。また生産および消費の双方が国外ということも多い（嶋，1996: 151-152）。続いて多国籍マーケティングは，国際マーケティングの量的および質的に発展した形態である。論者によってこの段階をマルチドメスティック・マーケティングと呼ぶものもいるが，その特徴は，それぞれの進出先市場のニーズに対応してマーケティングを適応化する傾向が強いことである。最後にグローバル・マーケティングは，一般的に国際マーケティングの発展モデルの最終段階に位置づけられる。その背景としては，グローバルな視点の必要性，グローバル顧客の出現，グローバル競争の激化などがあげられる（諸上，2002: 92-93）。他の段階との相違点はグローバル規模の市場空間と戦略視野を備えたマーケティングであることである（嶋，1996: 152）。

　このように，国際マーケティングは国境を越えて行われるマーケティング活動の総称であり，この広義の国際マーケティングの中には輸出，国際（狭義），多国籍，グローバル・マーケティングが含まれていることが明らかになった。本書においても，こうした発展段階論的立場から国際マーケティングを認識していく。

（3）グローバル・マーケティングの概念

　発展段階論的アプローチの最終段階に位置するグローバル・マーケティングは単純に戦略的視野と市場空間が拡大されたことを意味するだけではない。前の段階の多国籍マーケティングとは異なる特徴を有しているのである。

　グローバル・マーケティングという用語は，1983年Levittによって本格的に使用されるようになる（Jeonnet & Hennessey, 2004: 2）。当初のグローバル・マーケティングの概念については，世界市場の同質化傾向をとらえ，世界的に標準化されたマーケティングであると定義する論者もいたが（Levitt, 1983），

---

(5) 例えば，大石は「多国籍」の代わりに「マルチドメスティック」を使っているが，その特徴はほぼ同じである。詳細は大石（1993: 5）を参照。

その後さまざまな概念が登場することになる。グローバル・マーケティングの概念をより深く理解するため，グローバル・マーケティングに関する諸定義から，その特徴を明らかにしていく。以下においては代表的なグローバル・マーケティングの定義を比較しながら，その特徴を把握する。

まず，Douglas & Craig（1995: 21）は，グローバル・マーケティングを多国籍企業と同様に多数の子会社・経営ユニットを持ち，なおかつその経営者がグローバル規模での潜在的なシナジーを達成するため国境を越えた経営の調整と統合を試みることであると述べている。また，諸上（2002: 93）はグローバル・マーケティングとは，グローバル連結成果を最大化するという親会社の明確な経営ビジョンとコントロールの下に遂行される，グローバルに調整・統合化されたマーケティング活動であるとしている。このように，2つの定義においては，調整と統合という用語が共通してみられる。したがって，グローバル・マーケティングの第1の特徴として，経営活動のグローバルな調整と統合という視点があげられる。

次に，Keegan（1995: 11）は，グローバル・マーケティングは企業の資産・経験・製品をグローバルに利用すること，およびそれぞれの国におけるきわめて独特なものにうまく適合することに焦点を当てることであると述べている。また，大石（2000: 3）は，グローバル・マーケティングは国際マーケティングの現代的形態であって，多国籍企業の世界戦略の一環を担う，世界的視野に基づいた戦略的マーケティングであり，その目的は，世界的規模での効率性とそれぞれの市場における顧客満足の総和を極大化して，世界的規模での競争優位を獲得することであるとしている。ここでは，グローバルに利用（世界的規模での効率性）と現地にうまく適合（現地市場における顧客満足）が類似した概念であると考えられる。したがって，第2の特徴としては，グローバル効率性と現地適合を目指すという視点があげられる。

最後に黄（2003）は，グローバル・マーケティングとは，親会社と海外子会社を1つの経営システムに統合した多国籍企業が，各国の多様な市場環境に適応し，世界規模の効率性およびイノベーションの推進と普及を追及し，競争優

---

(6) また，彼の提示するマーケティング・イノベーションは，新製品，新技術や新しい販売方法の開発などの企業活動を指す。黄（1995: 118）

位を創造・維持する企業の行動であるとしている⁽⁶⁾。ここでは，現地子会社が単なる実行者ではなくイノベーションを起こし，それを世界的なネットワークを通して活用するという考え方がポイントである。したがって，第3の特徴としては，現地市場のイノベーションを活用するという視点があげられる。

　国際マーケティングの最終段階であり，現代的形態であるグローバル・マーケティングは，上述のように標準化されたマーケティングであるという見解から始まったが，今やグローバルな調整と統合，グローバル効率性と現地適合，そして現地イノベーションの活用といった多様な特徴をもつ概念として理解することができる。

(4) 国際マーケティング戦略の構図

　以上，国際マーケティングの概念について考察したが，ここでは，国際マーケティングの中にどのような戦略が存在するかを探り，国際マーケティング戦略の構図を明確にする。

　まず，1996年に発行された『国際マーケティング体系』は4部構成となっているが（角松・大石，1996），第Ⅱ部では国際マーケティングの諸戦略について個別に議論されている。具体的には，国際市場細分化戦略，国際市場進出戦略，国際マーケティング複合化（標準化・適応化）戦略が主な戦略として論じられている。

　また，その他の日本国内と海外の代表的な国際マーケティング関連の文献を検討してみると，国際市場細分化戦略，国際市場進出戦略，そしてマーケティング4P（その中心は標準化・適応化戦略）の各戦略が取り上げられていることが⁽⁷⁾わかる。つまり，これらの3つの戦略が国際マーケティングの中でもっとも中心的なテーマであることを表している。

　さらに，これらの戦略の重要性は国際マーケティングの役割からもうかがうことができる。国際マーケティング戦略は各国市場間に潜在する市場機会の存

---

(7) この3つの戦略は，Keegan（1995），Jeannet & Hennessey（2004），堀出一郎・山田晃久（2003），Kotabe & Helsen（2001）などほとんどのテキストで扱われている。また，他の国際マーケティング戦略としては国際マーケティング・リサーチ，国際マーケティング組織などがあげられている。

第Ⅰ部　理論研究

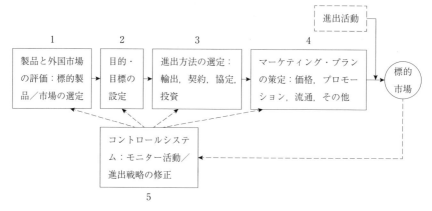

図1-2　海外市場進出戦略の各要素

出所：Root（1982: 4）より筆者作成。

在とその変化を常に探索し，その機会をいかにとらえ，どのような機会を標的として選定するか，さらにその標的市場ごとにいかなるマーケティング・ポジショニングを策定し各市場における競争戦略をいかに形成するか（高井，1980: 17），などの問題を解明する役割を果たすのである。

一方，国際マーケティングの意思決定領域を確認してみると，第1に，国際市場細分化戦略に基づいてターゲット市場を選定する。第2に，ターゲット市場に輸出，合弁事業，直接投資などの市場進出形態を戦略的に選択する。第3に，ターゲット市場向けのマーケティング戦略（4P）を開発・実施する。このように，意思決定領域からも市場細分化戦略，進出戦略，そしてマーケティング4Pの標準化・適応化戦略が中心であることがうかがえる。[8]

加えて，Root（1982）が提示した海外市場進出戦略の各要素（図1-2）からも，国際マーケティング戦略は大きく3つの戦略が中心となっていることが推定できる。すなわち，標的市場を選定するための国際市場細分化戦略，標的市場にどのような進出形態で進出するかという進出戦略，そして標的市場にマーケティング要素（4P）をどのように展開するかに関する標準化・適応化戦略である。

─────────
[8] その他の意思決定領域としては，会社の競争優位構造の確認と事業の定義，そしてマーケティング組織の決定があげられている。詳細は，諸上（1997: 19-20）を参照。

以上のことから，国際マーケティング戦略は，海外市場における機会を探索し，そこからどの市場を標的とするかという市場細分化戦略，標的市場にどのような進出形態で進出するかという進出戦略，そして進出した市場においてどのようなマーケティング活動を展開するかという標準化・適応化戦略がもっとも中心であることが明らかになった。

 以下においては，国際マーケティング戦略の中で標準化・適応化戦略に焦点を当てながら論を展開する。

3 標準化・適応化戦略論の変遷史

 企業活動がグローバル化している今日において，進出先市場の状況によらず，マーケティングを世界共通にしていく標準化戦略をとるか，あるいは進出先市場の状況に合わせた適応化戦略をとるかという問題は，1960年代から依然として，国際マーケティング領域の関心事となっている。

 しかしながら，約40年間にわたる研究の発展にもかかわらず，そこには考慮されるべき多くの理論が明確化されておらず，この重要なテーマはさらなる研究を必要としている。

 本節では，これまでの標準化・適応化戦略がどのように生成され発展してきたかを年代別に分析する。分析に当たっては，大石（1997）およびWaheeduzzaman & Dube（2004）の研究を手掛かりに，国内外の各種文献をレビューした。分析視点は，標準化・適応化戦略の対象領域，標準化あるいは適応化の傾向，そして研究形態などである。

（1）1960年代の研究

 国際広告における標準化・適応化戦略の過去40年間の研究を分析したAgrawal（1995: 26）によると，マーケティングにおける標準化・適応化の問題意識は1923年 Goodyearの広告マネジャーである Brown によって初めて提

---

(9) 例えば，Jain,（1989: 70）と Walters &（1989: 37）など多くの研究者が同意している。また，Elinder はヨーロッパ市場がアメリカナイズしていると認識しながら，ヨーロッパ市場におけるアメリカ企業の広告標準化戦略を主張している。

起されたという。一方，本格的にこの問題に取り組んだのはElinder (1961: 12-16) の研究からであるという認識が多いが，彼はヨーロッパ市場における広告の標準化を主張している。この主張に対しては賛否両論が存在する。例えば，Dichter (1962: 113-122) は標準化傾向が強くなった要因を提示しており，Fatt (1964) は広告が標準化する背景を6つ取り上げている。具体的には，マーケティング・コンセプトの国際化，心理・情緒の国際性，製品の国際化，優れたアイディアの利用，コスト優位性，グローバルTVの発達である。

これに反論する論者として，たとえばRoostal (1963) は，広告標準化に対する障壁として，言語の相違，不十分なマーケティング計画，メディアの相違，規制の相違の4つを提示している。

このような標準化・適応化戦略の論争は広告活動に関することが中心として展開されたが，その後，製品戦略にも注目され，Buzzell (1968) によってマーケティング・ミックス全体へと研究の範囲が広がった。

Buzzell (1968) は標準化の正当性として標準化による潜在的利益（potential benefits）をあげている。具体的には，第1は大幅なコスト削減，第2は顧客への一貫した対応，第3は計画とコントロールの改善，第4は優れたアイディアの活用である。また彼は，西欧諸国の社会経済的状況は標準化が有利とする方向に進んでいるといいながらも，マーケティングの適用にあたっては，障害となる諸要因が存在するため十分な考慮が必要であると述べている。

以上のように，1960年代から本格化された標準化・適応化戦略論は，その対象が広告から始まり，4P全体にまで範囲が広がった。また，広告戦略において標準化か適応化かという論争が生じていたことも特徴である。しかし，この年代の研究形態はそのほとんどが概念的研究にとどまっている。

---

(10) 彼は経済共同体，植民地，旅行の増大，そして移民などが原因で「ワールド・カスタマー」が生成されると予想しながら，Elinderの主張を支持している。

(11) 例えば，Keeganは製品と広告に焦点を当て，次のような戦略的代替案を提示している。戦略1は製品の拡張とコミュニケーションの拡張，戦略2は製品の拡張とコミュニケーションの適応，戦略3は製品の適応とコミュニケーションの拡張，戦略4は両方の適応，戦略5は新製品の開発である。さらに，彼はこれらの戦略をどのように選択するかに関しては，製品—市場分析に立って自社の能力・コストを考慮し，最大の収益が見込める戦略を選ぶべきであると述べている。詳細は，Keegan (1969: 58-62＝1990: 395-404) を参照。

（2） 1970年代の研究

　1970年代には標準化戦略より現地適応化を主張する研究が多かった。例えばWiechman（1974: 17-23）は，国と国の間では高い文化的境界が存在するため，現地の状況に合わせてマーケティング戦略を適応化することを主張している。この時期に適応化を支持する傾向が強かった理由は2つあげられる（大石，1996: 130）。第1に，1970年代に入ってからアメリカ系多国籍企業がヨーロッパにおいて現地企業の競争圧力を受け，シェア確保のため現地ニーズに合わせざるを得なかった。第2に，新しい挑戦者であるヨーロッパ系企業が主として現地適応化によるローカルな競争優位の獲得を狙っていた。こうした理由で1970年代には適応化の必要性が高まり，標準化よりは適応化傾向が強かったことが理解できる。

　また，1970年代には標準化・適応化戦略に対する実証分析が行われる。その代表的なのがSorenson & Wiechmann（1975）である。彼らは，標準化・適応化の程度が4Pの各要素別に異なっていることを実証的に検証した[12]。同時に彼らは，標準化・適応化に重要な影響を与える要因として市場環境の類似性を提示している。このように，彼らの研究は標準化・適応化の決定に影響を与える外部環境要因を提示し，マーケティング要素の標準化程度を実証分析したことは示唆に富んでいるが，標準化の程度を決定する企業内部要因を示していないことは指摘せざるを得ない。

　さらに，この時期においては，マーケティング4Pのみならず，マーケティング・プロセスに関する標準化研究も登場する。最初にマーケティング・プロセスの標準化について問題を提起したのはSorenson & Wiechmann（1975: 54）である。彼らは多国籍企業にとって重要なのはプログラムの標準化よりもそのプログラムを開発するプロセスの標準化であると指摘している。こうしたマーケティング・プロセスの標準化は，本社と海外子会社との間に双方向のコミュニケーションが促進され，現地市場への適応と企業戦略の実行が両立できる能力が高められるといったメリットがあり，標準化・適応化戦略における重要な対象である（Peebles, Ryans & Vevnon, 1978: 34）。

---

[12] 例えば，ブランド，製品，アフタサービスなどについては標準化度が高いが，価格，流通チャネルは適応化度が高いことが示された。

1970年代の特徴としては，まず標準化・適応化の対象がマーケティング・プログラム（4P）からプログラムを開発するプロセスにまで拡大されたことである。また，標準化・適応化の傾向をみると，現地市場への適応化戦略が強調されていることが明らかになった。さらに，研究形態としては概念的研究のみならず，実証的研究が出現したこともこの年代の大きな特徴である。

（3）1980年代の研究

1980年代にはこの領域において注目すべき論文が数多く登場する。まず，Levitt（1983）は，市場の同質化を認識しながら標準化を主張している。彼が主張する世界的標準化戦略は論争の形で進展していくことになるが，その主張については支持もあるが[13]，批判も多い。

例えば，Kotler（1986: 13-15）は各国市場には政府規制や気候，文化，経済，そして消費者行動などの点において，超えることが難しい異質性が存在することを指摘している。また，Douglas & Wind（1987）は，国内市場でさえ市場細分化されている時代に世界市場を単一市場として取り扱うことは無理があり，世界標準化は多くの選択肢の中の１つにすぎないと述べている。 さらに，Picard et al.（1988）は，ヨーロッパにおけるアメリカ子会社のマーケティング活動を実証分析し，国別の差異は減少していないこと，また規模の経済性が重要視される耐久消費財においても現地適応化傾向があることを明確にした。

こうした標準化・適応化戦略の論争は，標準化か適応化という選択の問題として認識されてきたが，Takeuchi & Porter（1986）によって既存の観点が大きく変わることとなる。彼らは，競争優位を確立するためには標準化と適応化の両方の利点が同時に達成しなければならないと主張しながら，マーケティング活動の配置と調整の重要性を提唱している。まず，配置は，新製品開発，販売促進，宣伝などの活動を世界のどこで行うべきかを決めることである。ここでは，販促材料の製作，サービス業務，訓練，媒体選択などの活動は世界的に集中し，その他のマーケティング活動は各地域に分散配置することを言及している。次に調整は，マーケティング活動を標準化するか適応化するか，あるい

---

[13] 例えば Huszagh et al.（1985: 31-43）は，製品の性質と市場の類似性との関係を調査し，標準化の可能性を検討している。

はそれらを同時達成するかの問題であるが，この調整には，すべての国に共通な方法の適用，国の間でのノウハウの転換，マーケティング業務の統合といった問題が含まれる。さらに，彼らは日本企業が取り扱う46の製品カテゴリーの標準化について調査を行った。その結果をみると，ブランド名，製品保証，広告テーマ，サービスにおいては標準化が進んでおり，他方，価格政策，販売促進，流通チャネル，広告メディアなどについては標準化程度が相対的に低いことが判明した。最後に，彼らは研究開発，製造といった他の経営活動との連結の重要性について強調している。

続いて1980年代の実証研究として，Quelch & Hoff（1986）が実施したコカ・コーラとネスレのマーケティング戦略の比較研究があげられる。彼らは，同じ産業に属する2社間においても，4Pの標準化・適応化には大きな差が存在することを明らかにした。具体的には，ネスレ社はマーケティング要素の大半を適応化しているが，その中で製品デザイン，ブランド名，パッケージは標準化していることが明らかになった。これに対し，コカ・コーラ社は，流通，販売促進，顧客サービスは適応化しているが，それ以外のほとんどは標準化で展開していることが明確になった。

このように，1980年代までの実証研究から明らかになったことは，まず，マーケティングの各要素別に標準化程度が異なることであり，次に，同じ産業に属しても，標準化程度が大きく異なることである。

一方，マーケティング・プロセスに関する研究としては，Kashani（1989）の研究があげられる。彼はプロセスの改善がグローバル・マーケティングにおいて非常に重要であると主張している。すなわち，市場調査方法を一定にすることやイノベーションの移転など，海外市場におけるマーケティングプロセスの重要性を強調している。

最後に，この年代には従来の標準化・適応化論争に終止符を打つような研究がもう1つ登場する。すなわち，Jain（1989: 71）は，標準化・適応化の問題は，完全な標準化と完全な適応化との二者択一的なものではなく，その「程度」が問題であると述べながら，(14) 標準化・適応化決定に影響を与える内部要因と外部

---

(14) また，類似した概念としてDouglas & Wind（1987: 27）の「ハイブリッド（hybrid）」が存在する。

要因を提示している。こうした考え方により，標準化・適応化戦略の論争は，企業内部要因と外部環境要因を考慮しながら標準化程度を決めていくという程度の問題として落ち着くことになる。

1980年代は，標準化と適応化に対する論争が激しく展開されたが，結局バランス（あるいは適切な標準化程度）を取ることが重要であるということ結論に落ち着く。また，標準化・適応化戦略の対象においては，マーケティング・プログラムとプロセスのみならず，他の経営活動との連結にまでその必要性が拡大された。加えて，この時期における研究の形態は概念的な研究が主流であったが，企業の標準化程度を分析した実証研究も複数確認された。

（4）1990年代の研究

1990年代に入ると，Jain（1989）などが導入したコンティンジェンシーの概念が標準化・適応化戦略研究に大きな比重を占めることとなる。例えば，Cavusgil et al.（1993）はコンティンジェンシー・アプローチを用いながら製品とプロモーションの適応化戦略を検証した。このコンティンジェンシー・アプローチは，標準化と適応化を1つの連続体の両極端として認識する。つまり，適応化の程度が高ければ標準化の程度は低くなる。Cavusgil et al.（1993: 479-506）の研究で注目したいもう1つは，彼らは製品戦略に影響を与える要因を進出当時と進出後（現在）に分けて分析していることである[15]。このような進出当時と進出後という動態的視点は，世界主要市場に進出を終えている多くの多国籍企業に，進出後の国際マーケティング活動の重要性を認識させる有効な視点であると考えられる。

日本においては，まず，大石（1996: 26）が国際マーケティングにおける世界的標準化と現地適合化の双方のメリットを同時に達成する複合化（Duplication）戦略を提唱している。

また，黄（1993）は標準化・適応化戦略における革新的適応の重要性を強調している。彼は環境の多様性と組織の複雑性に適応するため，多国籍企業のグ

---

[15] 分析の結果，市場進出当時の製品適応化は製品の文化的特殊性（cultural specificity of product）に影響を受ける。また市場進出後の製品適応化は企業の国際経営経験，製品の文化的特殊性，そして市場の競争によって影響を受けるとしている。

ローバル・マーケティング戦略を多様な関係から解明しなければならないと主張しながら、海外子会社のマーケティング行動を解明することが重要であるとしている。要するに、彼は子会社の革新的な適応によるイノベーションを全社的に普及することを強調している。これは、標準化・適応化戦略の対象が子会社のイノベーション活動にまで拡大され、組織的な側面から標準化・適応化の問題にアプローチできることを意味する。

さらに、谷地（1994）はマーケティングと生産という2つの活動に焦点を当て標準化の有効性問題と可能性問題の存在を明確にしている。彼は、従来の研究が外部要因の異同による標準化可能性のみを検討しており、標準化の有効性問題を無視していると指摘している。

一方、1990年代における実証研究をみると、まず、プロセスに関してはAkaah（1991）が、製品要素を除くその他のマーケティング要素に比べ、マーケティングの計画プロセス、予算及び管理システムといったプロセスの標準化程度が高いことを明確にした。

次に、標準化程度の実態について分析したBoddewyn et al.（1995）[16]は、1973年から10年ごとに在欧・米国企業を分析しているが、その結果、全体的に標準化傾向が増加していることを明らかにしている。

特に、1990年代には、標準化・適応化戦略と経営成果との関係を明確化するための実証研究が登場する。例えば、Smmiee & Roth（1992）は、アメリカ企業を対象に標準化と経営成果との関係を分析した。その結果、標準化は経営成果に何の影響も与えていないことを検証した。

また、米国の製造企業100社を対象に標準化と経営成果との関係を分析したShoham（1996）の研究では、製品ライン、価格、販売勢力の管理における適応化が経営成果に正の影響を与えることが明らかになった。

以上のことから、1990年代における標準化・適応化戦略の特徴は以下のように要約できる。まず、標準化・適応化戦略の時間的認識が進出当時と進出後にまで拡大された。次に、マーケティングのプロセスに加え、子会社の積極的な

---

[16] 彼らはヨーロッパ市場におけるアメリカ企業の子会社を対象に73年、83年、93年に標準化戦略の変化について実証分析を行ったが、非耐久消費財の標準化程度が高くなっていることを報告している。

活動を求める組織的な観点が取り上げられた。加えて，実証研究においては，標準化程度の実態分析と標準化程度決定に影響を与える要因の識別のみならず，標準化あるいは適応化戦略が経営成果に影響を与えるかどうかに関する問題まで視野が拡張された。

(5) 2000年代の研究

　2000年代になると，概念的研究より実証的研究が増える傾向がみられる。まず，O'Donnell & Jeong (2000: 19-33) は，医療機器や測定装置といったハイテク産業財を扱っているアメリカ，イギリス，カナダ，ドイツそして日本企業を対象に標準化戦略と経営成果との関係を分析した。経営成果としては海外子会社の売上高，市場シェア，新製品開発，市場開拓の4つの変数を使用している。分析の結果，標準化と子会社の成果との間に正の関係があることが明確になった。

　また，この時期には企業の内部要因の重要性を強調しながら，企業内部要因と標準化・適応化，そして経営成果との関係を検証する研究が登場する。その例としてSolberg (2000) は，現地市場に対する知識（マーケティング環境の理解など）とマーケティング意思決定の影響力（現地マーケティング活動の統制）を中心に4つの組織ソリューションを提示している。成果に対する彼の仮説は，4つのグループの中で現地の知識が高い組織が経営成果も一番高いということであった。分析の結果，この仮説は支持され，知識と経営成果には正の関係があることが確認できた。

　2000年代においても，1990年代と同様に標準化・適応化戦略の対象が4Pを越えて拡大される現状がみられる。例えば，長期間に渡って標準化・適応化戦略を分析しているZou & Cavusgil (2002: 40-56) は，グローバル・マーケティング戦略 (GMS) の3つのパースペクティブを提示し戦略的成果と財務的成果との関係を分析している。具体的にみると，まず，標準化パースペクティブは

---

(17)　4つの組織としては，意思決定力を子会社がもっており，現地の知識が低い組織はLocal Baronies，現地の知識が高いのはConfederationである。また，意思決定力を本社がもっており，現地知識が低い組織はCivil War，知識が高いのはFederationとなっている。詳細は，Solberg (2000: 78-98) とSolberg (2002: 1-21) を参照。

第1章　国際マーケティングの概念と標準化・適応化戦略論の変遷史

もっとも文献数が多いパースペクティブである。標準化の支持者はコミュニケーションと移動手段の進歩によって世界市場が同質化されることを信じている。このパースペクティブは標準化されたプログラムを利用し，標準化された製品を販売することで規模の経済性という利益を享受できるというところに注目している。次に，配置・調整パースペクティブには，マーケティング活動の「配置」と「調整」をポイントとしている。グローバル・マーケティング戦略は多様なホスト国に参加する比較優位と異なる国から国境を越えて存在するシナジー効果を利用することを目的としている。さらに，分化を通じた立地特殊的比較優位を利用することができる配置と，規模の経済，範囲の経済，学習からシナジーを獲得することができる調整が企業にとって重要であるという考え方である[18]。最後は統合パースペクティブであるが，これは企業の競争バトルを，国境を超えてどのように計画を立て，どのように実行するかに関係する。このパースペクティブは主要な世界市場において競争的影響力を獲得するための参加と異国家間の競争的活動の統合をキーとして考えている。グローバル産業において，異なる国におけるオペレーションは相互依存しており，企業は他国から生じた資源でいくつかの市場の中でのオペレーションを補助することができなければならない[19]。

　このように，彼らが提唱したグローバル・マーケティング戦略は，4Pの標準化・適応化戦略を中心にマーケティング活動の集中化，調整，そして市場参加および統合的競争行動までを含んだ広義のグローバル・マーケティング戦略となっている。ここで注目したいのは，標準化・適応化戦略が4Pに限定されず，1980年代に提示された配置と調整の次元を超え，参加と統合といった領域までその対象が拡張されたことである。

　Zou & Cavusgil（2002: 42）の研究のもう1つの特徴は，グローバル・マーケティング戦略に影響を与える要因の中で国際経験，グローバル経営志向性と

---

[18] 例えば，配置の主な側面は集中化の程度である。製品開発や設計は高いレベルの技術が存在する限られた国に集中されうるし，労働集約的製造は，労働コストが比較的安い国に集中されうる。したがって企業は各々の国からの比較優位から利益を獲得できる。詳細は，Zou & Cavusgil（2002: 41-42）を参照。
[19] また，このパースペクティブの本質は，世界の主な市場を越えて競争の移動を統合することである。

第1部　理論研究

表1-1　標準化・適応化戦略の変遷過程

	1960年代	1970年代	1980年代	1990年代	2000年代
時間的認識	現時点	現時点	現時点	進出時と現時点	現時点
標準化対象	広告⇒4P	4P, プロセス	4P, プロセス, 他の経営活動	4P, プロセス, 他の経営活動, 組織的観点	4P, プロセス, 他の経営活動, 組織的観点
標準化／適応化傾向	広告の標準化論争	適応化が主流	標準化論争⇒標準化程度	標準化程度の問題	標準化程度の問題
研究の形態	概念的研究が主流	実証研究の出現	概念的研究, 実証的研究	概念的研究, 実証的研究	実証研究の割合が大幅に増加
実証研究の焦点	ほとんどない	標準化の実態	標準化の実態	標準化程度, 影響要因の識別, 成果との関係	標準化と成果の分析が主流, 内部要因と成果との関係

出所：筆者作成。

いった内部要因を積極的に取り入れたことである。とりわけ，こうした内部要因と経営成果との関係を実証的に分析したことも特徴としてあげられる。

一方，日本に目を向けると，まず臼井（2003）は，国際マーケティング行動と競争優位の関係を測定する分析フレームを構築するために資源ベース理論を用いて，企業要因を再構築している。彼は，国際マーケティング行動[20]を決定する要因である環境要因，市場要因，産業・製品要因，企業要因の中で，企業内部の諸要因を考察する必要があると述べながら，資源の有効性とポジション，資源の所在，そして資源の国際的分散度が重要であると主張している[21]。

また，日本企業の国際マーケティング戦略について実証分析を行った諸上（2001）は，標準化・適応化戦略は経営成果に重要な影響を及ぼしていないが，国際ロジスティクスは経常利益に多少の影響を与えていることを明らかにした。彼は国際マーケティング活動から国際ロジスティクスのような他の経営活動ま

---

[20]　彼のいう国際マーケティング行動とは，国際マーケティング4Pの標準化・適応化に加えて，研究開発，生産，製品や部材の調達といったマーケティング関連行動や，マーケティング計画，統制，評価といったいわゆるマーケティング・プロセスの国際的な調整ないし統合化など，国際マーケティングに関連する行動の総称である。
[21]　しかしながら，彼は国際マーケティング行動と価値付加活動／価値連鎖によってもたらされる競争優位がどのような方法と指標で測定できるかについては言及していない。

で国際マーケティング戦略の対象領域が拡張されるべきであると主張している（諸上，2003: 22）。

　2000年代は，1990年代に続いて標準化・適応化の対象が他の経営活動まで拡大されていることが確認できる。また，この年代においては，現地市場に対する知識や国際経験といった内部要因と経営成果との関係を分析した研究が実施されるなど活発な実証研究が行われるようになった。

　以上，1960年代から2000年代までの代表的な研究を取り上げながら，標準化・適応化戦略論の変遷過程について簡単に検討した。その内容は表1-1のように整理できる。

　このように，標準化・適応化戦略の生成初期から近年までの歩みを検討してみたが，そこにはいまだ数多くの課題が残されている。次節においては，標準化・適応化戦略の歴史的考察を通して浮き彫りになった問題点および課題を提示する。

4　標準化・適応化戦略論における諸問題

　標準化・適応化戦略の意思決定問題は，1960年代と1980年代においては論争の形に進展するなど，国際マーケティング研究においてもっとも中心となるテーマである。この標準化・適応化戦略論は1960年代から現在に至るまでさまざまな議論がなされているが，そこにはいくつか解決されるべき，問題点が残されている。

（1）分析上の問題

　まず，国際マーケティングにおける標準化・適応化戦略の分析対象は，非常に欧米に偏っている。すなわち，分析における対象市場と対象企業のほとんどが欧米市場と欧米企業となっている。

　これに対し，ASEANを含んだアジア地域市場やその他の新興市場を対象とした研究は非常に少ない。また，分析対象となる企業においても同様である。もちろん，従来の研究により欧米市場と欧米企業の特徴が明確になったことは否定できないが，今後は，アジアなど他の市場および企業を対象とする分析が

必要とされよう。

次に，既存研究の検討から，本国と1つの進出国間のマーケティング戦略を調査した研究と1つの特定市場に進出している子会社を比較分析した研究がほとんどであることが明らかになった。

こうした研究は，1つの企業が進出国市場でいかなる戦略を展開しているかを分析することによって，あるいは，特定市場における多数国の子会社の戦略的特性を明らかにすることによって，企業戦略に関する理解や特定市場に対する理解において有効な情報を与えてきた。

しかしながら，こうした研究方法を踏襲することが必ずしもこの分野の研究を発展させるとは限らない。むしろ，従来とは異なる視点から標準化・適応化戦略を分析することが必要であると考えられる。

（2）対象領域に関する問題

先述したとおり，広告から始まった標準化・適応化戦略の議論は，今やその対象が製品を含んだマーケティング4P（プログラム），それに4Pを開発および管理するプロセス，加えて他の経営活動および親・子会社の組織的な問題へとその領域が拡張されている。

特に，標準化・適応化戦略の実証分析に用いられているマーケティング諸変数を検討すると，その変数が大きく異なっていることが確認できる。例えば，Shoham（1996）は9変数を用いているがAkaah（1991）は21変数を用いてマーケティングの標準化・適応化戦略の実態を分析している。

このように，標準化・適応化戦略の対象について，従来の研究では共通した概念や範囲が確立されていない。もちろん，従来の研究自体が多様な研究目的や分析視点に基づいて検討されており，そのため共通した範囲が確立されにくくなっていることが予想される。現実的には，拡張された領域を念頭に置き，統合的な考え方を持って標準化・適応化戦略に取り組むことは重要であるが，実証研究においては，標準化・適応化戦略に対する詳細な分析を行うためにも他の経営活動を含まず，4Pとプロセスを中心とするマーケティング戦略に集中することが必要であると考えられる。

（3）標準化・適応化戦略と経営成果に関する問題

　標準化・適応化戦略論におけるもう1つの問題は，標準化・適応化戦略と経営成果に関する分析結果に一貫性がないことである。例えば，Smmiee & Roth（1992）は，標準化が経営成果に何の影響も与えていないという結果を出している。これに対してO'Donnell & Jeong（2000）は，標準化戦略と経営成果との間に正の関係があることを明らかにした。

　一方，Cavusgil & Zou（1994: 1-21）は，製品の適応化は成果に正の影響を与えるという結果を出しており，Shoham（1996）も，製品ライン，価格，販売勢力の管理における適応化は経営成果に正の影響を与えると報告している。しかし，Robles & Akhter（1997: 65-91）は，適応化が経営成果に影響を与えないという結果を出している。

　このように，標準化・適応化と経営成果との関係が曖昧であることが認識できる。この問題に対し，馬場（2004）はShoham（1995）の研究をふまえ，実証結果の比較可能性の問題と調査方法の限界について言及している。具体的にみるとまず，実証分析のコンテクストや用いられる尺度が異なっているため，一連の実証結果の比較は困難である。また，共通の尺度で構成概念を測定する志向性に欠けていることも比較を困難にさせている。さらに，サンプルとなった企業が属している産業が異なっていることや調査を実施した時期が異なっていることなども既存研究の比較を困難にさせると考えられる。

　こうした問題が発生するのは，Theodosiou & Leonidou（2003: 162）のいうように，標準化・適応化と経営成果との関係に関する研究はそれほどなされてはいないことも1つの原因かもしれない。したがって，標準化・適応化戦略と経営成果に関するさらなる研究が必要とされる。

　続いて，従来の研究は国際マーケティング戦略と経営成果を分析する際に，標準化・適応化戦略と経営成果との関係のみを分析しているのが大半である。しかし，経営成果は企業の内部要因からも直接影響を受ける可能性も十分考え

---

(22) 彼らは，プロモーションの適応化は成果に負の影響を与えているとしている。
(23) 彼らはアメリカの企業57社を対象に分析を行った。
(24) 馬場（2004: 9）。また，Shoham（1995: 91-119）は90年代前半までの標準化・適応化と成果の関係に関する実証結果をレビューし，標準化と成果との関係が研究ごとに異なることを指摘している。

られる。にもかかわらず、これらに関する研究はほとんど見当たらない。したがって、企業の内部要因と経営成果との関係を標準化・適応化と同時に検証することも1つの課題であるといえる。

（4）その他の諸問題

第1に、日本における実証研究の不足現象である。わずか17年前の国際マーケティングの標準化・適応化戦略に関する研究は、Jain（1989: 70）が指摘したように実証研究が乏しく、国際環境および国際企業の特徴を把握するには貧弱であった[25]。しかし、近年のWaheeduzzaman & Dube（2004: 3）の分析では[26]、従来研究の53％がマーケティング・ミックスの要素を含んだ実態に関する実証分析であり、47％が概念的な研究であるという報告が出ている。つまり、実証研究の方が概念的な研究を上回っていることである。しかしながら、このような動向は海外の状況であって、日本においては未だ実証研究が不足しているのが実状である。

日本における実証研究としては、日系多国籍企業に対して分析した諸上（1994; 1998; 2000）の研究、中国における日欧米企業を分析した黄（2003）の研究、在日外資系企業に対して分析を行った沼野（1991）の研究、そして在日外資系企業を対象に消費者行動の視点を取り入れた三浦（2002）の研究が存在するのみで[27]、それ以外のほとんどの研究は概念的研究に止まっており、より活発な実証分析が求められている。

第2に、標準化・適応化の概念に未だにコンセンサスが存在しない。まず、マーケティング活動の標準化に対して、Cavusgil et al.（1993: 480）は国内で

---

[25] 彼は、過去25年間の34の研究を分析し、14の論文が広告を対象としており、さらに55％が概念的研究であったと述べている。

[26] 彼らは、1961年から2002年の間に発行された26のジャーナルの中で、標準化・適応化戦略に関する130の論文を分析した。

[27] まず、諸上（2001: 121-146）は1994年には184事業体、1998年には253事業体、そして2001年には200事業体を対象に実証分析を行った。次に、沼野（1991: 85-99）は在日外資系企業45社の標本を対象に分析している。最後に、三浦（2002: 4-18）は在日外資系企業114社のサンプル（外国人従業員の回答のみ）に基づいて、日本消費者と本国消費者の特徴および日本市場と本国市場におけるマーケティング活動の標準化・適応化程度などを分析している。

使用するマーケティング戦略を海外市場にそのまま適用することであると定義している。また，Buzzell（1968: 103）は，いくつかの異なる国において同一の販売経路で同一の製品ラインを同一の販売促進プログラムを展開しながら同一の価格で提供する企業活動であると述べている。さらに Jain（1989: 70）は，標準化を，全世界をベースにする共通したマーケティング・プログラム（4P）を展開することであるとしている。ここでの問題は，標準化の定義が自国を含んだ全世界に同一のマーケティングを展開する活動であるか，あるいは自国は含まず世界的規模で同一のマーケティングを展開する活動であるかを明確に区別できないことである。

次に，適応化の概念においても，大石（1996: 126）は「適合化」という用語を使っているが，他の研究者の大半は適応化という用語を使用しており，研究者間の明確なコンセンサスは存在しないといえる。

このように，標準化と適応化がさまざまなかたちで議論されてきたにもかかわらず，その前提となる定義や概念に対して，厳密な規定がなされていないというのは大きな問題であろう。

第3に，標準化・適応化戦略に関する研究は，そのほとんどが製品や広告戦略に関するものであり（Theodosiov & Leonidou, 2003: 167），価格と流通チャネルに関する実証研究が不足している。

第4に，従来の研究は，標準化・適応化戦略の対象の拡大には積極的に取り組んできたが，実際に標準化されたマーケティング要素をどのように活用するかといった問題に関してはほとんど注意を払っていない。国際マーケティング戦略には，標準化・適応化戦略以外に国際市場細分化戦略や海外市場進出戦略などが存在する。しかし，従来の標準化・適応化戦略論においては，標準化の対象は拡張されているものの，他の国際マーケティング戦略との関係およびその連結については焦点を当てていない。したがって，標準化の活用および他の国際マーケティング戦略との連結に関する研究も必要であると考えられる。この問題は，先述した分析上の問題とも密接に関係しており，その解決策を模索することが標準化・適応化戦略論において非常に重要なポイントとなる。

---

⑱ この問題については，馬場（2004: 8-9）は主体決定論か環境決定論かによって「適合」あるいは「適応」が使われるとしている。

第 I 部　理論研究

　第 5 に，動態的な視点からの分析が欠如している。Cavusgil et al. (1993) は標準化・適応化の実態を進出当時と進出後に分けて分析したが，それ以外に動態的な観点から標準化・適応化戦略を分析した研究は皆無である。彼らのように，動態的視点から標準化の程度，影響要因を分析することは当該企業の戦略変化が確認できるため，今後重要な分析視点になると思われる。

　以上，標準化・適応化戦略論における問題点および課題を検討したが，そこには解決されるべき問題が数多く存在することが明らかになった。

5　標準化・適応化戦略論における問題解決に向けて

　本章は，国際マーケティングの概念を明確にすると同時に，標準化・適応化戦略論における諸問題を析出することが主な目的であった。

　まず，国際マーケティングの概念を明確にするために，国際マーケティングの生成とその定義を検討した。特に，国際マーケティングとグローバル・マーケティングの概念の相違を発展段階論的アプローチを用いながら明確にした。すなわち，国境を越えて展開されるマーケティングの諸活動を広義の国際マーケティングとしてとらえ，その中に輸出，（狭義）国際，多国籍，グローバル・マーケティングが含まれるということが理解できた。ここでいうグローバル・マーケティングは国際マーケティングの現代的形態であり，国際マーケティング発展段階の最終段階に位置づけられる。このグローバル・マーケティングは，グローバルな調整と統合，グローバル効率性と現地適合，そしてイノベーションの活用といった特徴をもっていることも明らかになった。

　次に，国際マーケティングの標準化・適応化戦略論における問題点を探るため，1960年代から2000年代に至るまでの変遷過程を検討した。こうした歴史的考察を行うに当たり，標準化・適応化戦略の対象領域，標準化・適応化の傾向，そして研究形態といった分析視点をもって論を展開した。

　分析結果をみると，第 1 に，標準化・適応化の対象は広告から始まり，マーケティングの 4P（プログラム），プログラムを開発するプロセス，そして他の経営活動および親子会社の組織的問題までに拡大されていることが明確になった。

第2に，標準化・適応化の傾向は，1960年代には広告に対する論争が始まり，1970年代には適応化傾向が強くなる。また，1980年代になると再び標準化論争が展開されるが，1980年代の後半になると，標準化と適応化の間の程度が重要であるという認識で落ち着く。

第3に，研究の形態は，当初概念的研究が主流であったが，2000年代に入ってからは実証研究の割合が概念的研究を上回るようになり，このテーマが国際マーケティング領域において依然として重要であることが明らかになった。

第4に，実証研究の焦点は，当初標準化・適応化の実態を分析することから始まり，標準化程度に影響を与える要因の識別に拡大され，1990年代からは標準化・適応化戦略と経営成果との関係にまで及ぶ。その後，影響要因の識別，標準化程度と経営成果との関係，そして企業の内部要因と経営成果との関係を分析するまでに至る。

以上のように，標準化・適応化戦略論の変遷過程を年代別に検討したが，そこにはいくつかの問題点が残されている。具体的には，第1に，従来の実証研究は欧米市場と欧米企業を対象とした研究がほとんどであり，その他の市場や企業を対象とした研究が必要である。第2に，分析方法において，従来の研究は，本国と進出国の次元でマーケティング戦略を分析した研究が大半であったが，ここには発想の転換が求められている。その1つの方法として，2つの進出市場間における標準化戦略を分析することである。第3に，標準化・適応化戦略の対象が拡大されており，どこまでを標準化・適応化戦略として認識すべきかが困難である。そこには，4Pを中心に国際マーケティングの独自領域を固めながら，他の経営戦略および親子会社の組織的な面を考慮することが必要だと考えられる。第4に，標準化・適応化戦略と経営成果との関係が曖昧である。例えば，標準化戦略は経営成果に影響を与えるという研究結果と何の影響も与えないという研究結果が存在する。これは，適応化と経営成果との関係においても同様である。第5に，海外の動向からすると，標準化・適応化戦略に関する実証研究が大幅に増加しているが，日本においては実証研究がほとんど行われていない。したがって，今後積極的な実証研究が必要とされている。第6に，標準化と適応化の定義にコンセンサスがない。第7に，製品戦略と広告戦略に対する実証研究は数多く存在するが，価格戦略と流通チャネルに関する

実証研究は非常に少ない。第8に，従来研究のほとんどが現時点におけるマーケティング標準化程度だけを分析しており，進出当時または過去の標準化程度に対しては分析されていない。戦略的変化を把握するためにも動態的な観点から標準化・適応化戦略を分析することが必要とされる。第9に，従来の実証研究は標準化への影響要因，標準化の程度，そして経営成果との関係を中心に分析されてきたが，標準化の活用および他の国際マーケティング戦略との連結を試みた研究はほとんど見受けられない。

　こうした標準化・適応化戦略論における諸問題および課題は必ずしも解決策が存在しないことではない。まず1つ考えられるのは，上述した標準化・適応化戦略の問題点を克服できる分析枠組を提示することである。実際に，上述した問題点の中で，対象領域，成果との関係などの場合，分析枠組の中で大体の説明が可能となる。つまり，最初からマーケティング活動の対象領域を決め，それがどのような経営成果に影響を及ぼすかを明確にすることが必要である。言い換えれば，標準化・適応化戦略の分析枠組を明確に提示することが重要なポイントとなる。したがって，次章においては，こうした標準化・適応化戦略論における諸問題を解決する1つの方法として標準化・適応化戦略の分析枠組について検討を行う。

第2章
標準化・適応化戦略の分析枠組

1 分析枠組の必要性

　1960年代以降，グローバルな市場においてマーケティングの4Pを標準化するか，あるいは適応化するかという論題は，国際マーケティング戦略を議論する場合もっとも中心となるテーマであった。

　この議論は，1990年代からはある一方を選択する問題ではなく，いかに両方をバランスよく調整し，良い経営成果を生み出すかという問題へと進展した。つまり，どのような影響要因を考慮して標準化程度を決定し（Cavusgil at al., 1993: 483），またそれによってどのような経営成果が影響を受けるかといった全体的な分析枠組に関心が集まった。

　しかし，このような標準化・適応化戦略の分析枠組には未だ解決されていない問題が残されている。具体的にみると，第1に，従来の研究は標準化・適応化戦略に影響を与える要因に関して外部環境要因，または少数の企業内部要因だけに焦点が当てられていた。標準化・適応化戦略は，現地市場の法的規制や顧客嗜好といった外部環境要因のみならず，当該企業の海外市場志向性や国際経験といった企業の内部特性によっても影響を受ける。したがって，企業内部と外部の統合的観点から標準化・適応化戦略への影響要因を検討することが必要とされる。

　第2に，標準化・適応化戦略の対象に関する共通した認識がみられない。つまり，標準化・適応化戦略の議論は広告から始まって以来，今やその対象が製品を含んだマーケティングの4P（プログラム），それに4Pを開発および管理するプロセス，加えて他の経営活動および親・子会社の組織的な問題へとその領域が拡張されているのである。このように，分析枠組における標準化・適応化

戦略の対象について共通した認識が確立されていない。

　第3に，従来の分析枠組は動態的視点を取り入れていない。標準化・適応化は進出当時の意思決定だけで終わるものではなく，進出後も継続的に調整していくものである。しかし，従来のほとんどの分析枠組は現在の視点しか考慮されておらず，動態的視点が欠如しているのが現状である。

　このように，従来の標準化・適応化戦略の分析枠組は未だに解決されていない問題点が数多く存在しており，従来の分析枠組を補完できる新たな分析枠組の提示が必要とされている。

　一方，分析枠組に関する既存研究は，研究方法においても問題を抱えているといえる。つまり，そのほとんどが分析枠組の理論的背景に対する検討を行っていないのである。具体的には，どのような理論的考え方をベースに分析枠組を提示しているか，またその理論がどのような特徴を有するのかといったことに関しては十分な説明がされていない。

　本章は，標準化・適応化戦略における新たな分析枠組を提示することをその目的とする。その分析枠組の提示に当たっては，まず，標準化・適応化戦略に影響を与えた諸理論の背景を確認し，各々の理論がどのような特徴をもち，どのような影響を与えてきたかについて検討する。次に，従来の標準化・適応化戦略における分析枠組を諸理論の統合的視点から考察し，各々の分析枠組の限界を指摘すると共に，その特徴を明確にしていく。こうした検討を通して，今後あるべき分析枠組の全体像を把握する。

　以上のような問題意識をもって，本章は次のような構成で展開する。第2節では，標準化・適応化戦略の概念について概観する。第3節では，標準化・適応化戦略に影響を与えた諸理論の背景について検討する。第4節では，諸理論の統合的視点から従来の分析枠組を考察する。第5節では，従来の分析枠組を発展させるための新たな分析枠組の提示を試みる。第6節では，本章の全体的内容をまとめると同時に今後の課題を提示する。

2　標準化・適応化戦略の概念

（1）標準化と適応化の概念

　第1章で検討した通り，標準化と適応化の概念には未だコンセンサスが存在しない。ここでは概念に対する議論ではなく，標準化・適応化の一般的な意味を触れることにしたい。

　同一のマーケティング戦略を全ての市場に展開する方式である標準化戦略は，Elinder（1961）[1]によって本格化され，Levitt（1983）により議論が激化した。

　Levitt（1983）は，環境面において財やサービス，技術などがグローバル化するに伴い需要が同質化され，企業活動を遂行するに当たって国別の嗜好や特性の差はなくなると述べている。また，世界市場は徐々に1つの統合市場として収斂しつつあり，したがって，すべての市場での企業活動を同一な戦略，つまり標準化戦略で展開すべきであると主張している。しかしながら，このような極端な標準化戦略に対する主張は，実際に世界市場が同質化されているかという問題と，世界の異質なニーズに対応することは非常に困難であるという理由などにより，批判する見解もある。

　他方，適応化戦略は，標準化戦略とは反対に各国の特性や嗜好を考慮してマーケティングの要素（4P）を修正することである。このような適応化戦略を主張する研究も標準化戦略と同様1960年代に起点がある。例えば，標準化広告に反対するフランスの広告マネージャーである Lenormand（1964: 14）は，広告の標準化を実行するためには消費者間の共通要素が必要であるが，こうした共通要素は未だに発見されていないため，各国間の消費者の心理的特性，宗教的信念，慣習，生活水準，法律などの差異を十分考慮する必要があると強調している。

　また，Douglas & Wind（1987）は，マーケティング戦略は消費者のニーズに対応しなければならないため，全世界を標準化戦略としてとらえることは単純化しすぎであると批判している。さらに彼らは，国内市場でさえ市場が細分

---

[1]　彼はヨーロッパ市場における米国企業の広告戦略を言及している。

化されている時代に世界市場を単一市場として取り扱うことには無理があり，世界標準化は選択肢の1つにすぎないと述べている。

しかし，彼らが主張する国家的環境の差異は近年，技術，情報通信，交通の発達により縮まりつつあり，実際に適応化戦略が標準化に比べて相対的な利益をもたらすかも立証できず，解決すべき問題が残されている。

近年は，上記のようにやや極端な標準化と適応化戦略とは異なり，標準化と適応化を「程度 (degree)」の問題としてとらえていることが多い[2]。つまり，標準化・適応化の意思決定は完全な標準化と完全な適応化といった二者択一的なものではなく (Jain, 1989: 71)，1つの連続体の両極端として見なすことである (Cavusgil. et al., 1993: 483)[3]。換言すれば，標準化の程度が高ければ適応化の程度は低くなるということであり，現時点ではこのような程度（標準化程度ともいう）[4]が重要となっている。

（2）標準化戦略と適応化戦略のメリット

①標準化戦略のメリット

国際マーケティングの標準化戦略を実施することによって期待される効果は，規模の経済性によるコスト削減である。また，それによってもたらされる利益向上にある。例えば，Buzzell (1968: 102-113) は，標準化戦略の正当性として標準化による潜在的利益 (potential benefits) を提示している[5]。そこにはコスト

---

[2] もちろん，標準化・適応化の問題をより広い観点からみる見解もある。例えば Porter (1986=1989: 109-154) によると，競争優位を確立するためには標準化と適応化の両方の利点が同時に達成されなければならないのであって，それは単純な選択問題でもバランス問題でもないと主張している。また，彼はマーケティング戦略だけで競争優位が確立できるものではなく，研究開発，生産，ロジスティクスなどとの連携や統合が必要であることを強調している。

[3] 彼は，こうしたアプローチをコンティンジェンシーアプローチという。

[4] こうした「程度の問題」は，標準化・適応化のある一方に傾けるのではなくバランスをとるという意味で「折衷論」，「混合戦略」，「ハイブリッド」「複合化 (Duplication) 戦略」と類似しているといえる。

[5] また彼は，マーケティングの適用に当たっては，障害となる諸要因が存在するため，十分その点を考慮すべきだと述べている。具体的には海外市場の物理的環境，経済の発展段階，文化的要因，PLC の段階，競争の状態，流通システムと法的制度を考慮しながら，マーケティング要素の標準化を論じた。

表 2-1　標準化戦略の主な利点

経済的利点	・規模の経済によるコスト削減
戦略的利点	・製品の迅速な提供 ・一貫したブランドイメージの確立 ・優れたアイデアの世界的活用 ・国際業務の容易さ

出所：Theodosiou & Katsikeas, (2001: 3) をベースに筆者作成。

削減，顧客への一貫した対応，計画とコントロールの改善，優れたアイデアの活用が含まれる。

また，標準化の利点に関しては事例分析も見受けられる。例えばQuelch & Hoff（1986: 62）は，Macann-Ericksonが世界共通のコカ・コーラ広告によって20年間で9千万ドルを節約できたと報告しており，標準化のメリットを示す具体例となっている。

このような標準化の利点をまとめると表2-1となる（Theodosion & Katsikeas, 2001: 3）。第1に，標準化の重要な利点は，生産，研究開発，マーケティング要素の規模の経済とコスト削減である。マーケティング要素の標準化を通した規模の経済の可能性を十分利用することによって，企業は高品質の製品を低価格で販売することができ，競合他社より利益を獲得することができる。第2に，国際市場に製品を迅速に提供できる。第3に，国を越えて一貫したイメージを与えることができる。第4に，優れたアイデアの世界的な活用の可能性も考えられる。第5に，国際業務の調整や管理の容易さもあげられる。

標準化戦略の理論上の利点は大きく2つに分類できる。これらの利点は経済的利点と戦略的利点として説明できるが，これらは企業の競争優位をもたらす手段の1つとしても理解できる。

実際，多くの多国籍企業は競争優位を獲得するために，標準化戦略を採択するとの報告もある。例えば，Boddewyn et al.（1995: 23-42）は，[6] 3度にわたる実証分析の結果，企業の標準化傾向が強くなっていることを指摘している。

---

[6] 彼らはヨーロッパ市場におけるアメリカ企業の子会社を対象に73年，83年，93年に標準化戦略の変化について実証分析を行ったが，非耐久消費財の標準化程度が高くなっていることを報告している。

第Ⅰ部　理論研究

表 2-2　適応化戦略の主な利点

業務的側面	・現地顧客に対する俊敏な対応 ・現地マネージャーのモチベーションの向上
革新的側面	・モニタリングによる市場開発の有利さ ・現地市場の理解や分析による企業能力の蓄積

出所：Theodosiou & Katsikeas (2001: 4-5) をベースに筆者作成。

　このように，標準化戦略は上述のようなさまざまな便益を企業にもたらすという理論的根拠に支えられている。しかしながら，実際，標準化が企業の経営成果にどのような影響を与えるかについては，上記の理論的仮説のみでは現実的な理解は得られない。また，このような標準化戦略に対し，適応化を展開することで得られる利点についても理論的な仮説が存在する。

②適応化戦略のメリット
　基本的に，適応化戦略は標準化戦略で達成できないメリットを獲得できる。その1つは各国の相違に対応できるという点である。こうした能力は，現地顧客に対する俊敏な対応を可能にするため，標準化戦略では一般的に成できない利点である。
　このような適応化戦略の利点をまとめると表2-2となる。第1に，現地の顧客嗜好の変化に対し俊敏な反応が可能となる。第2に，現地市場をより深く理解し分析することで企業能力を高めることができる。第3に，適応化は現地市場の市場シェアと売上高と関係が深い。第4に，現地市場を上手くモニタリングすることで今後の市場開発の糧となる。第5に，現地マネージャーのモチベーションを向上させることができる。
　適応化戦略の主な利点は2つの側面に分類できる。ただし，適応化戦略は現地顧客の嗜好に合わせてマーケティング要素を修正するため，コスト高になる可能性がある。しかし，適応化戦略は現地顧客の欲求に対応するため，市場シェアを獲得できることが予測できる。また，標準化と比較してコスト高になるという弱点は，潜在的顧客による売上高の増加によって補填できる。さらに，革新的側面の利点は，企業が現地市場をより深く理解することによって，現地顧客のニーズに対応した新製品の開発や新たな市場の開拓に貢献できる。

このように，標準化と適応化戦略はそのいずれもが相反する利点を有するため，論者の立場によって支持・批判は異なる。各戦略の支持および批判の主張は，論争の形として展開されることもあったが，本章では，論争の詳細な内容に関する考察は省略し，各々の戦略の理論的な利点を述べるに留めておく。

3　標準化・適応化戦略の理論的背景

これまでの標準化・適応化戦略は，環境論，産業組織論，資源ベース論，そしてコンティンジェンシー理論などから影響を受けてきた。しかし，こうした諸理論が標準化・適応化戦略にどのように援用され，どのような影響を与えてきたかについては明確に検討されていない。そうしたなか，標準化・適応化戦略の分析枠組の背後にある理論的背景を具体的に探ることは，全体的構図を把握するために重要であると考えられる。したがって，この節では，標準化・適応化戦略に影響を与えてきた諸理論について簡略に検討する。

本節で取り上げる理論の中には近年，その理論的限界が指摘されているものも存在するが，以下においては，各々の理論がもつ限界を議論するよりは，それぞれの理論が重視しているところに注目することにしたい。

（1）環境論

1960年代における国際マーケティングの主要な関心事は，国内環境とは異なる外国環境，つまり国際環境の理解とそれらがマーケティング活動に与える影響についてであった。こうして国際マーケティング論においては，環境論的アプローチ（environmental approach）と呼ばれるものが主流となっていく。[7] 国際マーケティング論における環境論的アプローチは，Cateora & Hess（1966），Fayerweather（1965）などの研究が代表的である。

まずCateora & Hess（1966＝1979: 10-14）は，国際マーケティング業務の遂行は企業が統制可能な製品，価格，販売促進，流通チャネルといった諸要素の

---

[7] 角松（1983）によると，当時は世界市場の異質環境のもとで，マーケティングの最適条件を求めようとする環境論的アプローチこそが国際マーケティング理論の体系構築の最適アプローチとされていたという。詳細は，角松（1983: 81）を参照。

第Ⅰ部　理論研究

図 2-1　国際マーケティング環境
出所：Cateora & Hess (1975=1979: 10) を再引用。

組み合わせを通じて行われるものであり，それらを規定する統制不可能要素としては，国内環境（競争構造，経済状況，政治勢力など）と海外環境（政治，経済，競争，文化の諸勢力，技術水準，流通構造，地理など）があると述べている（図2-1）。

　国際マーケティング活動と環境に対する彼らの認識は，国内市場と海外市場の特性を国内環境と国外環境の2つに大別し，その中でマーケティング活動の差異を求めたことが特徴的である。要するに，多様な国にマーケティング活動を展開する際，環境要因の相違に注目したことである。

　また，Fayerweather (1965) の環境論的アプローチは，各社会におけるマーケティング戦略は単に経済的相違に基づくだけでなく，宗教，家族，教育，社会などのシステムの相違に影響を受けるため，それらの社会システムとマーケ

ティング戦略との関連を追及し,考察の出発点とすべきであるとしている。その中でも,経済的側面(生活水準,経済成長力,地理的条件など),文化的側面(宗教,家族,教育,購買行動など),政治的側面(法律・規制など)がマーケティング戦略に影響を及ぼすとしている。

加えて Kelly & Lazer(1967: 577＝1969: 553)は,国際マーケティングが対象としている国際市場には,根本的に違う経済的・文化的・政治的条件が存在しており,その各市場はマーケティング管理者の意思決定と政策に影響を与える特性を有するとしている。したがって,マーケティング管理者は,種々の国際的市場の消費者ニーズおよびウォンツを理解し,自らの基本的なマーケティング概念をその市場の環境に適合させるよう努力しなくてはならないと述べている。

このように国際マーケティングにおける環境論は,海外市場と本国市場の環境の違いに注目しており,海外市場の分析およびその理解に焦点が当てられていたといえる。こうした国際マーケティングにおける環境論は,標準化・適応化戦略においても進出先市場の外部環境要因の理解を強調する。

(2) コンティンジェンシー理論

組織理論を中心に発展してきたコンティンジェンシー理論(contingency theory)は,Lawrence & Lorsch(1967)によって確立された。コンティンジェンシーという用語は,1967年に出版された彼らの共著『Organization and Environment』の第8章「Toward a Contingency Theory of Organization」から用いられるようになったとみられる。

この理論はまず,組織内部の状態やプロセスが外部環境に適合(fit)していれば,その組織は環境に効果的に適応でき,高い業績をあげることができるという特徴がある(Larvence & Larsth, 1967＝1977: 186)。また,組織の内部条件および外部環境はそれぞれ異なっているため,すべての企業にとって唯一最善の方法(only one best way)はないと認識することも特徴である(Hellriegel & Slocvm, 1978: 16)。

こうしたコンティンジェンシー理論は,各企業の業種や内外の環境など諸状況がそれぞれ異なるにもかかわらず,これまでの経営管理理論が比較的画一的に

各企業の経営計画および統制方式を論じてきたのを改め、それぞれの状況に適合した経営管理のあり方を追求していこうとするものであった（吉田, 1979: 85）。

1970年代に組織論研究の支配的な研究動向となったコンティンジェンシー理論は、野中（1976: 15-16）がいうように、組織現象と環境要因との関係を説明する理論であり、実証的な傾向が強い理論でもある。

その後、このコンティンジェンシーの概念はHamel & Prahalad（1983）の研究によって多国籍企業論の領域にまで拡張され[8]、その後海外進出戦略[9]や輸出マーケティング[10]などの国際マーケティング領域においても用いられるようになる。

国際マーケティングの標準化・適応化戦略におけるコンティンジェンシー理論は暗黙的、あるいは明示的に現れている。例えば、Cavusgil et al.（1993）の研究では標準化戦略のケースと適応化戦略のケースに加え、コンティンジェンシー・パースペクティブという節が設けられている。彼らは標準化と適応化を1つの連続体の両極端としてみなしている。また、標準化程度は多様な内部および外部要因に依存（contingent upon）しているとしながら、標準化あるいは適応化の意思決定を行う前に企業内部要因と現地の環境要因を考慮することを強調している[11]。

このコンティンジェンシー理論は、1980年代後半から標準化・適応化戦略研究の中で活発に援用されるようになる。例えば、Waheeduzzaman & Dube（2004）が標準化・適応化関連の既存研究を分析した結果からも、コンティンジェンシー志向の割合が大きいことが確認できる（全体的にみると40％の割合を

---

[8] 詳細はLemak & Arunthanes（1997: 28）を参照。またHamel & Prahalad（1983）に関しては、Hamel & Prahalad（1983: 341-351）を参照。

[9] 例えば、Ekeledo & Sivakumar（1998: 274-292）はコンティンジェンシー理論が競争環境の分類を必要としているとし、文化、社会的環境、政治、法的環境、そして経済的環境のような環境要因をコンティンジェンシー変数として分類している。また、製品の区別、資産のミックス、費用効率性のような組織的変数もコンティンジェンシー変数として考慮されうると述べながら、進出戦略の選択における変数を論じている。

[10] 例えばTage（1994: 25-42）は、輸出成果には企業の戦略、企業の資源、そして市場の状況の間の適合が重要であるとしながらコンティンジェンシー・アプローチを提示している。輸出成果はこれらの要因に直接あるいは間接的に影響を受けるとしている。

[11] 詳細はCavusgil et al.（1993: 483）を参照。

表2-3　標準化・適応化志向の変化

	1961-70	1971-80	1981-90	1991-2000	2001-02	合計
標 準 化 志 向	1	5	6	15	3	30
適 応 化 志 向	-	3	11	25	4	43
コンティンジェンシー志　　向	-	3	10	32	7	52
志 向 な し	-	-	-	5	-	5

出所：Waheeduzzaman & Dube（2004: 33）から修正引用。

占めている）。

　こうしたコンティンジェンシー理論の特徴は2つに要約できる。第1に，標準化と適応化は，1つの連続体の両極端であり，マーケティングの標準化程度はこの連続体の中で決まる。第2に，効果的なマーケティング戦略の標準化程度は各々の企業の組織的特性と進出市場の状況によって異なる。したがって，この理論は各企業にとって，組織内部要因と現地市場要因に対する徹底的な分析による適切な標準化程度の決定が重要であることを間接的に示している。

（3）産業組織論と資源ベース論

　産業組織論の主たるテーマであるS-C-P（Structure: 構造, Conduct: 行動, Performance: 成果）パラダイムは，Bain（1956）によって提唱された。このパラダイムは，外部産業構造（S）が企業の戦略（C）を決め，その戦略が成果（P）を決めるという構図である。

　基本的な構造―行動―成果のパラダイムは，「構造→行動→成果」というように，産業の成果は企業の行動に依存して決まり，企業の行動は市場の構造に依存して決まると考えるものである。具体的にみると，まず成果としては，生産や資源配分の効率性，技術進歩，労働市場に対する影響，公平性といった基準があげられる。次に，企業の行動には，価格設定，製品戦略，広告，研究開発，設備投資などがある。最後に，市場構造には，買手と売手の集中度，製品差別化の程度，参入障壁と呼ばれる新規参入の困難さなどが含まれている（柳川，2000: 126-127）。

　国際マーケティング領域においては，標準化・適応化戦略と成果との関係を

検討する際に，産業組織論的考え方が用いられている。例えば，Cavusgil & Zou（1994）は輸出マーケティングの標準化・適応化戦略を分析する際に，産業組織論の構造—行動—成果パラダイムを用いて分析している。

また，産業組織論は企業の戦略に影響を与える外部要因に焦点が当てられており，その戦略によって得られる企業の経営成果が論じたれている（Zou & Cavrsgil, 2002: 44）。その外部要因としては産業構造が取り上げられている。例えば，Porter（1980 = 1985: 8）は産業組織論を応用して競争戦略論を展開しているが，彼は産業の構造分析において組織を取り巻く環境の存在に注目し，競争に影響を与える5つの競争要因を提示している。その要因としては，新規参入者，供給業者，買手，代替品，そして競争業者間の敵対関係があげられている。この理論では，業界の競争構造という外部環境を企業競争力の決定要因として重視していることがうかがえる。

こうした産業組織論は，標準化・適応化戦略に次のような観点を与えた。まず，業界の競争環境などの外部環境に注目すること，次に，その外部環境は標準化程度の決定に影響を与え，その標準化程度は成果に影響を与えるということである。

標準化・適応化戦略における産業組織論的考え方は，外部環境の理解と標準化・適応化戦略との関係に加え，標準化・適応化戦略と経営成果との関係にまでその視野を拡大させたといえる。しかし，この理論は，経験や知識といった企業の内部特性についてはほとんど考慮されていない。

一方で資源ベース論[12]は，企業の内部資源を中心に企業の戦略および経営成果を達成することに注目している。つまり，企業の戦略と経営成果の決定要因として，各企業が保有する戦略的資源の重要性を強調している。例えばBarney（1991）は，内部組織の資源として資産，能力，プロセス，情報，知識などを取り上げており，これらは企業に効率と効果の改善をもたらすとしている。また彼は，これらの資源が4つの条件を満たすことによって競争優位の源泉にな

---

[12] 資源ベース論（resource-based view：資源ベースドビューとも呼ぶ）の創始者として知られているWernerfelt（1984）によると，資源とは「ある企業において，強み（strength）や弱み（weakness）を与えるすべてのものであり，企業に半永久的に属している有形，無形の資産である」としており，その例としてブランド・イメージ，技術的知識，人的資源，資本などをあげている。Wernerfelt（1984: 172）

りうると指摘している。

次に，Prahalad & Hamel（1990）は中核能力（core competence）という概念を用いて，内部組織における資源の重要性を強調している。彼らのいう中核能力とは，組織における集団的学習であるとされているが，これは組織的境界を越えて仕事を遂行するために情報を伝達し協働すること，またそのような仕事のやり方に対して深くコミットしていることを指す。

さらに Grant（1991）も，企業が持つ現地市場に対する知識および国際経験などが国際市場における進出戦略に重要な影響を与えるとしている。

資源ベース論的考え方が標準化・適応化戦略に与えた視点としてはまず，外部環境のみならず，企業の内部要因を重視した戦略展開の重要性，また，企業の内部要因（国際経験，現地知識など）は，国際マーケティングの経営成果に直接的影響を与えうるという発想などである。

以上のように，Barney に代表される資源ベース論は個別企業の内部要因に注目しているが，Porter に代表される産業組織論は産業構造という外部要因に注目していることがわかる。企業の競争戦略を考慮する上では，外部環境と内部環境が共に重要であり，両者は相互補完関係にあるといえる[14]。このことは，国際マーケティングの標準化・適応化戦略においても，現地の外部環境要因と企業の内部要因を熟考することの重要性を示してくれる。

標準化・適応化戦略における諸理論の焦点は，標準化・適応化に影響を与える外部および内部要因，標準化の程度の決定，そして標準化・適応化戦略と経営成果との関係にあるといえる。これらの関係を究明するためには，影響要因，標準化程度，そして経営成果に対する各々の構成要素および因果関係を明確にすることが必要である。

特に，上述した諸理論の考え方の中には相互補完関係にあるものもあり，標準化・適応化戦略を検討するに当たっては諸理論の統合的視点からのアプロー

---

[13] 4つの条件とは，①価値を生む資源（valuable resource），②希少な資源（rare resource），③模倣困難な資源（imperfectly imitable resource），④代替可能性のない資源（substitutability）である。詳細は，Barney（1991: 99-120）を参照。

[14] 競争戦略においては，外部環境を重視する Porter と内部要因を重視する Barney の間に多くの議論が行われたが，近年は外部環境要因と内部要因は相互補完関係にあり，両方とも重要であるとの意見に落ち着いている。詳細は岡田（2001: 91）参照。

チが必要であると考えられる。次節においては，先述した諸理論の統合的視点から従来の分析枠組を考察する。

4　標準化・適応化戦略の分析枠組に関する先行研究

（1）外部環境要因への注目

　本節では，企業が標準化・適応化戦略を決める際に，どのような影響要因を考慮すべきか，また標準化・適応化戦略を展開することによってどのような経営成果が得られるかといった標準化・適応化戦略の分析枠組に焦点を当てる。
　標準化・適応化戦略の分析枠組を構成する主な要素としては，先述したように影響要因，標準化・適応化戦略（標準化程度），そして経営成果があげられる。ただし，それらの各要素には，まだ明確にされていない問題点が残されている。以下においては，既存研究における代表的な分析枠組を取り上げながら，その分析枠組の理論的背景を探ると共に，その課題についても触れながら，進めていく。
　まず，分析枠組の中で標準化程度の決定に影響を与える影響要因について検討する。標準化・適応化戦略への影響要因を最初にまとめたと Buzzell（1968: 108-109 = 1990: 385）は，①海外市場の物理的環境，経済の発展段階，そして文化といった市場要因，②現地の PLC（product life cycle）段階，競争状態といった産業要因，③流通システム，広告媒体といったマーケティング要因，④最後に法的制度を取り上げている。彼は，このような4つの進出国における環境要因がマーケティング4Pの標準化・適応化に影響を与えるという概念的な枠組を示した。
　ここで注目したいのは，彼が提示した影響要因が外部環境要因に限定されていることである。その理由としては当時，標準化・適応化の分析枠組が進出国の市場特徴を重視する環境論に大いに影響されていたことが推測できる。
　また，Sorenson & Wiechmann（1975: 38-54）も市場環境要因と標準化・適応化との関係について分析している。彼らの基本的な仮説は，「市場環境が類似しているほどマーケティングの標準化程度は高まる」ということであった。その市場環境の変数としては，[15] ①標的消費者，②製品の使用パターン，

第2章 標準化・適応化戦略の分析枠組

進出国環境要因 ： 1．現地市場規模
　　　　　　　　 2．他の市場との連関
　　　　　　　　 3．現地政府の規制政策
　　　　　　　　 4．インフラストラクチャの実態
製品特性要因　 ： 1．企業上部(upstream)からの付加価値量
　　　　　　　　 2．ブランドネームの定着程度
　　　　　　　　 3．母国と現地国市場の間の製品ライフサイクルの差異
　　　　　　　　 4．製品のポジション
企業戦略要因　 ： 1．組織構造の形態
　　　　　　　　 2．親子会社の統制程度
　　　　　　　　 3．母国市場の規模
　　　　　　　　 4．親会社と子会社の間の意思疎通と協調程度

図2-2　標準化戦略のための分析枠組

出所：Rau & Preble（1987: 22）より筆者作成。

③PLCの段階，④小売機構，⑤広告メディア普及度，⑥法的規制，⑦市場占有率の程度，⑧競争の性格（現地企業との競争か，多国籍企業同士の競争か）といった8つの項目があげられている。彼らは，このような市場環境変数の類似度がマーケティングの標準化程度に重要な影響を及ぼすことを明らかにしたが，この研究も市場環境が類似していれば標準化程度も高くなるという外部環境要因の仮説だけに注目しており，環境論的考え方から展開されたと推定される。

Sorenson & Wiechmann（1975）の実証分析は，標準化・適応化の実態を明確にした研究として示唆に富んでいるが，その焦点が外部環境要因のみに当て

---

(15) 彼らは，欧米多国籍企業の経営幹部（27社，約100人）に対するインタビュー調査を通してマーケティングの2カ国間の類似度を測定した。彼らの研究では，欧米多国籍企業は一般的にマーケティングを標準化している傾向がある。また，標準化の程度はマーケティング要素によって異なっている。さらに，同じ要素の中でも個々の項目（例えば，広告戦略では，メッセージ，広告デザイン，広告メディア選択など）によって異なっていることが明らかにされた。

られていることは指摘せざるを得ない。なぜなら，企業の標準化・適応化戦略は外部環境要因のみならず，企業の内部要因からも影響されるからである。

（2）企業内部要因と標準化程度への注目

1980年代に入ると，標準化程度を決める要因として，外部環境要因のみならず企業の内部要因を取り入れた分析枠組が登場する。例えばRau ＆ Preble（1987: 18-28）は，標準化・適応化戦略の決定に進出国環境と製品（産業）要因のみならず，企業内部の戦略要因を考慮することを提示している（図2-2）。特に，彼らは標準化達成可能程度と標準化達成程度を分けて示しているのが特徴である。すなわち，環境要因と製品要因が達成可能な標準化程度を決め，その次に企業戦略（企業要因）が達成される標準化程度を決定するという仕組みである。このように，標準化戦略が実行されるまでの影響要因に順序をつけていることもこの分析枠組のもう1つの特徴である。ただし，彼らの提示する企業戦略要因は標準化の達成程度を決める役割を担当しているが，企業要因は標準化達成可能程度を決める際にも考慮されるものと考えられる。例えば，親子会社の統制程度は標準化達成可能程度を決める際にも必要な項目であろう。

次に，Jain（1989: 71）[16]は，標準化・適応化に関する先行研究を考察したうえで，次のような分析枠組を提示している（図2-3）。まず，標準化の意思決定は完全な標準化と完全な現地適応化ではなく，標準化の程度が問題である。また，マーケティング・プログラムの標準化を決定する要因としては，標的市場，市場地位，製品特性，環境要因，企業組織要因があげられる。Jain（1989）は，従来の環境要因重視の傾向から脱皮し，企業の組織的要因といった企業要因を取り入れた分析枠組を提示しており，標準化・適応化戦略の研究分野に重要な視点を提示したと思われる。

このようなJain（1989）の分析枠組は，各々の企業がもつ内部特性と現地市場の外部環境要因を十分に考慮し，適切なマーケティング戦略の標準化程度を決めるという見解を示しているが，これはコンティンジェンシー理論の考え方と類似していることがわかる。

---

[16] ここでのプログラムは4Pを指している。

第2章　標準化・適応化戦略の分析枠組

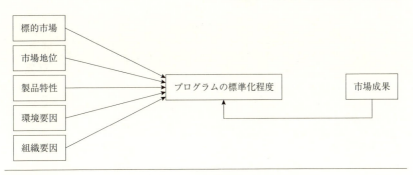

標的市場
　1．地理的範囲
　2．経済的要因
市場地位
　1．市場開発
　2．市場条件
　3．競争
製品特性
　1．製品タイプ
　2．製品ポジショニング

環境要因
　1．物的環境
　2．法的環境
　3．政治的環境
　4．マーケティング・インフラストラクチャー

組織要因
　1．企業の指向
　2．本社―子会社関係
　3．分権化の程度

図2-3　プログラム標準化決定の分析枠組
出所：Jain（1989：72）より筆者作成。

　一方，Jain（1989）は実証研究までは実施していなかったが，Akaah（1991）はJain（1989）の分析枠組に基づいて，アメリカ企業の製品，価格，流通チャネル，販売促進とマーケティング管理プロセスといった21の変数に関する標準化程度，また影響要因との関係を実証的に検証した。ここで注目したいのは，標準化・適応化に影響を及ぼす要因に関する結果であり，その影響要因をみてみると，消費者の特性，海外子会社の所有形態と企業の経営方針が標準化程度に重要な影響を与えていることが明らかにされた。こうした結果は，Jain（1989）が主張するように外部環境要因と内部環境要因の影響を受けて標準化程度が決まるという仮説がある程度立証されたことを意味する。
　続いてCavusgil et al.（1993）は，標準化・適応化戦略において新しい考え方であるコンティンジェンシー・アプローチを用いて分析枠組を提示している

第Ⅰ部　理論研究

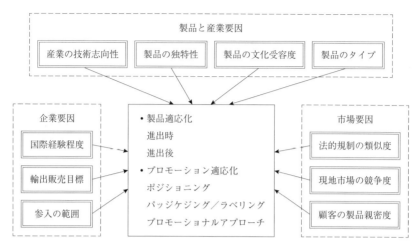

図 2-4　製品とプロモーション適応化の分析枠組
出所：Cavusgil et al.（1993: 485）より筆者作成。

（図 2-4）。標準化と適応化戦略のバランスに向けた新しい概念であるコンティンジェンシー・アプローチは，標準化と適応化を 1 つの連続体の両極端としてみなす。つまり，適応化の程度が高ければ標準化程度は低くなるということを意味する。また彼らは，標準化程度は多様な内部要因及び外部要因によって決定されるといいながら，製品とプロモーション戦略の影響要因として企業要因，製品／産業要因，標的市場要因を明示している。

この分析枠組の特徴としてはまず，製品の適応化に関する分析が海外市場進出当時と進出後（現時点）に分類されていることである[17]。ここで注目したいのは，これまでの標準化・適応化戦略の実態分析は現在の時点だけに焦点を当てていたが，彼らの研究によって進出時と進出後，つまり動態的な視点が取り入れられたことである。おそらく，このような動態的な視点からの分析枠組は，彼らによって初めて提起されたと思われる。

次の特徴としては，標準化と適応化が 1 つの連続体の両極端として概念化さ

---

[17] 市場進出時の製品適応化を決定する要因の重要度は法的規制の類似性，製品の文化受容性，産業の技術集約の程度の順番であり，市場進出後の製品適応化は企業の国際経営経験，製品の文化受容性，市場の競争によって影響されることが明らかになった。

れたことである。これは，Jain (1989) のコンティンジェンシー・アプローチをより明確化し，発展させたといえる。しかし，Cavusgil et al. (1993) は，経営成果に対する分析までは行わなかった。

（3）影響要因・戦略・経営成果への注目

ここでは，産業組織論のS-C-Pパラダイムと企業の内部特性を重視する資源ベース論を統合的にとらえ，標準化・適応化戦略の分析枠組を提示した研究について検討する。

まず，Cavusgil & Zou (1994: 3) は輸出マーケティングにおける標準化・適応化戦略と経営成果との関係を分析している（図2-5）。彼らの分析枠組は戦略の対象が1993年の分析枠組より拡張され4P全体を対象にしており，戦略に影響を与える諸要因においてもいくつかの変化がみられる。その特徴を具体的にみると第1に，この分析枠組は大きく2つの影響要因が存在するが，外部要因としては産業要因と市場要因が，そして内部要因としては企業要因と製品要因が含まれる。彼らの1993年の分析枠組では製品と産業要因を1つの大きな要因としてみていたが，1994年の分析枠組においては製品要因が内部要因に，また産業要因は外部要因に分類されていることがみてとれる。特にここでは，各々の要因を構成する変数が増加していることにも注目したい。おそらく，そこには産業組織論の影響による外部要因の拡大と資源ベース論の影響による企業の内部要因の拡張が背景にあったと推定できる。その変数としては，国際的能力 (competence)，事業部責任権限，国際事業の真剣程度，製品の文化受容度，製品の販売年数，製品の技術的複雑性，製品の独特性，産業の技術志向性，顧客の製品親密度，競争程度，市場魅力度，文化・法的類似性があげられている。

第2に，1993年の分析枠組では経営成果に対する項目は導入されていなかったが，1994年の枠組で経営成果との関係までが追加されていることも変化の1つである。ここには，成果との関係を検証する産業組織論のS-C-Pパラダイムが影響を与えていることが推測できる。

第3に，この分析枠組は1993年の分析枠組とは異なり，企業要因が経営成果に直接影響を与えるとされているが，この考え方は資源ベース論から影響を受

第Ⅰ部　理論研究

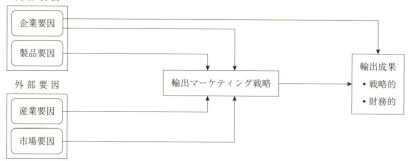

図2-5　輸出マーケティング戦略と成果の分析枠組
出所：Cavusgil & Zou（1994: 3）より筆者作成。

けたと予想できる。こうしたことから，この分析枠組は産業組織論と資源ベース論の統合的視点から展開されたものであると判断できる。

　続いて，Zou & Cavusgil（1996）は標準化・適応化戦略を含んだグローバル戦略に関する分析を行い，その理論的背景にある産業組織論と資源ベース論を統合した概念的な分析枠組を提示している。ここでは，影響要因とグローバル戦略の対象に注目したい。まず，影響要因についてみると，内部組織的要因と外部産業要因に分類されている。内部組織的要因として取り上げられている項目は市場志向性，業務的志向性と責任，組織文化，組織能力，国際経験であり，外部産業要因としては市場要因，コスト要因，競争要因，技術要因，環境要因があげられている。要因の構成要素には大きな変化はみられない。次に，グローバル戦略の対象に関しては製品の標準化と均一なマーケティング・プログラムに加え，グローバル市場参加，統合的競争行動，付加価値活動の調整および集中が新たに追加されている（Zou & Cavusgil, 1996: 61）。

　ここで興味深いのは，彼らの分析枠組が1993年には製品とプロモーションを分析の対象とし，1994年にはそれらを含んだマーケティング4P全体を対象としていたが，この枠組ではその対象がさらに拡大され，付加価値活動の調整および集中にまで拡張されていることである。このような拡大の背景には，Porter（1986）が提示した配置と調整の概念，つまりグローバル競争戦略論の考え方が存在することが推定できる。

第2章 標準化・適応化戦略の分析枠組

　一方, Solberg (2000) は企業内部要因の重要性に触れながら, 本社の現地市場知識とマーケティング意思決定の権限という2つの要素を強調している。特に彼は, 現地市場状況に対する知識と, 現地のマーケティング活動に対する意思決定権限を中心に, 4つの組織を提示している。また彼は, 2002年にこの4つの組織に対するマーケティングの標準化程度, 経営成果, 本社と子会社との関係の相違を検討するために実証分析を行った。[18]この研究は, 現地市場に対する知識とマーケティングの意思決定権限という内部要因が標準化・適応化戦略に影響を及ぼすことを証明しており, この2つの要因が標準化・適応化戦略の分析枠組において重要な要因となりうることを示している。

　引き続き, Zou & Cavusgil (2002) は1996年に提示した概念的分析枠組に基づき, 実証分析を実施する。彼らの提示するグローバル・マーケティング戦略 (Global Marketing Strategy: GMS) は, 製品の標準化, プロモーションの標準化, 流通チャネルの標準化, 価格の標準化, マーケティング活動の集中化, マーケティング諸活動の調整, グローバル市場参加, 統合的競争行動から構成される。また, このGMSに影響を与える要因としては, グローバル化状況, グローバル志向性, 国際経験が導入されている。そして, 経営成果としては, 戦略的成果と財務的成果が提示されている。図2-6はその分析枠組である。

　この分析枠組における「戦略」の対象は1996年に提示したものとほぼ同じであるが, 2つの要素に変化がみられる。その1は, 1996年の分析枠組における均一マーケティング・プログラムがこの分析枠組では販売促進, 流通チャネル, 価格といった要素に分離されている点である。このことは, 実証分析においてはマーケティング4Pの各要素を個別の戦略として認識することが重要であることを意味すると思われる。2つ目の変化は, 付加価値活動の調整および集中という項目が, マーケティング諸活動の調整と集中に限定されている点である。これは, 彼らが国際マーケティング戦略を分析するにあたり, マーケティングを含んだ経営活動全体を対象とするにはその範囲が広すぎると判断し, 実証研究においてはマーケティング活動の調整および集中に限定していると推測でき

---

[18] その結果, 現地市場条件に対する本社の知識水準が広告の標準化に影響することと, 4つの組織はそれぞれ輸出成果が異なっていることが明らかになった。詳細は, Solberg (2002: 1-21) を参照。

第Ⅰ部　理論研究

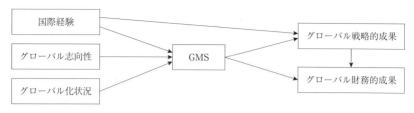

図 2-6　GMS の構造的モデル

出所：Zou & Cavusgil（2002: 45）より筆者作成。

る。

　彼らはこのような分析枠組を用いて実証研究を行ったが，分析の結果，次のようなことが明らかになった。まず GMS と経営成果との関連では，第 1 に，戦略的成果および財務的成果は GMS によって正の影響を受ける。第 2 に，財務的成果は戦略的成果によって正の影響を受ける。第 3 に，戦略的成果は国際経営経験によって正の影響を受ける。第 4 に，戦略的成果および財務的成果は，4P の標準化よりグローバル市場参加，統合的競争行動によってより強い影響を受ける。続いて GMS への影響要因に関しては，GMS は外部グローバル化条件，グローバル経営志向，国際経験がそれぞれ正の影響を与えることが明確になった（Zou & Covusgil, 2002: 52-53）。彼らの研究では，とりわけグローバル経営志向と国際経験が GMS に強い影響を与えるということが明らかになったが，これは標準化・適応化に影響を及ぼす要因の中でも企業要因が重要であることを意味する。

　こうした Zou & Cavusgil（2002）の研究は，標準化・適応化及び経営成果に影響を及ぼす企業要因の重要性を強調していることと，グローバル・マーケティング戦略（GMS）という 4P の標準化を含んだ広いマーケティング戦略までその対象を拡張したことがその特徴であるといえる。

　しかし，彼らの研究は外部環境要因であるグローバル化状況という項目において，顧客ニーズの類似度，製品の認識，生産技術，購買行動，競争他社の状況などは考慮しているが，文化，社会，そして政治および法律的な要素は検討していない。また，この分析枠組は Cavusgil et al., (1993) の分析枠組とは異なり，動態的な観点も提示されていない。Zou & Cavusgil の分析枠組は，時

代の変化と共に変化している部分も多いが，1994年の研究から一貫して産業組織論と資源ベース論を統合的に取り入れていることが推定できる。

一方，日本においても産業組織論のS-C-Pパラダイムを用いて標準化・適応化の分析枠組を提示した研究が登場する。

まず黄（1993: 58）は，環境の多様性と組織の複雑性に適応するためには，多国籍企業のグローバル・マーケティング戦略を統合的なフレームに基づいて解明すべきであると述べながら，海外子会社のマーケティング行動の重要性を強調している。彼は，市場要因と外資系企業のマーケティング戦略との関係において，政府の規制と法律，厳しい消費者，多数の競争者と流通システムの複雑さなどの市場異質性が，日本の外資系企業の革新的適応化を促進するとしている。また，経営成果においても，革新的適応化は企業の経営成果に影響を与えているが，標準化戦略は外資系企業の経営成果に対する影響が明白ではないとしている。しかし，革新的適応化とグローバル標準化を同時に追求する企業がもっとも良い経営成果を出していると述べている。

彼の分析枠組は，従来本社を中心として展開されてきた標準化・適応化戦略に対し，海外子会社の自律性と市場革新行動，とりわけ革新的適応化の重要性を強調していること，また図2-7で示されたように標準化と適応化戦略を2つの軸で認識していることがその特徴であるといえる。

次に諸上（2003）は，数回にわたる実証分析の結果に基づいて，標準化・適応化戦略を越えた国際マーケティング行動への対象拡張を主張している。彼は標準化・適応化戦略と現地子会社の経営成果（売上成長率，市場シェア，経常利益）の関係を実証分析し，それらの関係には説得力が弱いことを発見すると共に，標準化戦略はロジスティクス戦略と結びついた場合，子会社の経営成果に重要な影響を与えていることを明らかにした（諸上，2000: 160）。また彼は，企業グループ全体の経営成果との関係も分析しているが，その結果標準化・適応化戦略より国際ロジスティクスが経営成果（経常利益）に影響を与えていることを明確にした（諸上，2001: 144）。彼はグローバル・マーケティング行動を企業の競争優位ないし経営成果との関連で論じる場合，グローバル調整・統合を伴うマーケティング行動の「質・量」を問題とすべきであるとしながら，国際マーケティング研究は生産，ロジスティクスなどの分野へと，その領域を拡大

第Ⅰ部　理論研究

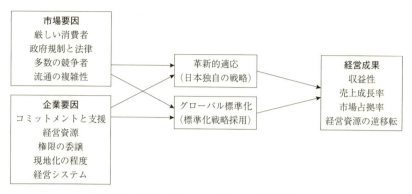

図2-7　グローバル・マーケティングの分析モデル
出所：黄（1993: 59）。

する必要があると述べている（諸上，2003: 22）。

　さらに臼井（2003）は，資源ベース理論を用いて企業要因の再構築を試みている。彼は，国際マーケティング行動は価値付加活動と共に競争優位をもたらすと述べながら[19]，競争優位を経営成果とした場合，企業要因として資源の有効性とポジション，資源の所在，資源の国際的分散度が考慮されるべきであるとしている。彼は，資源ベース理論に基づいて標準化・適応化を含んだ国際マーケティング行動と企業要因との関係を再構築し，その重要性を強調しているが，国際マーケティング行動と価値付加活動によってもたらされる競争優位がどのような方法と指標で測定できるかについては言及していない。

　このように，従来の分析枠組には未だ解決されていない問題点がいくつか存在しており，それらの問題を解決することが必要であることが認識できた。そこで，次節においては，標準化・適応化戦略に関するこれまでの分析枠組を踏まえ，それらを修正及び補完しながら新たな分析枠組の提示を試みる。

---

[19]　彼が考えている国際マーケティング行動とは，国際マーケティングの4Pの標準化・適応化に加えて，研究開発，生産，製品や部材の調達などの多くのマーケティング関連行動や，マーケティング計画，統制，評価といったいわゆるマーケティング・プロセスの国際的な調整ないし統合化など，国際マーケティングに関連する行動の総称である。

5　統合的・動態的視点を取り入れた分析枠組の展開

　本章で提示する分析枠組は,Jain（1989）やCavusgil & Zou（1994, 1996, 2002）の枠組のように,影響要因はマーケティング標準化・適応化戦略の決定に影響を与え,またその標準化・適応化は経営成果に影響を与えるという構図となる。

　まず,影響要因に関しては,環境論の考え方を用いたSorenson & Wiechmann（1975）の研究から外部要因における環境要因と市場要因を取り入れる。また,産業組織論的アプローチを試みたCavusgil & Zou（1994, 2002）の研究にならって競争要因と製品要因を導入する。そして資源ベース論的概念を援用したSolberg（2000）とZou & Cavusgil（2002）の研究に基づいて組織要因を取り入れる。

　次に,マーケティングの標準化・適応化戦略においては,コンティンジェンシー・アプローチを用いたJain（1989）, Cavusgil et al.（1993）, Akaah（1991）などを参考にマーケティング4Pとプロセスの標準化「程度」をその対象とする。

　最後に,経営成果との関係においては,資源ベース論的アプローチを試みたCavusgil & Zou（1994）とZou & Cavusgil（2002）のように,マーケティングの標準化・適応化と経営成果との直接的関係のみならず,企業の内部特性と経営成果との関係までを考慮して展開する。

　このような理論的背景及び先行研究の検討から導出された新たな概念的分析枠組の特徴は以下のとおりである。まず,内部要因は2つの要因から構成される。第1に,製品要因としては製品の類型や製品の固有性などが含まれる。つまり,海外に展開しようとする製品が産業財か消費財か,あるいは耐久消費財か非耐久消費財かなどが考慮される。第2に,組織要因としては意思決定の権限,国際経験,グローバル志向性,現地に対する知識などがあげられる。特にこの組織要因は,資源ベース理論のアプローチで検討したように,標準化・適応化のみならず,経営成果に直接影響を与えるものとして認識する。一方,外部要因は3つに分類できる。第1に,競争要因は進出市場の競争程度,市場占

有率程度などである。第2に，市場要因としては標的消費者，消費者ニーズ，購買習慣，マーケティングのインフラ（流通，メディア関連など）などである。第3に，環境要因は経済的環境と政治・規範的環境からなるが，経済的環境としては経済発展段階，金融と財政システムなどがあげられる。また，政治・規範的環境としては，価格・販売などの法的規制，製品安全法，政治的環境などが含まれる。

次に，上述した諸要因から影響を受けるマーケティング戦略，つまり標準化・適応化戦略の対象に関して検討する。標準化・適応化戦略の対象は，第1章でみてきたように，マーケティング・プログラム（4P）とそのプログラムを開発するプロセス，そしてマーケティングと関連した経営活動および親子会社の組織的な部分まで拡大されている。しかし，本章においては，生産，ロジスティクスのような経営活動，そしてグローバル・マーケティング戦略（GMS）といわれるマーケティング活動の調整および集中など要素は，コントロールの複雑性や分析上の複雑性などの理由でこの分析枠組には取り入れないことにする。本章における分析枠組の戦略対象は，マーケティング・プログラムとプロセスに限定して展開するが，その具体的な変数をみると，まず，製品戦略の変数としては，デザイン，ブランドネーム，包装，製品の特徴，製品のポジション，サービスなどがあげられる。また，価格戦略の変数には，価格設定，卸価格，小売価格，割引価格などが含まれる。そして，販売促進に関しては，広告テーマ，コピー，広告表現，メディア，Sales Promotionの役割などが該当する。加えて，流通チャネル戦略としては，販売経路，小売タイプ，営業管理などがあげられる。最後に，プロセスにおいては，計画設計，予算編成，マーケティング目標などが含まれる。

続いて，標準化・適応化戦略を展開することによって獲得できる経営成果について検討する。諸上（2003: 18-19）は国際マーケティング戦略と成果に関する既存研究をまとめ，研究者によって成果に対する尺度が異なることを指摘している。[20]

成果変数の選択は，調査の目的によって異なると考えられる。つまり，初め

---

[20] 売上成長，市場シェア，子会社の売上高，ROI，ROA，経常利益など研究によって成果が異なっている。

に特定の成果変数を説明するという目的を設定するか，あるいは分析枠組における行動変数（標準化・適応化戦略など）との兼ね合いで適切な成果変数を選択するかのいずれかである（馬場，2004: 12）。本章における成果の変数は，売上高，市場シェア，経常利益，事業に対する満足度，事業拡張可能性などを取り入れる。しかし，経営成果は標準化・適応化戦略のみで達成できるものではない。したがって，この分析枠組では，どのマーケティング要素がどの経営成果に影響を与えるかといった両者の関係を明確に提示し，それらの因果関係を分析することに焦点を当てる。

最後に，本章で提示する分析枠組のもう1つの特徴は，動態的な視点を取り入れたことである。動態的な視点はCavusgil et al. (1993) の研究で初めて導入されたが，その分析枠組はやや単純で，進出時と進出後における製品戦略への影響要因を分析することにとどまっている。しかし，このように動態的分析を試みたことによって標準化・適応化戦略に新たな視点が提示できたと思われる。

近年，日本においても標準化・適応化に動態的な視点が導入されている研究がみられる。例えば，馬場（2004）は，国際マーケティング能力の構築は，標準化・適応化を長期的かつ継続的に繰り返して獲得されていくものであって，事前の戦略策定だけでなく結果のフィードバックを通じた柔軟な戦略調整やグローバルなネットワークにおける多様性と統合性の保持によって，また親会社と子会社の相互の調整によって蓄積されると主張している。しかし彼は，標準化・適応化の行動面と成果面だけを対象としており，影響要因と行動決定との関係については明らかにしていない。

これを補完する分析枠組としてWaheeduzzaman & Dube (2004: 42) の研究があげられる。彼らは，従来の研究においてはフィードバックという概念がほとんど無視されてきたと指摘しながら，フィードバックの重要性を強調している。つまり，成果から影響要因へ，そして成果から戦略行動へとフィードバックすることを示している。彼らは，従来，非常に単純にしか示されてこなかった動態的観点に対し，フィードバックの考え方を取り入れることによって標準化・適応化戦略の分析枠組に1つの方向性を示した。

このフィードバックの考え方を簡単に考えてみると，まず，進出時において

第Ⅰ部　理論研究

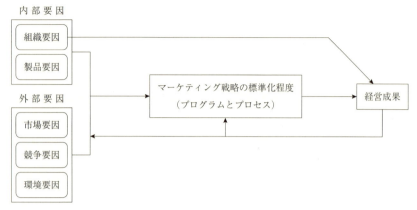

図2-8　標準化・適応化戦略の概念的分析枠組

出所：筆者作成。

　諸要因を考慮した企業は標準化・適応化戦略（標準化程度）を展開する。また，その標準化・適応化戦略は経営成果に影響を与える。その成果を踏まえ企業は標準化・適応化の修正（あるいは維持）を行う。このプロセスは企業に内部組織要因として蓄積される。同時に外部市場環境も少なからず変化していく。続いて，このような影響要因から標準化・適応化戦略は再び調整されていく。

　競争の激しいグローバル市場において，こうした動態的観点を取り入れた標準化・適応化戦略の分析枠組は非常に重要であると思われる。新たな分析枠組は図2-8のように示される。

6　統合的・動態的分析枠組の特徴

　本章は，標準化・適応化戦略における新たな分析枠組を提示することを目的とした。そのため，まず，標準化・適応化戦略の概念について簡略に触れたうえで，標準化・適応化戦略論に影響を与えてきた諸理論について検討した。その理論としては環境論，産業組織論，資源ベース論，そしてコンティンジェンシー論があげられる。こうした諸理論の考え方が標準化・適応化戦略にどのように援用され，またどのように影響を与えてきたかについて分析した。

　具体的にみると，第1に，国際マーケティングにおける環境論の概念は，海

第2章 標準化・適応化戦略の分析枠組

外市場と本国市場の環境的異質性に注目しており,海外市場の分析およびその理解に焦点が当てられていた。同様に,標準化・適応化戦略においても進出先市場の外部環境要因の重要性が強調されている。

第2に,コンティンジェンシー理論においては,標準化と適応化は1つの連続体の両端として考えられ,標準化あるいは適応化この連続体の中で決まる。標準化・適応化戦略は,企業特有の内部的要因と進出先の外部環境要因に依存しているため,内部及び外部要因の徹底した分析による適切な標準化程度の決定が重要である。

第3に,産業組織論においては,まず構造として考えられる外部環境が企業の行動に影響を与える。また,その行動(戦略)は成果に影響を与える。言い換えると,産業組織論のフレームにおいて,成果決定に重要なのは戦略であり,その戦略決定に重要なのは外部産業及び市場の勢力(外部環境要因)である。標準化・適応化においても,外部環境が標準化・適応化に影響を与え,その標準化・適応化は成果に影響を与えるというフレームとして応用される。

一方,資源ベース論は,外部環境のみならず組織の内部要因を重視しながら戦略を展開することが強調されている。資源ベース理論からすると,企業の内部要因(例えば,国際経験,現地知識など)が国際マーケティングの経営成果に直接影響を与えることも想定される。

以上,標準化・適応化戦略の分析枠組の背後に存在する理論的背景を探ることにより,標準化・適応化戦略の全体像が把握できたと思われる。また,こうした諸理論の考え方は相互補完関係にあり,統合的視点から標準化・適応化戦略の分析枠組をとらえることが必要であることが明らかになった。

次に,従来の代表的な分析枠組を取り上げながら,その共通点や相違点,そして限界点などを探ってみた。その結果,第1に,標準化・適応化戦略決定に影響を及ぼす要因を分析する際,統合的な視点が足りないこと,第2に,標準化・適応化戦略の対象が拡張しており,どこまで含まれるべきかという範囲が曖昧であること,第3に,分析枠組に動態的な視点が欠如していることなどである。

本章では,こうした従来の分析枠組における問題点を踏まえながら,新たな分析枠組の提示を試みた。新たな分析枠組の特徴は次のようにまとめられる。

第 I 部　理論研究

　第1に，統合的視点から影響要因の分析が必要であることを主張しながら，大きく2つの要因を提示した。内部要因としては製品要因，組織要因があり，外部要因としては競争要因，市場要因，環境要因があげられる。第2に，標準化・適応化戦略の対象においては，国際マーケティングの標準化・適応化の独自領域といえるマーケティング・プログラム（4P）とプロセスを示した。第3に，動態的観点を導入した分析枠組を提示している。つまり，現時点だけ焦点を当てるのではなく，進出当時と現在の戦略の変化にも注目しフィードバックの概念を取り入れた。

　本章は標準化・適応化戦略に対する既存の代表的な分析枠組を考察し，新たな分析枠組を提示した。しかし，本章で提示した分析枠組は概念的であるため，この分析枠組に基づいて実証的研究を行うことが求められている。第3章からはこの分析枠組に基づき，実証分析を行う。

第Ⅱ部

実証研究

第3章
標準化・適応化戦略に影響を与える要因

1 影響要因への注目

　国際マーケティングにおける標準化・適応化戦略に関する論争は，もはや新しいものではなく，多くの文献で検討されている。しかしながら，約50年間にわたる研究の発展にもかかわらず，そこには考慮されるべき多くの理論が明確化されておらず，この重要なテーマはさらなる実証研究を必要としている。

　これまでの標準化・適応化戦略に対する実証的アプローチは，ほとんどが欧米市場または欧米企業を中心に展開されてきた。無論，これにより欧米市場及び欧米先進企業に関する実態をある程度把握できたことは事実だが，近年，成長がめざましい(1)アジア市場及びアジア企業を対象とした研究はほとんどみられず，これらを対象にその現状を明らかにすることも必要だと考える。

　また，従来のほとんどの実証研究は本国と進出国の間におけるマーケティング戦略を分析している。こうした分析方法は，企業が進出国市場でいかなる戦略を展開しているかを分析することによって，企業戦略に関する実態把握において有効な情報を与えてきた。しかしながら，こうした研究方法を踏襲することが必ずしもこの分野の研究を発展させるとはいいがたい。むしろ，従来とは異なる視点から標準化・適応化戦略を分析することが必要であるかもしれない。その1つとして考えられる方法がクロスマーケット（cross-market）分析方法である(2)。この方法は2つの進出国市場における標準化戦略を分析する方法である

---

(1) 10年ごとの平均実質 GDP 成長率を比較してみると，70年代以降いずれの10年間でも7％の成長を遂げるなど（70年代は7.77％，80年代は7.53％，90年代は6.91％），世界でも際立った高成長を記録しており，今後も拡大が期待されている。詳細は，経済産業省『2001年度通商白書』を参照。

が，このアプローチは標準化・適応化戦略研究に新たな可能性を提示できると思われる。

さらに，先行研究の大半は標準化・適応化戦略に影響を与える要因に関して，外部環境要因または一部の企業内部要因だけに焦点を当てている。標準化・適応化戦略を展開する際に影響を与える諸要因を析出するためには，外部および内部要因を全体的に考慮した統合的な視点からアプローチすることが必要である。

そこで本章では，こうした先行研究の限界を踏まえ，アジア市場の重要性の台頭，クロスマーケット調査方法論の導入，そして統合的視点からの要因の提示という側面を考慮しながら，標準化・適応化戦略に影響を与える要因を明らかにすることを目的とする。分析に当たり，アジア市場に進出している韓国企業を対象に実証分析を行う。具体的には標準化・適応化決定に関する影響要因を分析した代表的な先行研究を検討しながら，諸影響要因を提示したうえで，影響要因と標準化・適応化との関係については重回帰分析を用いて検証する。

本章の構成は，第2節では，標準化・適応化戦略を実証的に分析した先行研究をレビューする。第3節ではその先行研究のレビューで明らかになった研究類型の中で影響要因に関する研究に焦点を当てながら，具体的に各々の影響要因を考察して仮説を構築する。第4節では統計的分析を行って仮説の検証を試みた後，結果について検討する。第5節では全体の内容をまとめると同時に今後の課題を提示する。

2　標準化・適応化戦略に関する実証研究

Jain（1989）が指摘したように，わずか17年前の国際マーケティングの標準化・適応化戦略に関する研究には実証研究が乏しく，国際環境および国際企業の特徴を把握するには貧弱であった。しかしながら，海外に目を向けると，最

---

(2) クロスマーケット標準化戦略とは，2つの進出先市場において共通した一連のマーケティング・プログラム（4P：製品，価格，流通チャネル，販売促進）とプロセス（プログラムの計画，管理）を同時に展開することを意味する。詳細はChung（2005: 1346）を参照。本章も進出国間における標準化・適応化戦略への影響要因を明らかにしている。

第3章 標準化・適応化戦略に影響を与える要因

表3-1 国際マーケティングにおける標準化・適応化関連研究のタイプ

	1961-70年	1971-80年	1981-90年	91-2000年	2001-02年	合　計
概念的研究	1(0.8)	8(6.2)	19(14.6)	32(24.6)	1(0.77)	61(46.9%)
実証研究	-	3(2.3)	8(6.2)	45(34.6)	13(10.0)	69(53.1%)

出所：Waheeduzzaman & Dube（2004: 33）から修正引用。

近では実証研究の方が概念的な研究より比重が大きくなっており，複数国の企業を分析の対象にしていることなどから標準化・適応化戦略の重要性が増加していることがうかがえる。

　世界的に権威のある26のジャーナルの中で，標準化・適応化戦略に関する130の論文を分析したWaheeduzzaman & Dube（2004）[3]は，標準化・適応化戦略研究における概念的，実証的研究の数を年代別に分類している（表3-1）。

　1990年代までは実証研究が概念的研究の半分以下であったが，90年代に入ってからはその比率が逆転していることが明白である。この結果は，この研究分野が以前にもまして重要な研究テーマの1つであることを示す証左である。

　しかしながら，このように実証研究が活発に行われている現時点において，従来の分析方法をそのまま踏襲することがこの領域の進展をもたらすとは断言できない。以下においては，批判的な立場から従来の代表的な実証研究を簡略に検討しながら，その結果および問題点を指摘する。

（1）標準化・適応化に関する実証研究

①標準化程度に関する研究

　まず，最初の実証分析ともいえるSorenson & Wiechmann（1975）の研究から検討する。彼らは，食品，ソフトドリンク，石鹸，洗剤，トイレタリー，化粧品などを扱うアメリカの多国籍企業を対象にマーケティング戦略を調査した。彼らは，マーケティングの各要素（例えば，製品，価格など）によって標準化程度が異なり，各要素に属する各項目（例えば，製品ならブランドネーム，包装など）によっても標準化程度が異なっていることを判明し，標準化・適応化戦略研究において新たな知見を提示したといえる。しかしながら，彼らの仮説は市場環境の類似性が高いほどマーケティング要素の標準化程度が高くなるという

---

[3] 彼は，マーケティング4Pの標準化程度に対しても年代別に分析している。

外部環境だけをもって標準化程度を測定しており，企業の内部要因までは考慮していない。

次に，Picard, et al. (1988: 5-23) は，1973年と1983年にヨーロッパ市場に進出している米国企業の子会社を対象に標準化戦略の変化について実証分析を実施した。その結果はまず，標準化の程度は非耐久消費財，耐久消費財そして産業財の順で高くなる。また，マーケティングの要素においては，標準化の程度が価格，広告，市場リサーチ，包装，製品とブランドネームの順で高くなる。さらに，10年の間に製品は標準化程度が高くなったが，その他の要素は標準化程度が低くなっている。そして，非耐久消費財の標準化程度は高くなっているが，産業財はむしろ適応化度が高くなっている。[4] 彼らの研究結果からは，製品の類型（産業財，耐久消費財，非耐久消費財）によって標準化程度が異なるという事実を実証的に発見したことが特徴である。

②影響要因に関する研究

上記のように，外部環境要因だけに焦点を当てていた分析とは異なり，内部要因をも考慮しながら標準化程度を検討しようという試みがJain (1989) によって展開された。Jain (1989: 71) は，国際マーケティングにおける従来の主要な研究を取り上げて分析し，次のように指摘している。それはまず，標準化にはプロセスとプログラムの2つの側面がある。[5] 次に，標準化の意思決定は完全な標準化と完全な現地適応化ではなく，標準化の程度が問題である。さらに，多様な外部要因と内部要因が標準化意思決定に影響を与え，その中でも製品と産業の特性が重要な要因である。最後に，市場インフラが発達している場合，一般的には標準化が望ましい。

また，Jain (1989) はマーケティング・プログラムの標準化を決定する5つ

---

(4) それに加え，まず，アメリカ企業は製品の品質，差別化，サービス，流通チャネルと販売促進戦略を競争優位の源泉として認識している。次に，標準化するに当たって障害となる要因としては，競争，消費者の嗜好と習慣の違い，政府規制や規格の違い，景気変動を取り上げている。最後に，マーケティング意思決定においてはアメリカの本社に集権化されており，生産，物流などとマーケティングの統合が進められているという結果を出している。

(5) ここでいうプログラムは4Pを指しており，プロセスは4Pを遂行するに当たって必要となる計画，管理などを指している。

の要因を提示している。その要因として取り上げられたのは標的市場，市場地位，製品特性，環境要因，企業組織要因である。[6] この研究は，国際マーケティングの標準化・適応化戦略におけるプログラム（4P）程度決定のフレームを提示したこと，とりわけ従来の環境要因重視の傾向から脱皮し，製品（産業），組織などの企業要因にまで考慮しながら分析枠組を提示したことは，この研究分野の中心論題をさらに発展させたといえる。

Jain（1989）は概念的研究にとどまったが，その後，Akaah（1991: 39-62）はJain（1989）の分析枠組に基づいて，アメリカ企業のマーケティング標準化程度，また外部環境及び企業要因と標準化程度との関係を実証的に分析した。[7] 標準化・適応化に影響を及ぼす要因に関する結果を確認すると，消費者の特性，海外子会社の所有形態と企業の経営方針が標準化程度に影響を与えていることが明らかになった。

次に，Ozsomer, et al.（1991: 51-64）は，トルコ市場に進出しているアメリカ，ドイツ，スイス企業の現地子会社のマーケティング標準化戦略を実証分析している。分析結果をみると，第1に，市場状況，第2に，競争環境，法的環境，小売構造，第3に，ターゲット顧客，第4に，PLC（Product Life Cycle）の段階，第5に，意思決定権の集権化といった項目が標準化程度を高める要因であることを明らかにした。彼らの研究の特徴は，環境要因と製品要因だけではなく，現地子会社との関係における集権化や所有の構造などが含まれていること，つまり組織的な側面から影響要因を考慮していることである。これは標準化・適応化戦略の決定問題が本社と現地子会社との関係から大きな影響を受けることを意味する。

---

(6) 標的市場には地理的範囲，経済的要因が，そして環境要因には物的環境，法的環境，政治的環境，マーケティング・インフラストラクチャーが，市場地位には市場開発，市場条件，競争が，製品特性には製品タイプと製品ポジショニングが，組織要因には企業の指向，本社―子会社関係，分権化の程度が含まれている。
(7) 結果をみると，まず，標準化の程度は高くない。つまり，21項目の中で9つの項目のみに標準化がみられた。次に，価格，流通チャネルと販売促進活動に比べ，ブランドネームなどの製品戦略の標準化程度が一番高く，マーケティング管理プロセスがその次に高いことが判明した。

③経営成果に関する研究

　最後に，海外市場で展開している標準化あるいは適応化戦略が企業の成果にどのような影響を与えるかについて分析した実証研究について検討する。ここで注目したいのは，マーケティング要素の標準化・適応化と経営成果に関する実証研究の結果に一貫性がないことである。

　まず，Kotabe & Omura（1989）は，適応化した製品より標準化した製品の方が市場シェアと利益の面において好ましい成果をもたらすという結果を出している。

　しかしながら，アメリカ企業を対象に実証研究を行ったSamiee & Roth（1992）は，経営成果を判断する尺度としてROI（Return on Investment），ROA（Return on Asset），売上高成長率を採用し，標準化を展開する企業と適応化を展開する企業を比べているが，標準化を展開していても経営成果が上がらない，つまり，標準化は利益に結びつく可能性が低いという結果を出している。

　これに対してO'Donnell & Jeong（2000）は，Samiee & Roth（1992）の研究が多様な産業を調査対象にしたため，標準化が経営成果に正の影響を与えていることが確認できなかったと指摘しながら，ハイテク産業財を扱っている企業を対象に標準化戦略と経営成果との関係を分析している。分析の結果，標準化子会社の成果に正の影響を与えることを明らかにした。

　実際，標準化あるいは適応化が経営成果に影響を与えるかどうかという問題に関して測定することは非常に困難である。上述した通りに，測定変数が売上高成長率，ROI，市場シェアなどと研究によって異なることも問題の1つである。また，サンプルとなった企業が属している産業が異なっていることも従来の研究の比較を困難にさせると予測できる。

（2）先行研究の検討結果

　標準化・適応化戦略における実証研究を検討した結果，その中心テーマが大きく3つに分けられていることが確認できた（表3-2）。

　第1に，初期の研究で多くみられた標準化・適応化の程度を分析した研究である。共通してみられる研究結果としては，マーケティング4Pの要素別，マーケティングの各要素の項目別，産業（製品カテゴリー）別に標準化程度が異な

第3章 標準化・適応化戦略に影響を与える要因

表3-2 標準化・適応化戦略に関する実証研究の類型

研究焦点	影響要因	標準化程度	成　果
研究内容	どの要因がどの要素（4P）に影響を与えるか	どの要素がどの程度標準化されているか	標準化あるいは適応化が成果に影響を与えるかどうか
研 究 者	Akaah（1991） Ozsomer, et al.（1991）など	Sorenson&Wiechmann（1975） Picard, et al.（1988）など	Samiee & Roth（1992） O'Donnell & Jeong（2000）など

出所：筆者作成。

ることである。

　第2に，標準化・適応化決定に影響を与える要因に関する研究である。初期の研究は外部環境要因のみで標準化・適応化戦略を分析していたが，80年代後半からは企業内部要因まで包含した統合的な観点からの実証研究も散見される。すなわち，進出国の外部環境的要因だけが標準化・適応化の程度決定に影響を与えるといった考え方から，経営方針，意思決定権限，企業の海外志向性といった企業が持つ独特な内部要因も標準化程度の決定に影響を与えていることが明らかになった。

　第3に，標準化あるいは適応化戦略が経営成果にどのような影響を与えているかを検証した研究があげられる。先行研究の検討結果は，標準化と成果との関係，あるいは適応化と成果との関係において相反する結果が出ており，それらを比較することは非常に難しいということが確認できた。

　本章は，標準化あるいは適応化戦略の意思決定への影響要因を識別するところに焦点を当てる。なぜなら標準化・適応化戦略の意思決定に関する内部および外部要因の統合的観点からアプローチした実証研究が非常に少ないからであり，また影響要因に対して詳細な分析が必要だと判断したからである。

　以上，実証研究の内容について検討してみたが，以下においては，実証研究の対象について簡単に触れておきたい。

　既存研究の検討から，これまでの実証研究は本社と進出国間におけるマーケティング戦略を調査した研究と，1つの特定市場に進出している多数の子会社を調査した研究が大半であることが明らかになった。こうした研究は，特定市場や企業に対する理解において有効な情報を与えてきた。

　しかしながら，従来の研究では進出国間，つまり2つ以上の国に進出してい

る企業が進出国間においてどのようなマーケティング戦略を展開しているかに関する分析はほとんど行われていなかった。地域市場の拡大と地域内での取引が増加している今日において（Ghemarat, 2005: 101），本国と進出国といった組み合わせのみならず，進出国間の組み合わせで実証研究を行うことは，標準化・適応化戦略研究に有効な視点を提示できると思われる。

例えば，Chung（2005）は，EU市場の中で2つ以上の国において事業を展開しているニュージーランド企業を対象にマーケティングの標準化・適応化戦略を実証分析している。彼は，標準化・適応化への影響要因として規模，経験，参入形態，政治，経済，文化，競争，インフラ，消費者環境を取り上げている。この研究で注目したいのは，これらの諸要因が本国と進出国の次元ではなく，2つの進出国間において測定されていることである。本章においても進出国間という観点から企業のマーケティング戦略に影響を与える要因を検証することにする。以下では，標準化・適応化戦略決定に影響を及ぼす要因に関する概念的研究及び実証研究の検討から浮き彫りになった諸要因を考察し，仮説構築を試みる。

3　影響要因に関する先行研究の検討および仮説の提示

本章は標準化・適応化戦略の意思決定に影響を及ぼす要因を明らかにすることを目的としているが，その影響要因は，先行研究の検討を通しても明白なように企業の特徴（規模，海外事業経験など），製品類型（産業）のような内部要因と進出先国の経済的環境，法的な規制，消費者の特徴といった外部要因に大別することが可能である（2章を参照）。

以下では，先行研究において標準化・適応化戦略の程度決定に影響を与える要因として取り上げられた諸要因（内部と外部要因）を具体的に検討する。

（1）外部要因に関する検討

国際マーケティングの標準化・適応化の程度決定に影響を与える外部要因は，論者によって分類の仕方が異なるが，ここでは市場要因，競争要因，環境要因に分類する。

①市場要因

　標準化・適応化戦略を遂行するに当たって，現地市場要因は非常に重要となる。現地市場の事情により適応化戦略の展開を余儀なくされる場合もある。つまり，各国の市場には克服できない社会文化的環境の差異が存在し，企業の国際的な業務は必然的に異なる文化的環境を有する消費者や組織と深く関連しているため，文化的環境はマーケティング4Pなどに直接的で大きな影響を及ぼす。

　要するに，国家間の市場環境の差異は消費者行動にも影響を与えるため，企業は現地消費者の行動や態度を考慮した戦略を遂行する必要がある。

　例えばHill & Still（1984）は，多国籍企業を対象に行った実証研究の中で，製品戦略を検討するために提示した影響要因を大きく環境要因とマーケティング要因に分類している。まず環境要因としては，法制度，教育程度，購買力の差異，社会・文化的慣習，季候条件が，次にマーケティング諸要因としては，消費者選好，競争状況，購買習慣などがあげられている。

　こうした進出国の市場要因は一般的にその類似度が高い場合，標準化の程度も高くなる傾向があり，このことは，本国と進出国のみならず，進出国間における標準化・適応化戦略の決定にも同様であると思われる。

②競争要因

　現地市場の競争が激しくない場合，企業は一定期間独占することも可能であるため，現地市場において自国とは異なるマーケティング要素などを採択する必要がないと判断することがある。一方，現地市場の競争が激しい場合は，現地市場条件に適合した製品などを展開することで競合他社に対して優位を確保しようとすることが予想される。実際，Cavusgil & Zou（1994）は，進出国の競争程度が高いほど製品とプロセスの適応化が実施されていることを明らかにしている。

　また，先述したように本国と進出国における競争の類似度によって標準化程度が異なってくるという仮説も存在する（Jain, 1989）。このことは，本国と進出国の競争環境が類似していれば標準化程度が高くなる可能性があるということを意味する。

このようなことから，本章のように2つの進出国間における競争環境を考える際にも，競争環境の類似度によって進出国間における標準化程度が影響を受けるということが推測できる。

③環境要因

環境要因としてはまず，政府規制が取り上げられる。自国の産業を保護し，伝統や慣習などの保存を主張ながら外国企業のマーケティング要素などに対してさまざまな形の法的規制を与えていることが現実であるが，その類型は国によって多様であろう。

このような政府規制に関する既存研究は，規制によって企業は標準化より適応化戦略を採択する傾向が高いことを示している。例えば Hill & Still (1984) は，企業が海外市場で展開しようとする製品戦略の約25％が現地国政府の要求や規制のために変更されていると報告している。

また，経済的環境も環境要因の1つとして考えられる。例えば，類似した経済発展段階の国々の人は一般的にその購買パワーやライフスタイル，そして需要などにおいて類似性が高いことが予想できる。上述した Jain (1989) の研究でも，類似した経済発展段階にある市場間においては，標準化されたマーケティング戦略を展開することが可能であるとしている。

したがって，2つの進出国間における政治／経済といった環境要因の類似度が高いほど標準化程度が高くなるということが予想できる。以上の外部要因から次のような仮説が構築される。

仮説1：市場要因はマーケティングの標準化・適応化に影響を及ばす。
仮説2：競争要因はマーケティングの標準化・適応化に影響を及ばす。
仮説3：環境要因はマーケティングの標準化・適応化に影響を及ばす。

(2) 内部要因に関する検討

企業がもっている独特な内部特徴はマーケティング戦略の選択および実行に当たって重大な影響を与えることになる。例えば，同じ国に進出している2つの企業の場合，置かれている外部環境は同一である。つまり，同じ環境の下で

事業を展開することになるが，企業が持っている特徴（規模，経験など）の相違によって，各々の企業の国際マーケティング戦略に差が生じることが理解できる。以下では，まず組織要因について具体的に検討する。

①組織要因

組織要因としては6つの項目が想定される。第1に，国際経営経験があげられる。一般的に，海外市場で長期間に渡り事業を展開している企業はそうでない企業に比べて様々な経験を蓄積しているため，海外市場に合った適応化されたマーケティング活動をより容易に展開することが可能であろう。

実際，Cavusgil. et al.（1993: 479-506）[8]は，国際経営の経験が長い企業ほど海外市場の全般的な状況に対する理解と各市場に対応できる能力が高いと指摘している。また，このような企業は適応化された戦略を遂行することが適切であるという見解も示している。彼らは，海外市場に輸出しているアメリカの製造企業79社を対象に実証分析を行った結果，企業の国際経験と製品の適応化は有意な関係があることを明らかにした。

こうしたことから，国際経験が豊富な企業は適応化する傾向が強いことが予想される。

第2に，現地市場に対する知識である。Welch. et al.（1998）は，本社の現地市場に対する知識が多い場合，現地子会社，パートナー，流通業者そして広告代理店とのやりとりが順調に進む可能性があり，一方，本社の現地に対する知識が少ない場合，現地子会社はマーケティングの戦略的行動において自由度が高くなるとしている。このことは，現地に対する知識は，標準化あるいは適応化戦略の程度決定に何らかの影響を与えるということを意味する。

第3に，マーケティングに関する意思決定権限があげられる。企業が世界各国でマーケティング活動を遂行するに当たり，重要な戦略の決定には親会社の次元で統制を行う可能性が高いが，部門別には進出先の状況を考慮して現地拠点にその意思決定権限を委任することが予測される。例えば Hite & Fraser（1988）は，現地子会社が意思決定権限をもって広告代理店を選択した場合は

---

[8] 特に，彼らは適応化戦略を進出時と進出後に分けて分析している。

広告の現地適応化傾向がみられるが，本社が広告代理店を選択した場合には，一般的に標準化の傾向が強いという研究結果を出している。

このことから，マーケティング戦略の意思決定において現地子会社の影響力が強いほどマーケティング要素が適応化されるという仮説が立てられよう。

第4に，海外市場志向性が提示できる。海外市場志向性とは，経営者が海外市場に対し自社の参加を試み，市場拡大のために資源を投資しようとする意図および考え方であり，経営者が海外市場で起きている重要な出来事を認知して受け入れる程度を指す（Talat, 1978: 25）。Walters（1986: 55-69）は，海外事業展開を通じて多くの売上と市場シェアを獲得し，かつ海外市場を重視する企業の場合は適応化傾向が強い反面，コスト削減などを掲げて国際マーケティング活動に消極的な企業，あるいは海外に生産施設がほとんどない企業の場合は標準化を重視する傾向があるとしている。

このように，経営者の海外志向性は標準化・適応化戦略を決める際に影響を与えると推定される。

第5に，進出形態が取り上げられる。一般的に，進出形態の違いによって標準化・適応化の程度が変わってくることが予想できる。例えばRau ＆ Preble（1987: 18-28）は，企業の参入形態の選択が標準化・適応化戦略に影響を与えるとしている。つまり，企業が海外市場において同じ参入形態を採択している場合はマーケティング要素を標準化しようとする傾向が強いと述べている。また，企業が輸出を採択する場合，標準化された製品をもって外国市場に進出しようとする傾向があるという研究結果も存在する（Kacker, 1975: 61-70）。こうしたことから参入形態は標準化・適応化に影響を及ぼすことが考えられる。

第6に，企業規模があげられる。大規模企業は海外事業を展開するに当たって財政的資源が比較的豊富であるため，適応化展開に意欲的であることが予測される。Chung（2005）の実証研究の結果でも規模の大きい企業は製品戦略を適応化する傾向があることが明らかになった。これは，企業が適応化戦略を展開することができるくらいの規模を備えているからであろう。このように，企業の規模も標準化・適応化程度に影響を与えることが想定できる。こうした内部要因を中心に取り上げられる仮説は，次の通りである。

仮説4：国際経営の経験が多いほど標準化程度が低い（適応化が高い）。
仮説5：現地市場に対する知識が多いほど標準化程度が低い（適応化が高い）。
仮説6：現地の意思決定権限が高いほど標準化程度が低い（適応化が高い）。
仮説7：海外市場志向性が高いほど標準化程度が低い。
仮説8：両進出国における参入形態が同じである場合，標準化程度が高い。
仮説9：企業の規模が大きいほど標準化程度が低い。

②製品要因

　先行研究を検討した結果，一般的に消費財製品より産業財製品の方が標準化の程度が高く，消費財の中でも耐久消費財が非耐久消費財より標準化程度が高いことが明らかになった。その理由は，非耐久財製品の場合，各国ごとの独特な嗜好，習慣などに大きな影響を受けるからであろう。実際にCavusgil. et al. (1993) は，産業財に対する需要は世界的に同質化傾向がみられるために広告を含んだ販売促進戦略を標準化することが可能であるが，消費財は海外市場の文化的慣習と経済状況などによって影響されるため，適応化する必要があるという見解を示している。

　一方，サービス産業の場合，サービスがもっている独特な特性のため，有形財より適応化されやすいという結果が出ている (Nicoulaud, 1989: 55-66)。

　以上のことから，産業財と耐久消費財製品がサービスと非耐久消費財製品より標準化程度が高くなっている可能性があることが推測できる。そこで，次のような仮説が提示できる。

仮説10：産業財や耐久消費財がサービスと非耐久消費財製品より標準化程度
　　　　が高い。

　以上，標準化・適応化戦略の決定に影響を与える要因を企業の内部と外部に大きく分けて検討し，先行研究の検討結果をふまえ，研究仮説を提示した。こうした仮説の基で，企業が標準化・適応化戦略を展開するに当たり，どのような要因が影響を与えるかを明らかにしていきたい。本章の分析枠組は図3-1の通りである。

第Ⅱ部　実証研究

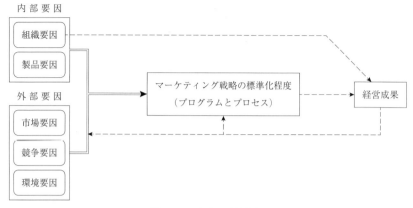

図3-1　本章の分析枠組

注：本章は二重線の部分について分析する。

4　調査の概要および影響要因に関する仮説検証

(1) 調査概要

　本章の目的は，どのような影響要因が標準化・適応化戦略決定に影響を与えるかを明確にすることである。そのため，アジア市場に進出している韓国企業を対象に実証分析を行う。

　本調査は，「アジア市場に進出している韓国企業の国際マーケティング戦略」と題した調査票をもとに郵送およびE-mailなどによって実施した。調査期間は2006年2月10日から3月15日である。調査対象企業は，「韓国証券取引所」に登録されている上場企業，「KOTRA（韓国貿易協会）」に登録されている企業，および『中小企業情報銀行』に登録されている企業の中で，アジア市場の2つ以上の国において事業を展開している企業343社を対象とした。この調査票は各企業の海外事業担当者（輸出／国際業務担当者など）宛に送付した。調査対象企業のうち73社（回収率21.3％）から調査票が回収された。このうち進出国を表示していない企業，進出国がアジアではない企業，および外部環境要因の類似性程度を表示していない企業を除外し，合計69社（有効回収率20.1％）のサンプルをもって実証研究を行った。

第3章 標準化・適応化戦略に影響を与える要因

　質問に対する答えは，アジア市場における各企業の主力製品に関することを求めている。この研究は従来の分析方法とは異なるクロスマーケット（cross market）における業務の比較，すなわちアジア市場の中でもっとも重要な市場と二番目に重要な市場の間におけるマーケティングの展開と両進出国市場の環境などに関する答えを基本としている。

　調査票の設問は，2つの進出国間の外部環境要因の類似程度，マーケティング・プログラム（4P）およびプロセスの標準化程度，企業の組織的な特徴（国際経験年数，進出形態など），そして経営成果などによって構成されている。本章は特に，外部環境の類似程度や組織の特性に関する設問と標準化・適応化程度に関する設問をベースに分析している。

　独立変数の外部環境要因に関する質問は合計17項目であり，5段階尺度を用いている（例えば，両進出国の経済発展段階は，「非常に類似している(1)～非常に異なる(5)」）。また従属変数の場合，マーケティング要素に関する先行研究の検討を通し，合計24の変数を用いて分析した。具体的には，製品関連6項目，価格関連4項目，販売促進関連6項目，流通チャネル関連5項目，プロセス関連が3項目である。また，これらの変数も5段階尺度を用いて測定している（例えば，両進出国におけるブランドネームは，「非常に類似している(1)～非常に異なる(5)」）。

　内部組織要因として，まず企業規模は従業員の数で測定された。また，国際ビジネス経験はCavusgil. et al.（1993）とChung（2005）のように，国際ビジネスの年数と進出している国の数で測定している。こうした内部要因については記述回答を用いている。そして，参入形態に関しては，アジア市場においてもっとも重要な市場での参入形態と二番目に重要な市場での参入形態の関係で測定を試みた。つまり，両進出国の進出形態が同一な場合（＝1）と異なる場合（＝0）に分けて変数を分析している。さらに，本章では意思決定権限，海外市場志向性，そして現地に対する知識といった内部要因をも新たに導入し，5段階尺度を用いて測定している。

---

(9) 本研究では便宜上，アジア市場をNIEs（韓国，台湾，香港，シンガポール），ASEAN（インドネシア，マレーシア，シンガポール，タイ，フィリピン，ブルネイ，ベトナム，ラオス，ミャンマー，カンボジア），バングラデシュ，スリランカ，日本，中国，インドに限定する。中東と答えたサンプルは本研究で認識している中心的なアジア地域市場から距離的に遠いため，除外した。

第Ⅱ部　実証研究

（2）実証分析の結果

①回答企業のプロフィール

　本章で標本となった韓国企業の国際ビジネス経験は平均11年であり，経験が中程度の企業として分類できる。また，規模においては平均371名の従業員をもち，中堅企業として分類される。

　次に，参入形態に関して確認すると，アジア市場に進出している企業の約66％（46社）が直接輸出という形態を採択していることがわかる（表3-3）。また，55社がアジアのもっとも重要な市場と二番目に重要な市場において同じ参入形態で展開していることが確認された。

　加えて，業種をみると，繊維・織物・皮革が7社，電気・機械が6社，自動車関連が4社，化学が3社，装備関連が3社，金属・鉄鋼が2社，他にも電気通信，農産物加工，製薬，銀行，化粧品，建設，プラント，運送，LCDなど多様な業種分布が確認された。

　さらに，本調査の対象企業の従業員数は表3-4に示されている通りである。従業員数が1名から49名の企業の数が23社でもっとも多かったが，50名から99名，100から499名，そして500名以上の企業数がそれぞれ15社前後となっており，適切に分布されているといえる。

　今回の実証研究の標本となる企業を，従業員の数によって99名以下の企業と100名以上の企業に分類し，各々の特徴について検討する。ただし，以下においては便宜上99名以下の企業を小規模企業（40社），100名以上の企業を大規模企業（29社）と呼ぶことにする。

　まず，大規模企業は事業年数において，20年以上の経験を有する企業が小規模企業に比べて3倍以上も存在することがわかる。また，進出国数の場合も，小規模企業が2から6ヶ国に集中しているのに対し，大規模企業は7ヶ国以上に進出している企業が12社もみられる。調査対象企業が重要としている進出国のリストは表3-5の通りである。

　さらに，進出形態をみてみると，合計46社が直接輸出の形態で事業を展開していることが明らかになった。こうした現象は，国際ビジネス経験の少ない企業が国際化の初期段階として韓国と地理的に近いアジア市場に進出しているため，比較的に輸出が多くなっていると予想される。また，小規模企業はその大

表3-3　回答企業の概要

	小規模企業 (40社)	大規模企業 (29社)	合　計 (69社)
アジアにおける事業年数			
1-9年	25	8	33
10-19年	11	11	22
20-29年	2	9	11
30年以上	1	1	2
無回答	1	—	1
参入形態			
間接輸出	10	3	13
直接輸出	27	19	46
ジョイントベンチャー	1	4	5
完全所有子会社	2	3	5
製品の類型			
非耐久消費財	4	2	6
耐久消費財	12	14	26
産業財	22	12	34
サービス	2	1	3
進出国数			
2-6ヶ国	36	17	53
7-9ヶ国	2	4	6
10ヶ国以上	2	8	10
両進出国の参入形態			
同じ	35	20	55
異なる	4	9	13
無回答	1	—	1

半が輸出形態を採択しているのに対し，大規模企業の場合は約4分の1が直接投資の形態を採択していることがみてとれる。

②実証分析の結果

　本章で提示された仮説は本質的に変数間の因果関係を明らかにすることである。したがって，こうした仮説における諸変数間の相互作用関係を分析するた

表3-4　従業員数

従業員数	1〜49名	50〜99名	100〜499名	500〜4,500名	合　計
企　業　数	23社	17社	16社	13社	69社

表3-5　重要進出国

国　　名	一番重要な市場としている企業数	二番目に重要な市場としている企業数
中　　国	39(56.1%)	13(18.8%)
香　　港	2(2.9%)	2(2.9%)
台　　湾	1(1.4%)	8(11.6%)
日　　本	10(14.5%)	9(13.0%)
インド	5(7.2%)	6(8.7%)
シンガポール	2(2.9%)	2(2.9%)
タ　イ	1(1.4%)	2(2.9%)
マレーシア	1(1.4%)	6(8.7%)
フィリピン	1(1.4%)	1(1.4%)
バングラデシュ	2(2.9%)	1(1.4%)
インドネシア	1(1.4%)	4(5.8%)
ベトナム	4(5.8%)	13(18.8%)
カンボジア	－	1(1.4%)
スリランカ	－	1(1.4%)
合　　計	69社(100%)	69社(100%)

めに重回帰分析を行い，特定な独立変数が従属変数に与える影響を分析している。仮説検証に先立ち，因子分析，相関関係分析，そして因子の信頼性を確認するために信頼性分析（reliability analysis）を実施した。本章における統計分析は EXCEL と SPSS 11.5 を使用した。

　まず，各変数をまとめ，重回帰分析を行うに当たり因子得点を求めるために因子分析を行った。外部要因に関する17個の質問項目を利用しバリマックス回転を行い，因子を抽出した。因子数は最初の固有値を基準とし，3因子が抽出された。[10] 各因子の名前は消費者／文化環境，政治／経済的環境，競争／マーケ

---

[10]　因子の寄与率をみると，第1因子が52.54%，第2因子が8.14%，第3因子が5.08%であった。第4因子の固有値が小さいため，第3因子まで抽出することにした。

表3-6 因子の項目と信頼性係数

	因 子 名	項 目	Cronbach's α
従属変数	製品関連	製品特徴，包装，ネーム，サービス，ポジション，デザイン	0.8752
	価格関連	小売価格，卸価格，割引価格，価格決定	0.9017
	販売促進関連	広告テーマ，コピー，メディア，表現，広告役割，販売促進の役割	0.9382
	流通チャネル/プロセス関連	小売タイプ，営業役割，中間商役割，営業管理，Marketing目標，販売経路，計画設計，予算編成	0.8863
独立変数	消費者/文化環境	消費パターン，文化慣行，購買習慣，広告理解，慣習程度	0.9221
	政治/経済的環境	販売規則，政治環境，経済段階，GNP，市場占有	0.8690
	競争/Marketing環境	競争程度，インフラ，言語影響，教育水準，製品規制，購買パワー，労働コスト	0.8918

ティング環境とした。その結果として現れた因子の信頼性はクロンバックスアルファ値（Cronbach's α）で分析した。同じ方法を用いて，マーケティング要素に関する24項目の質問を4因子としたが[11]，流通チャネル関連項目とプロセス関連項目については因子分析によって1つの従属変数として用いることにした。

また，これらの変数も信頼性分析を行った。因子分析による因子（その項目）とそれらの信頼性は表3-6の通りである。上記のように，本章で測定しようとする変数の信頼性係数は最低0.86以上となっており，その他も全体的に0.8を超えているため，信頼度が十分にあると認識される。

仮説検証に入る前に，ゲンダルタウ法による各独立変数間の相関関係分析を行った（表3-7）。製品タイプはもともと4つの形態（非耐久消費財対その他，耐久消費者財その他，産業財対その他，サービス対その他）に分かれていた。4つの中で耐久消費財とサービスは多種共線性が発見されたため，除外した。また，従業員数と事業年数の相関関係以外は全体的に0.37より低く，回帰分析を行う

---

[11] これらの因子寄与率は，第1因子が41.65%，第2因子が14.26%，第3因子が7.19%，第4因子が3.54%であった。第5因子の固有値が小さいため，第4因子まで抽出することにした。

第Ⅱ部　実証研究

表3-7　変数間の相関関係

	A	B	C	D	E	F	G	H	I	J	K
A	1.000										
B	−0.043	1.000									
C	−0.039	−0.304	1.000								
D	0.496	−0.072	0.023	1.000							
E	0.370	−0.013	−0.006	0.329	1.000						
F	0.310	0.098	−0.112	−0.079	−0.126	1.000					
G	−0.010	−0.082	−0.033	−0.098	0.097	−0.079	1.000				
H	0.051	−0.046	0.256	0.121	0.049	0.003	−0.141	1.000			
I	−0.143	0.132	0.031	−0.170	−0.098	0.145	−0.141	0.118	1.000		
J	0.016	−0.280	0.066	0.106	0.193	−0.031	0.117	0.126	0.008	1.000	
K	0.066	−0.016	0.048	0.002	−0.039	−0.114	0.097	−0.136	−0.108	0.148	1.000
L	0.017	−0.078	0.180	0.064	−0.015	−0.142	0.034	−0.028	0.032	0.110	0.165

注：A＝従業員数，B＝産業財対その他，C＝非耐久財対その他，D＝事業年数，E＝進出国数，F＝両国進出形態，G＝海外志向性，H＝意思決定権限，I＝現地知識，J＝消費者／文化環境，K＝政治／経済環境，L＝競争／マーケティング環境

に当たり，多重共線性の問題はそれほど大きくはないことが確認された。

　本章の目的は，マーケティング・プログラム（4P）とプロセスの標準化・適応化程度に影響を与える要因を探ることである。そのため，因子分析や信頼性検証，さらに相関分析によって明らかになった4つの従属変数（製品関連，価格関連，販売促進関連，流通チャネル／プロセス関連要素）と内部・外部環境要因との関係を明らかにするために重回帰分析を行った。**表3-8**は，その分析結果を表している。

　自由度調整済み決定係数（$\overline{R^2}$）とモデルの全体的な説明力を示すF値をみると，全体的に推定結果が良好であるといえる。製品戦略を従属変数として重回帰分析を行った結果，意思決定権限と現地知識が影響を与えることが確認された。つまり，製品戦略は意思決定権限において，現地事業所（子会社）の影響を多く受けるほど適応化戦略を採択する傾向がある。また，現地に対する知識の程度が高いほど適応化戦略を展開していることも明らかになった。

　製品戦略は企業の内部要因，とりわけ組織要因にのみ影響されることが判明した。このように製品戦略が外部要因の影響をあまり受けないという結果は，

第3章　標準化・適応化戦略に影響を与える要因

表3-8　重回帰分析結果

従属変数：製品関連

独立変数	非標準化係数		標準化係数		
	B	標準誤差	ベータ	t値	有意確率
(定数)	1.941	.556		3.489	.001***
意思決定権限	-.350	.139	-.308	-2.517	.015**
現地知識	-.379	.169	-.275	-2.252	.028**

注：($\overline{R^2}$ = .189, F = 6.399, 有意水準F値 = .003)

従属変数：価格関連

独立変数	非標準化係数		標準化係数		
	B	標準誤差	ベータ	t値	有意確率
(定数)	.045	.106		.429	.670
消費者／文化要因	.201	.117	.191	1.718	.091*
政治／経済要因	.488	.114	.475	4.271	.000***
競争／Marketing要因	.202	.119	.188	1.691	.0961*

注：($\overline{R^2}$ = .327, F = 8.916, 有意水準F値 = .000)

従属変数：流通チャネル／プロセス関連

独立変数	非標準化係数		標準化係数		
	B	標準誤差	ベータ	t値	有意確率
(定数)	.916	.364		2.518	.015**
意思決定権限	-.345	.135	-.320	-2.558	.013**
消費者／文化要因	.283	.128	.276	2.203	.032**

注：(R^2 = .154, F = 5.023, 有意水準F値 = .010)
　　$\overline{R^2}$は自由度調整済み決定係数，また***，**，*はそれぞれ1％，5％，10％の有意水準を示す。

本調査の回答企業の約48％が産業財を扱っていることにも裏付けられると思われる。

　次に，価格戦略と影響要因との関係を検討する。結果としては，消費者／文化要因，政治／経済要因と競争／マーケティング環境要因は価格戦略に影響を与えていることが明らかになった。ここで興味深い点は，価格戦略は3つの外部要因全部に影響を受けていることである。このことから，価格戦略は他のマーケティング戦略より進出先市場の競争環境や消費者の消費パターンのような外部環境の類似度に敏感に反応していることが明確になった。

　続いて販売促進戦略においては，有意差が確認できず，重回帰分析の結果が適切ではなかったため，本章での説明は除外した。おそらく，販売促進項目に

第Ⅱ部　実証研究

対する回答には欠損値があったことから，広告活動をそれほど行っていない企業が対象企業に含まれていることも考えられる。

最後に，流通チャネル／プロセス戦略について重回帰分析を行った結果，意思決定権限と消費者／文化環境が影響を与えることが確認された。この結果は流通チャネルとプロセス戦略の展開において，現地拠点が強い意思決定権限を持っている場合，適応化される傾向があることを意味する。また，進出両国の消費者／文化環境が類似しているほど標準化戦略を展開するということが推定される。

以上，重回帰分析の結果を簡略にまとめてみたが，以下においては本章で提示した仮説を上記の重回帰分析の結果と照合しながら，具体的に検討する。

③調査結果の検討

本章の実証分析では消費者／文化要因，政治／経済要因，そして競争／マーケティング要因が外部要因として用いられた。以下においては，各々の要因がどのようなマーケティング要素に影響を与えているのかを検討する。

まず，消費者／文化要因は価格戦略と流通チャネル／プロセス戦略に影響を与えていることが明らかになった。つまり，これは市場環境（消費者／文化）が類似している場合，標準化程度が高くなるという仮説1が部分的に支持されていることを意味する。

この結果は，Chung（2005）の研究結果とも類似している。もちろん，彼の研究では消費者要因が，製品戦略，価格戦略，そして流通チャネル戦略に影響を与えていたが，本研究では価格戦略と流通チャネル／プロセス戦略に影響を与えている。共通しているのは，消費パターンや購買習慣といった消費文化的要因の類似性は，両進出国における価格戦略（価格決定，小売価格）および流通チャネル戦略に影響を与えるということである。

次に，競争／マーケティング環境要因は，唯一価格戦略に影響を与えていることが明らかになった。このことは，両進出国の競争環境が類似している場合，標準化程度が高くなるという仮説2が部分的ではあるが支持されたことを意味する。

こうした結果は，両進出国において競争環境が異なっている際には適応化戦

略を,また競争環境が類似している際には標準化戦略を採択する傾向があることを示す。一方,韓国の上場企業68社の国際マーケティング戦略を分析したパク・ギョンチョル（2002）の研究結果においても,競争の程度は韓国企業の価格戦略に影響を与えていることが確認できた。もちろん,彼の研究は本国と進出国における競争程度と標準化の程度を検討しており,本研究のように進出国間の競争程度を分析しているわけではないが,韓国企業の特徴の1つとして価格決定においては進出先市場の競争環境の影響を受けていることは共通していると推定できる。

そして,政治／経済環境要因について検討してみると,本研究では政治／経済的環境が類似しているほど価格の標準化程度が高くなるという結果が出ている。このように,価格戦略に販売規制や経済の発展段階といった政治／経済環境が影響を与えていることが明らかになった。したがって,仮説3は部分的に支持された。

本研究では,内部要因に対する仮説を組織要因と製品（産業）要因に分けて提示した。重回帰分析を実施した結果,仮説4の国際経験と標準化程度との関係,仮説7の海外市場志向性と標準化程度との関係,そして仮説8の両進出国の参入形態と標準化程度との関係,その次に,仮説9の企業規模と標準化程度,最後に仮説10の製品類型と標準化程度との関係において,有意差が見られなかったため,本章においてこれらの仮説は棄却された。

棄却された仮説を確認してみると,仮説4の国際経験と標準化程度との関係は2つの解釈が可能かもしれない。1つは,一般的に,韓国企業は日本やアメリカ企業に比べて海外市場において知名度や影響力が低いため,国際経験が少ない企業も最初から積極的に適応化を実施していることが考えられる。もう1つは,分析対象の進出先市場がアジアという比較的に韓国と文化的に近い地域に進出しているため,調査対象企業が国際経験とは無関係に標準化を展開することもありうる。

次に,仮説7（海外市場志向性）と仮説9（企業規模）も上記と類似したことが原因であるかもしれない。すなわち,国際経験が乏しく規模の小さい企業が,海外市場において合理的かつ体系的な分析による意思決定および事業展開をするのではなく,経営者の個人的な決断や主導によってマーケティングが行われ

ていることがうかがえる。

さらに,仮説8(参入形態)について検討する。Chung(2005)の分析結果によれば,2つの進出国間において同一の参入形態を展開している企業は価格を標準化する傾向が高いことを明らかにしている。しかし本章は,これとは相違した結果が得られた。この仮説が棄却された理由として,2つの進出国においてに同一な参入形態を展開していても両進出国の環境要因(例えば,文化,政治環境など)の相違によりやむを得ず異なるマーケティング戦略を展開することが考えられる。

加えて,仮説10(製品類型)が棄却された背景は,本調査対象企業が扱っている製品にあると推測される。当該企業は,適応化を要求する非耐久消費財製品ではなく,一般的に標準化程度が高い産業財や耐久消費財製品を多く取り扱っている。このことが1つの原因であるように思われる。

一方で,現地に対する知識(仮説5)は,製品戦略に影響を与えていることが明らかになった。つまり,現地に対する知識が多いほど製品戦略を適応化しようとする傾向があるということである。現地市場の状況を理解していることは,消費者や文化,また流行などを認識していることであり,それによって現地市場に合う製品などの適応化戦略を採択する可能性が高くなる。したがって,仮説5の現地市場に対する知識と標準化の関係においては部分的ではあるが支持された。

最後に,意思決定権限は製品戦略と流通チャネル/プロセス戦略の標準化程度に影響を与えることが確認された。この結果は,意思決定を行う際,現地事務所(子会社)から多く影響を受ける場合,製品戦略や流通チャネル/プロセス戦略が適応化される傾向があることを意味している。結果的に,仮説6の意思決定権限と標準化戦略の関係も支持されていることがわかる。

5 統合的視点から影響要因を考える

本章では,国際マーケティングの標準化・適応化戦略に影響を与える要因をを明らかにすることを目的として。そのため,影響要因を大きく外部要因と内部要因に分けて考察し,アジア市場に進出している韓国企業を対象に実証分析

を行った。具体的には本国と進出国を中心に検討されてきた従来の研究とは違って，2つの進出国間における影響要因と標準化・適応化戦略との関係を分析した。

　分析の結果は以下の3つに要約できる。まず第1に，製品戦略には意思決定権限と現地に対する知識が影響を及ぼしていることが明らかになった。つまり，意思決定権限を現地事業部（子会社）が強く持っている場合は適応化する傾向があり，また，現地に対する事情をよく知っているほど適応化戦略を展開するということが判明した。

　第2に，価格戦略に関しては消費者／文化要因，政治／経済要因，そして競争／マーケティング要因が影響を与えているという結果が出た。この結果から，2つの進出国の間において外部環境要因が類似している場合，韓国企業は標準化された価格戦略を展開するということが明確になった。

　第3に，流通チャネル／プロセス戦略においては意思決定権限と消費者／文化要因が影響を及ぼしていることが確認された。

　従来の研究において，アジア市場及び企業を対象にした国際マーケティング関連の文献は極めて少ない。そんな中，アジア市場に進出している韓国企業の国際マーケティング戦略を分析したことは意義のあることと考えられる。

　本研究は，従来の本国と進出国を対象に行われた標準化・適応化戦略の観点から離れ，近年ますます成長しているアジア市場に焦点を当て，2つの進出国間における標準化・適応化戦略を検討した。影響要因の分析に加え，標準化程度を詳細に分析する必要があるが，紙幅の都合でこれに関しては次章で展開する。

　また本章では，先行研究で見落とされていた企業の内部要因，すなわち現地知識，意思決定権限，海外市場志向性などの要因を取り入れることで，企業が標準化・適応化戦略を展開する際に影響を与える要因を十分考慮したつもりである。

　しかしながら，本章ではいくつかの限界と課題が残されている。まず，本章で分析した標本企業の数は69社であり，そのサンプルがアジア市場に2ヵ国以上進出している韓国企業を代表できるかという問題がある。また本章では，産業財を扱う企業（34社）が多かったことも一般性に欠ける理由の1つとして想

定される。今後はサービス製品と非耐久消費財製品を取り扱う企業の標本を増やすことも必要であろう。

第4章
国際マーケティング標準化程度の実態

1 標準化程度の理解の重要性

　標準化・適応化戦略に関する実証研究は，影響要因，標準化あるいは適応化の程度（以下，標準化程度），標準化程度と経営成果に関する研究の3つに分類することができる。また，従来の実証研究はその大半が2つの分析方法で検討されている。その1つは特定市場における複数の子会社のマーケティングを比較分析した研究であり，もう1つは特定企業の本国と進出市場のマーケティングを分析した研究である。

　一方，国際マーケティングにおける標準化・適応化に関する従来の研究は，標準化程度について十分な検討がされていない。つまり，既存研究はマーケティングの標準化程度に関する調査結果に特定の視点をもたず，実態をそのまま述べることにとどまっている。こうした方法のみでは，標準化適応化戦略に対する十分な理解が難しい。しかし，このような問題に対してBoddewyn et al. (1986) は製品の類型別つまり，非耐久消費財，耐久消費財，産業財といった製品カテゴリーごとに対象企業を分類し，各々の標準化程度を分析している。彼らの研究は，企業の内部的要因（製品の類型）によって標準化程度が異なるということを実証的に検証した。ところが，標準化程度について理解を深めるためにも，その他の企業内部的側面を取り入れた追加的分析が必要とされる。この問題を解決するためには，製品の類型のみならず，企業の規模，国際経験といった内部要因を分析視点に取り入れることで標準化・適応化に対する新たな知見が得られると思われる。

　以上を踏まえ，本章の目的は，標準化程度の実態を企業内部要因の側面から明らかにすることである。本章では標準化程度に関する既存研究をより発展さ

せるため独自の分析方法を用いる。そのため，アジア市場に進出している韓国企業を対象に実証分析を行う。標準化程度に対しては企業の内部要因（製品類型別，企業規模別，国際経験別）を用いて詳細に分析を行う。この分析からは例えば，規模の相違により製品の標準化程度がどのように異なるかといったミクロ的な結果が得られよう。

　本章は次のような構成で展開する。第2節では，標準化程度に関する先行研究を検討する。具体的には，まず標準化・適応化戦略の対象と標準化程度に関する概念を考察し，続いて標準化程度に関して実証分析を行った先行研究をレビューする。そこでは先行研究における一般的結果の確認と問題点を探る。第3節では，先行研究の検討から研究課題を設定し，韓国企業を対象に行った調査の概要を述べる。第4節では，調査結果においてマーケティング要素別と各項目別標準化程度を3つの視点から分析する。第5節では，実証分析の結果をまとめると同時に今後の課題を提示する。

2　標準化程度の実態に関する先行研究

　先述したように，標準化・適応化戦略に関する実証研究の傾向は3つに大別される。それはまず，標準化あるいは適応化戦略に影響を与える諸要因に関する研究，次に，マーケティング要素（4P，プログラムともいう）がどの程度標準化あるいは適応化されているのかに関する研究，最後に，標準化あるいは適応化されたマーケティングがどのような経営成果に影響を与えるかに関する研究である。

　このような実証研究における各々の分析対象は相互に影響し合っている。つまり，影響要因と標準化程度，そして標準化程度と経営成果はそれぞれ因果関係があると考えられる。この3つの分析対象の相互関係を識別するためには，各々の対象をより深く検討する必要があると思われる[1]。そこで，本章では，標準化程度にその焦点を当てて展開する。

---

[1] 標準化・適応化に影響を与える要因に関しては，第3章で重回帰分析を用いて分析している。

第4章　国際マーケティング標準化程度の実態

（1）標準化程度に関する概念
①標準化・適応化の対象
　標準化程度を考える際に必要となるのは，まずその対象となるものを理解することである。なぜなら，時代を経るにつれ対象領域が拡張しており，標準化程度もそれに応じて変化していると考えられるからである。したがって，ここではまず，標準化・適応化戦略の対象に焦点を当てながら，検討していく。表4-1は標準化・適応化戦略の対象を年代別に分類したものである。
　標準化・適応化戦略に関する研究はElinder（1961）により，広告戦略に焦点が当てられながら本格化された。その後，Keegan（1969: 58-62）やBuzzell（1968: 102-113）によって広告と製品のみならず，流通チャネル，販売促進を含んだマーケティング4P全体へと研究の範囲が広がった。
　これが1970年代になると，その対象がマーケティング4Pに留まるのではなく，Sorenson & Wiechmann（1975）によって4P（プログラム）を開発および管理するプロセスにまで発展する。
　さらに，1980年代中半からは標準化・適応化戦略における対象がプロセスに留まらず，他の経営活動にまで拡大されることとなる。例えばPorter & Takeuchi（1986）は，国際マーケティングの標準化・適応化戦略論について，これまでの標準化か，あるいは適応化かといった問題を超えて国際マーケティング諸活動の「配置」と「調整」，そして他の経営活動との「連結」を用いた経営全体の戦略に関する競争優位の理論を提唱している。このように，彼らの研究によって標準化・適応化戦略における対象がマーケティングを含んだ経営活動まで拡張されることになる。
　続いて1990年代半ばからは企業の組織的な面に注目した研究も登場する。代表的な研究としては子会社の革新的適応化戦略を重視する黄（1993）の研究があげられる。彼は，海外子会社の自律性と市場革新行動が重要であることを強調している。また，Zou & Cavusgil（2002: 40-50）は，従来の代表的な文献を分析してグローバル・マーケティング戦略（GMS）という概念を提示している。

---
(2)　彼は製品戦略とコミュニケーション戦略に注目し，5つの戦略的代替案を提示している。
(3)　具体的には標準化パースペクティブ，配置・調整パースペクティブ，統合パースペクティブである。

第Ⅱ部　実証研究

表4-1　標準化・適応化における対象の変遷

	1960年代	1970年代	1980年代	1990年代	2000年代
標準化対象	広告⇒4P	4P, プロセス	4P, プロセス, 他の経営活動	4P, プロセス, 他の経営活動, 組織的観点	4P, プロセス, 他の経営活動, 組織的観点

出所：筆者作成。

彼らが提示したGMSの3つのパースペクティブ[3]は，標準化・適応化戦略を考える際，4Pだけに限定するのではなく，GMSという標準化戦略を含んだ戦略的視点が重要であることを示唆していると思われる。これも一種の標準化・適応化戦略対象の拡張として理解することができる。

このように，現地子会社の革新的適応化を強調する研究と，マーケティング活動の配置，調整そして統合を強調する研究などにより，標準化・適応化の対象がより進展および拡張されていることがわかる。

以上，国際マーケティングの標準化・適応化戦略が本格化した1960年代から近年まで標準化・適応化戦略の対象の変遷に関して検討した。広告から始まった標準化・適応化戦略の議論は，今やその対象が製品を含んだマーケティングの4P，それに4Pの開発および管理を行うプロセス，加えて他の経営活動および親・子会社の組織的な問題へとその領域が拡張されている。

しかしながら，標準化・適応化戦略の対象について，従来の研究では共通した概念や範囲が確立されていない。それは，先行研究自体が多様な研究目的や多様な分析視点に基づいて検討されているため，共通した範囲が確立されにくくなっていると推測できる。ここで重要なのは，拡張された領域を念頭に置き，全体的な視点を持って標準化・適応化戦略を認識することであろう。ただし，実証研究を行う際には分析の困難さのため，4Pとプロセスの次元で行われることが多い。したがって，本章においても標準化・適応化の分析対象をマーケティング4P（プログラム）とプロセスに限定して展開する。

②標準化程度の概念

マーケティング活動を海外市場に展開する際，企業の内部及び外部要因の影響を受けてどの程度標準化あるいは適応化するかを判断するためには，「標準

化程度」の概念について理解する必要がある。以下では標準化程度とは何かに関して簡略に触れる。

　一般的に，国際マーケティング戦略において標準化の定義は進出先の市場において共通したマーケティング・プログラムやプロセスを展開することである。ここでいうプログラムとは製品のデザイン，ブランドネーム，包装，小売価格，広告メッセージ，販売促進，流通経路，顧客に対するサービスといったマーケティング4Pを意味する。また，プロセスとは，プログラムを計画および管理する手順を指す。

　一方，適応化戦略は，標準化とは違って上記のマーケティング要素を現地市場に合わせて修正および変更することを指している。

　そして，「程度 (degree)」とは，完全標準化から完全適応化の間のことを指す。実際，完全標準化あるいは完全適応化は存在せず，大半の標準化はこの両極端の間で行われる。つまり，標準化・適応化の意思決定は完全な標準化と完全な適応化といった二者択一的なものではなく（Jain, 1989: 71），1つの連続体の両極端としてみなすことができる（Cavusgil. et al.,1993: 483）。これは，標準化程度が高ければ適応化程度は低くなることを意味する。

　このように標準化・適応化戦略を「程度の問題」として捉えることは，標準化（あるいは適応化）の程度を企業の内部要因や外部環境要因を考慮して適切に調整することであり，極端な標準化あるいは適応化として認識するのではなく，相互補完的かつ中立的観点からアプローチすることを指す。

　現時点ではこのように標準化・適応化戦略を程度の問題として捉えることが多い。また，こうした程度の問題は極端な標準化あるいは適応化に偏らず，両方が混合されたアプローチとして認識できる。このアプローチは標準化されたマーケティング要素と適応化されたマーケティング要素のミックスされた形として現れるが，Douglas & Wind（1987: 27）はこれをハイブリッド（hybrid）と名づけている。ここでのハイブリッドはマーケティングの各要素が標準化あるいは適応化されている状態（例えば，製品は標準化，価格は適応化）と，さらにその各要素に含まれる各項目が標準化あるいは適応化されている状態（例えば，

---

(4) こうした「程度の問題」は，「折衷論」，「ミックス戦略」，「ハイブリッド（hybrid）」などと概念的に類似する。

ブランド名は標準化,包装は適応化)を意味する。結局,ミックスされた状態を意味するが,これも考え方としては Jain (1989) と Cavusgil. et al., (1993) が提示したコンティンジェンシーアプローチと類似しているといえる。

以上,標準化・適応化戦略に対する対象の考察を通して本章における標準化・適応化の対象を限定するとともに,標準化程度に対する概念を検討した。以下では本章の主たる分析対象となっているマーケティングの標準化程度を分析した先行研究について分析する。

(2) 標準化程度に関する先行研究
①一般的結果

標準化・適応化戦略の領域では Sorenson & Wiechmann (1975: 38-54) の研究が初期の実証研究として取り上げられることが多い。彼らは在欧米系企業27社の上級管理者100人を対象に標準化程度に関して分析を行った。対象企業は食品,ソフトドリンク,石鹸,洗剤,トイレタリー,化粧品などを扱う企業であり,インタビュー方法を用いてマーケティング戦略を調査した。結果は,まず,標準化程度が全体的に高い。次に,マーケティング4Pの各要素別標準化程度が異なる。最後に,同じ要素(例えば,製品)においても,各項目(例えば,ブランドネーム,デザイン,包装など)別に標準化程度が異なることを明らかにしている。具体的には,製品戦略においてブランドネームは93%,包装は75%が標準化されていた。しかし,価格戦略の小売価格は56%と標準化程度が低いことが明らかになった。また,広告戦略をみると広告の基本メッセージが71%標準化されていたが,これに対して,同じ要素に含まれる広告メディアでは43%しか標準化されていないことが判明した。このように,マーケティングの要素別にそれぞれ標準化程度が異なっており,同じ要素に属する項目においても各々の標準化程度が異なっていることが確認できた。

次に,アメリカ企業の特徴を明らかにした Akaah (1991: 39-62) の研究では次のような結果がみられる。まず4Pの中で製品の標準化がもっとも高く,その中でもブランドにもっとも高い標準化がみられた。また3つの項目(価格設定,小売価格,ディスカウント価格)で分析された価格要素はやや適応化傾向がみられたが,流通チャネル要素よりその程度は低かった。そして4Pの中で流

第4章　国際マーケティング標準化程度の実態

通チャネルの標準化程度が一番低いことが明らかになったが，項目別には販売促進要素のメディア配分からもっとも低い標準化（適応化程度が高い）が確認された。彼の研究は，進出先市場に対して本社がどのように標準化・適応化戦略を展開しているかを分析しており，当該企業の標準化・適応化の実態を明確にしている。

　一方，ある特定市場に進出している子会社を分析した実証研究も存在する。例えば，トルコ市場に進出している欧米企業を対象にしたOzsomer et al. (1991: 50-64)の分析結果では，[5]製品の特性，ブランド名および製品のポジショニングで高い標準化がみられ，小売価格からは高い適応化がみられた。また彼らは，標準化が製品の類型によって異なることも言及している。具体的には，化学製品と医薬品の製造企業はエレクトロニクスと自動車付属品を取り扱う企業より標準化されていることが明らかになった。このように彼らの研究は，製品類型別に標準化程度が異なることを示しているが，単純に標準化程度の相違を表記することに留まっており，マーケティング4P別検討までは行っていない。

　またBoddewyn & Grosse (1995: 23-42)は，ヨーロッパ市場におけるアメリカ企業（非耐久消費財，耐久消費財と産業財）の子会社を対象に73年，83年そして93年の10年ごとに標準化戦略の変化について実証分析を行った。その結果として注目したいことは次の通りである。第1に，標準化の程度は非耐久消費財，耐久消費財そして生産財の順で高くなる。第2に，マーケティングの要素においては，価格，広告，市場リサーチ，包装，製品とブランドネームの順で標準化の程度が高くなる。第3に，10年の間に製品戦略は標準化程度が高くなったが，その他の要素は低くなっている。同時に，非耐久消費財の標準化程度は高くなっているが，産業財は適応化程度が高くなっている。彼らの研究結果からは，製品の類型別に標準化程度がどのように異なっているかが確認できた。

　そして，Grosse & Zinn (1990)はBoddewyn et al. (1986)の研究に基づいて，ラテンアメリカ市場におけるアメリカ企業のマーケティング戦略を分析した。その結果，製品類型別とマーケティング4P要素別の標準化程度がBod-

---

[5]　彼らは，トルコ市場におけるヨーロッパとアメリカ多国籍企業33社の58人のマネージャーを対象にインタビュー調査を行った。

dewyn & Grosse (1995) の結果とほぼ一致していることが明らかになった。

　以上，マーケティング要素の標準化程度に関する代表的な実証研究の結果を検討してみたが，その結果から次のようなことが共通して確認された。まず，製品関連要素，その中でもブランドネームの標準化程度がもっとも高い。次に，販売促進要素においては広告テーマ（メッセージ）の標準化が高い。そして，価格や流通チャネル要素は適応化程度が高い。最後に，製品の類型別に標準化程度が異なることが明確になった。

②既存研究の問題点

　従来のほとんどの実証研究は単純に標準化程度の実態を述べることに留まっていた。しかし，唯一 Boddewyn et al. (1986, 1995) は対象企業を製品の類型別に分けて標準化程度を分析した。彼らは，企業の内部特性によって標準化程度が異なるという前提で標準化・適応化戦略を検証したと推測できるが，この分析により標準化程度に対する理解が深まったことは事実であろう。

　しかしながら，彼らは企業がもつ特徴の中で製品の類型のみに焦点を当てており，その他の内部的側面を十分考慮したとはいいがたい。したがって，標準化程度に関する多様な側面からの分析が必要であると思われる。そこで，本章では企業の内部特性に着目し，標準化程度の実態を詳細に検討する。具体的には，製品の類型別標準化程度に関する分析に加え，企業規模別，国際経験別に標準化程度を分析する。このような分析視点で標準化程度の実態を分析することによって，標準化・適応化に対する理解が深まると考えられる。

　こうした多様な分析視点から標準化程度を分析する際，類似した結果が出る可能性もある。この結果は標準化・適応化戦略において重要なポイントになるかもしれない。なぜなら，企業の規模，製品の類型そして国際経験の違いにもかかわらず，類似したパターンの標準化程度が発見されるのであれば，そこには内部的な要因の相違とは無関係にマーケティング標準化・適応化戦略のある法則が存在する可能性があるからである。

　次の問題点としてあげられるのは，ほとんどの既存研究が欧米市場に進出しているヨーロッパおよびアメリカの企業を対象にしていることである。これらの既存研究の分析結果が一般化できるかどうかは別として，アジア市場やアジ

ア企業を対象とした積極的な実証研究が行われることが望まれる。

3 研究課題と調査方法

本章は,多様な企業の内部的視点から各マーケティング要素の標準化程度を分析することを目的とする。その分析視点としては第3章で提示した企業の内部要因を用いる。本章の研究課題は次の通りである。

研究課題:企業の内部要因別マーケティング要素の標準化程度を明確にする。

この研究課題を検討するに当たって次のようなことに注目する。まず,企業の規模,製品の類型,そして国際経験といった基準で標準化程度を分析する際に,マーケティング4Pの各要素の標準化程度は企業の内部要因によってどのように異なるのか。また,その各マーケティング要素の中でも各々の項目別の標準化程度は企業の内部要因によってどのように異なるのかである。そして,3つの相点から分析した標準化程度に,一貫した結果はみられるのか,どこに相違点があるのかなどである。本章の分析枠組は図4-1のとおりである。

上記の研究課題に基づいて,本研究ではアジア市場に進出している韓国企業を対象にアンケート調査を実施した(調査回答企業に対する詳細は,第3章の調査概要を参照されたい)。

本章では,とりわけ韓国企業のマーケティング・プログラムとプロセスの標準化程度について詳細に分析する。

4 企業要因別にみたマーケティング標準化程度の実態

ここでは,各マーケティング要素の標準化程度が企業の規模,製品の類型,国際経験によってどのように異なるのか。また3つの視点から分析した標準化

---

(6) 第3章では企業の規模,製品の類型,国際経験などといった企業の内部要因と標準化・適応化の因果関係について分析した。しかし,これらの要因は重回帰分析の結果では棄却された。本章ではこのようなSPSSを用いた重回帰分析ではなく,t-testとANOVAを用い,比較する要因によって標準化程度が異なるかどうかを差の検定と平均値などに基づいて検討していく。それは,標準化程度を内部要因別に分けてその違いを分析することであり,そうすることによって標準化程度に対する理解が深まると思われる。

第Ⅱ部　実証研究

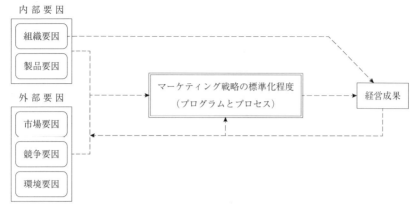

図4-1　本章の分析枠組

注：本章は中央の二重線の部分について詳細に分析する。

程度に共通点はあるのか，その相違点はどこにあるかなどを検証する。分析方法としてはt-testとANOVAを用いる。

まず，マーケティングの各要素別標準化程度の平均値をみると，価格と流通チャネルの一部を除いたほとんどの項目において標準化傾向がみられた。また，製品と販売促進においては製品の方が全体的に標準化程度が高いことが確認された。これはイとパク（1991: 49-71）がJain（1989）の分析枠組に基づいて行った分析結果と類似している(7)。以下，マーケティング要素別標準化程度について詳細に検討する。

(1)製品関連要素の標準化程度

先行研究のレビューでは製品戦略の中で「ブランドネーム」でもっとも高い標準化が確認されたが，本調査の結果では「製品の特徴」が一番高い標準化を記録した。企業の規模からみた場合，統計的な有意差は確認されなかったが，平均値からすると大規模企業の標準化程度が小規模企業より全体的に高いという結果が出た。ただし，「ブランドネーム」は大規模企業より小規模企業の方で高い標準化がみられた。これは，将来的にアジア市場の中で自社のブランド

---

(7)　彼らは製造業約69社を対象に製品と販売促進戦略に関する標準化程度を分析した。

表4-2 企業要因別にみた製品の標準化程度

製品関連	企業の規模			製品の類型				P値
	小規模	大規模	P値	耐久消費	産業財	非耐久消費	サービス	
製品特徴	2.40	2.13	.370	2.73	2.11	1.83	1.33	.0653*
包　装	2.42	2.20	.412	2.62	2.21	2.17	1.67	.322
デザイン	2.46	2.20	.379	2.56	2.29	2.00	2.00	.686
ポジショニング	2.85	2.75	.737	3.35	2.56	2.00	2.67	.008***
ブランドネーム	2.56	2.65	.752	2.85	2.55	1.83	2.67	.280
サービス	2.77	2.60	.581	2.92	2.55	2.50	3.00	.639

製品関連	国際経験				P値
	1～9年	10～19年	20～24年	25年以上	
製品特徴	2.51	2.40	1.77	1.25	.103
包　装	2.33	2.36	2.44	1.75	.747
デザイン	2.50	2.36	2.11	1.75	.638
ポジショニング	2.63	3.18	3.00	1.75	.062*
ブランドネーム	2.45	2.95	2.77	1.50	.101
サービス	2.81	2.76	2.44	2.00	.574

5点尺度：非常に類似している(1)―非常に異なる(5)
*** p＜0.01, ** p＜0.05, * p＜0.1
注：国際経験に関する回答は1社から記入が漏れたため除外した。(以下同様)

イメージを構築しようとする中小企業の戦略がうかがえる。

　次に，製品の類型から検討すると，「製品特徴」と「ポジショニング」の項目において統計的有意差がみられた。非耐久消費財の「製品の特徴」，「ポジショニング」の標準化程度が産業財や耐久消費財を取り扱っている企業より高いことが明らかになった。

　産業財を取り扱っている企業の方が耐久消費財より標準化程度が高いという結果は先行研究の分析結果と一致している。しかし，先行研究では非耐久消費財はもっとも標準化程度が低い（適応化が高い）という結果が出ているのに対し，本調査では反対の結果が出ている。その原因としては，非耐久消費財を扱う企業の中で5社が直接輸出をしていること，また外部環境的に類似した市場に進出している可能性，そして消費者の好みに影響されない製品を扱っている可能性などが考えられる。

　最後に国際経験との関係では，「ポジショニング」に有意差が発見された。ここでは国際経験が25年を越える企業の場合，1.75と非常に高い標準化戦略を

第Ⅱ部　実証研究

表4-3　企業要因別にみた価格の標準化程度

価格関連	企　業　の　規　模			製　品　の　類　型				
	小規模	大規模	P値	耐久消費	産業財	非耐久消費	サービス	P値
卸　価　格	3.10	2.90	.641	3.12	3.00	2.83	3.33	.917
小 売 価 格	3.35	3.10	.358	3.08	3.32	3.50	3.33	.775
価 格 決 定	3.15	2.82	.261	3.08	2.94	3.00	3.33	.937
割 引 価 格	3.05	3.06	.950	3.27	2.91	2.83	3.06	.605

価格関連	国　際　経　験				
	1～9年	10～19年	20～24年	25年以上	P値
卸　価　格	3.09	2.95	2.88	3.50	.824
小 売 価 格	3.24	3.31	3.00	3.50	.865
価 格 決 定	3.12	3.09	2.22	3.50	.163
割 引 価 格	3.03	3.04	3.00	3.50	.891

5点尺度：非常に類似している(1)―非常に異なる(5)
*** $p<0.01$, ** $p<0.05$, * $p<0.1$

展開していることが判明した。一方，国際経験が少ない企業（1～9年）は10～19年の国際経験をもつ企業に比べて標準化程度が高くなっていることが確認できる。これは経験の少ない企業が進出先市場間において，ポジショニングを標準化して長期的に統一した企業イメージを構築しようとする行動としても理解できよう。

(2)価格関連要素の標準化程度

　価格関連要素は製品の類型，国際経験，企業の規模によって差がないことが統計的に確認された。ただし，統計的な有意差は認められなかったが，平均値からは小規模企業の価格では適応化傾向があることがみられた。価格戦略に関しては先行研究と同様に全体全体的に適応化が確認されており，マーケティング要素の中でもっとも適応化程度が高いことが確認できた。

　このような適応化傾向は，製品の類型別，国際経験別に分けて分析した結果においても類似していることがわかる。ただし，国際経験別分類の中で，20～24年に属する企業からはやや低い適応化がみられた。また，「小売価格」においては全体的に標準化程度が一番低い（適応性が高い）ことがわかった。しかし，本章における価格の標準化程度と3つの内部要因に関する統計的説明力は

第4章 国際マーケティング標準化程度の実態

表4-4 企業要因別にみた販売促進の標準化程度

販促関連	企 業 の 規 模			製 品 の 類 型				
	小規模	大規模	P値	耐久消費	産業財	非耐久消費	サービス	P値
広告テーマ	2.64	2.75	.701	2.92	2.56	2.20	3.00	.526
コ ピ ー	2.61	2.67	.825	2.84	2.59	1.80	3.00	.280
表 現	2.74	2.72	.945	2.92	2.68	2.00	3.00	.383
メディア	2.84	2.75	.775	3.04	2.70	2.20	3.00	.443
広告役割	2.71	2.44	.319	2.65	2.59	2.20	3.00	.777
SP役割	2.84	2.65	.486	2.81	2.79	2.20	3.00	.692

販促関連	国 際 経 験				
	1～9年	10～19年	20～24年	25年以上	P値
広告テーマ	2.78	2.86	2.11	2.00	.286
コ ピ ー	2.71	2.85	2.33	1.50	.136
表 現	2.87	2.86	2.33	1.50	.078*
メディア	2.90	3.00	2.11	2.25	.181
広告役割	2.71	2.72	2.00	2.25	.296
SP役割	2.90	2.86	2.22	2.25	.305

5点尺度:非常に類似している(1)—非常に異なる(5)
*** $p<0.01$, ** $p<0.05$, * $p<0.1$

弱いと言わざるを得ない。

(3)販売促進関連要素の標準化程度

　ここでは，6変数中「広告表現」の標準化程度のみに統計的有意差が認められた（有意水準0.1以下で有意差がみられた）。つまり，国際経験が豊富であればあるほど海外市場での広告の表現を標準化する傾向があることが明らかになった。とりわけ，25年以上の国際ビジネス経験を持つ企業から1.5という極めて高い標準化がみられたのは注目に値する。
　また，企業の規模別平均値を検討すると，それほど大きな特徴はみられなかったが，両方とも販売促進活動をやや標準化していることが確認された。このことは，同じアジア市場という比較的に文化などの面において欧米よりは類似性が高いことがその原因の1つとして考えられる。
　さらに，製品の類型別標準化程度を確認すると，非耐久消費財が全体的に標準化程度が高くなっていることが平均値から確認された。これは製品要素や価格要素においても結果が出ていることがみてとれる。

表4-5 企業要因別にみた流通チャネルの標準化程度

流通関連	企 業 の 規 模			製 品 の 類 型				
	小規模	大規模	P値	耐久消費	産業財	非耐久消費	サービス	P値
小売タイプ	3.07	2.57	.064*	3.04	2.76	2.83	2.67	.796
販売経路	3.02	2.58	.070*	3.00	2.74	2.83	2.67	.775
営業管理	3.00	2.34	.020**	2.96	2.62	2.17	3.00	.411
営業役割	3.05	2.34	.012**	3.04	2.56	2.50	3.00	.413
中間商役割	3.00	2.50	.061*	2.81	2.82	2.67	2.67	.987

流通関連	国 際 経 験				
	1～9年	10～19年	20～24年	25年以上	P値
小売タイプ	3.03	2.86	2.33	2.75	.430
販売経路	2.96	2.86	2.22	3.00	.225
営業管理	3.12	2.22	2.44	2.50	.032**
営業役割	3.09	2.45	2.33	2.50	.139
中間商役割	2.96	2.63	2.33	2.75	.399

5点尺度:非常に類似している(1)—非常に異なる(5)
*** p＜0.01, ** p＜0.05, * p＜0.1

(4)流通チャネル関連要素の標準化程度

　流通関連要素と企業規模に関する分析結果からは，統計的に有意の差が認められた（有意水準0.05以下では「営業管理」「営業役割」，0.1以下では「小売タイプ」「販売経路」「中間商役割」）。

　流通チャネル戦略においては，まず，小規模企業と大規模企業の間で相違点がみられる。大規模企業の場合は全体的に標準化戦略を展開していることが確認されたが，その理由としては大規模企業の方が海外市場において比較的高い知名度などを持っている可能性があることや，海外市場での流通活動に対する体系がある程度確立されていることが背景にあると予想される。

　一方，小規模企業の場合，流通チャネルにおいてやや適応化傾向がみられたが，このことは，小規模企業が海外の複雑な流通構造の中でも積極的な事業の拡張を狙って適応化戦略を展開していることが予想される。

　次に，製品の類型別の標準化程度をみると，平均値からは非耐久消費財を扱っている企業が耐久消費財を取り扱っている企業より標準化程度が高いことが確認された。

　そして，国際経験では「営業管理」で有意差（0.032）が認められた。国際経

第4章　国際マーケティング標準化程度の実態

表4-6　企業要因別にみたプロセスの標準化程度

プロセス	企業の規模			製品の類型				
	小規模	大規模	P値	耐久消費	産業財	非耐久消費	サービス	P値
計画設計	2.97	2.51	.059***	2.92	2.62	3.00	3.00	.690
予算編成	3.00	2.68	.212	3.08	2.74	2.67	3.00	.587
Mar-目標	2.82	2.58	.337	2.77	2.68	2.83	2.67	.978

プロセス	国際経験				
	1～9年	10～19年	20～24年	25年以上	P値
計画設計	2.96	2.68	2.55	2.50	.551
予算編成	3.06	2.72	2.66	2.50	.491
Mar-目標	2.87	2.59	2.22	3.50	.128

5点尺度：非常に類似している(1)―非常に異なる(5)
*** p＜0.01，** p＜0.05，* p＜0.1

験が短い企業の場合，流通チャネル戦略において営業管理を含んだ3つの要素で適応化戦略を採択していることが明らになったが，これはパクとシン(2001)[8]の研究結果とほぼ一致している。こうした結果は，比較的に国際経験が少ない韓国企業の経営者たちが海外市場の積極的な開拓のために輸出志向的(24社が輸出展開）な適応化戦略に力を入れていることとして理解することができる。これは，韓国市場が比較的に小さいため，経営者が積極的に国際事業の機会を求めようとすることと関係するであろう。

(5)プロセス要素の標準化程度

　従来の研究では，プロセスは標準化しやすい要素であると認識されている。本章の結果では「計画設計」で統計的有意差が確認できた。具体的には，小規模企業より大規模企業の方が標準化を展開していることが検証された。つまり，プロセスは大規模企業と小規模企業の間で部分的に相違がみられるということが理解できる。

　また，国際経験別の結果を検討すると，それほど目立つところはないが，「計画設計」や「予算編成」においては，長い経験（25年以上）を有する企業が

---

[8]　彼らはアメリカ企業と韓国企業を対象に調査した。その結果，韓国企業は国際経験が少ない企業ほど適応化戦略に力を注いでいるという結果が出ているが，アメリカ企業の場合は国際経験が豊富な企業ほど適応化の程度が高いということが判明した。

経験の少ない企業（1～9年）に比べて標準化程度が高いことがみられた。勿論，統計的有意差は存在していないが，国際経験が豊富であれば，海外事業に対する予算や計画設定のノウハウが蓄積され，標準化しやすくなっていることも予想できる。

5　企業要因とマーケティング標準化程度の関連性

　本章は，海外市場におけるマーケティング標準化程度の実態を明らかにすることを目的とした。具体的には，アジア市場の2カ国以上に進出している韓国企業を対象に，マーケティング要素の標準化程度を企業規模，製品の類型，そして国際経験に分類し実証分析を行った。その検証結果をまとめると以下の通りである。

　まず，製品要素に関しては製品の類型（2項目）と国際経験（1項目）で統計的有意差が認められた。販売促進要素では国際経験（1項目）において有意差がみられた。流通関連要素においては，企業の規模（全項目）と国際経験（1項目）で有意差が確認された。プロセス要素では企業の規模（1項目）で有意差が認められた。このような結果から，標準化程度は企業の内部要因によってどのように異なるかが明らかになった。

　統計分析の結果と平均値の結果をまとめると次のとおりである。まず製品要素では，耐久消費財や産業財を扱う企業より非耐久消費財を取り扱っている企業から強い標準化が確認されると同時に，国際経験が長い企業（25年以上）がもっとも高い標準化を展開していることが明らかになった。次に価格に関しては，全体的に適応化がみられたが，意外に国際経験が長い企業（25年以上）ほど高い適応化を展開していることが確認された。そして，販売促進においては，国際経験が長い企業（25年以上）からはもっとも高い標準化がみられ，国際経験が長くなればなるほど標準化程度が高くなることが明らかになった。続いて，流通チャネルでは，小規模企業及び国際経験の短い（1～9年）企業はやや適応化戦略を，その他は全体的に標準化戦略を展開していることがわかった。特に，規模の大きい企業は規模の小さい企業より全項目で標準化傾向が強いことが確認された。最後に，プロセスにおいては，ほとんどの項目で標準化がみら

第4章 国際マーケティング標準化程度の実態

れたが小規模企業よりは大規模企業から高い標準化がみられた。

　本章では，従来の標準化適応化に対する単純な分析とは異なり，マーケティング標準化程度の実証研究の結果を製品の類型別，規模別，そして国際経験別に分けてその実態を具体的に分析した。これにより標準化・適応化戦略に対するさらなる理解と標準化程度分析における有効な視点が提示できたと思われる。

　しかし，本研究はまず，サンプル企業の数（69社）が少ないこと，またサンプル企業の大半（34社）が産業財を扱っていることなどいくつかの限界をもつ。これらをふまえ，今後は標本企業を増やし，日本企業のアジア市場における標準化程度との比較分析を行いたい。

第5章
標準化・適応化戦略と経営成果

1 標準化・適応化と経営成果との関係への注目

　国際マーケティングにおいて，画一的なマーケティングを展開する標準化戦略は，一般的に規模の経済によりコストを削減でき，また一貫したイメージを世界的に展開することによってブランドイメージが獲得できるとしている。
　他方で，適応化戦略は各国の消費者の嗜好にマーケティング要素を修正することによって，俊敏に現地の要求に対応できることを主な利点とする。これらの各戦略の利点は，概念的に論じられている部分が多く，その仮説が実証的に明らかにはされていない。
　しかしながら，1990年代に入ると，上述した標準化・適応化戦略の各々の利点に関する実証的分析の試みがなされた。だが，それらの分析結果は，必ずしも単一の結論を導くものではなかった。すなわち，標準化・適応化戦略と経営成果との関係が各論者の調査対象，分析方法などにより異なる結果を示しているのである。したがって，標準化・適応化と経営成果の関係についての実証分析が求められているといえよう。また，多くの研究者はマーケティング要素のみを変数としてきた。もとより，経営成果はマーケティングのみで決定されるものではない。国際ビジネス経験や現地の知識といった企業の内部要因はマーケティング戦略の実行に極めて重要であるため，経営成果に影響を及ぼしうるのである。
　このように，標準化・適応化戦略と経営成果との関係をより明確にするためにも，企業の内部要因を取り入れた分析が不可欠である。
　また，従来の実証研究では客観的な変数（売上高，市場シェアなど）のみを用いて経営成果を測定している。しかし，経営成果は客観的な変数のみで判断す

べきものではない。現地事業の満足度や今後の事業拡張の可能性などマネージャーの主観的な側面を考慮しなければ，本当の意味での経営成果を評価できることにはならないと考える。

以上を踏まえて本章は，海外におけるマーケティングの標準化・適応化戦略と経営成果との関係を明らかにすることを目的とする。そのため，アジア市場に進出している韓国企業を対象に，企業の内部要因との関係を加味しながら重回帰分析を用いて検証する。

本章の構成は次のとおりである。第2節では，標準化・適応化戦略と経営成果に関する従来の研究を概念的な研究と実証的な研究に分けてレビューする。第3節では，経営成果に影響を与える諸要因を従来の実証研究から検討し，それを踏まえて仮説を提示する。第4節では，アジア市場に進出している韓国企業を対象に仮説検証を行う。第5節では，統計分析の結果をまとめながらインプリケーションを示す。

2　標準化・適応化と経営成果に関する先行研究

標準化・適応化戦略に関する実証研究は大きく3つに焦点を当てている。それはまず，標準化・適応化戦略に影響を与える諸要因の識別に関する研究，次に，マーケティング要素（4P，プログラムともいう）の標準化程度に関する研究，最後に，標準化・適応化戦略が経営成果に与える影響に関する研究である。

このような実証研究の各対象は相互に影響し合っている。つまり，影響要因と標準化程度[1]，そして標準化程度と経営成果は深い関係にあることが推定できる。この3つの分析対象の相互関係を識別するためには，各々を深く検討しなければならない。したがって，本章では標準化程度と経営成果の関係をより明確にするため，これらに焦点を当てながら展開する。

標準化あるいは適応化戦略を実施する意図は，企業の経営成果（例えば，財務的要素）にポジティブな効果をもたらすためである。特に財務的要素は，実証分析の際に変数として採用されることが多いが，以下ではまず，従来の概念

---

[1] 標準化・適応化に影響を与える要因に関しては，第3章で重回帰分析を用いて分析している。また，標準化程度に関する詳細な結果は第4章を参照。

的研究を中心に、標準化戦略と適応化戦略の各々の利点について概観する。次に、そのような利点を獲得するために展開される標準化あるいは適応化戦略が経営成果に与える影響に関する従来の実証的研究を中心に検討する。

(1) 標準化と適応化の概念的なメリット

　国際マーケティングの標準化戦略を実施することによって期待される効果は、規模の経済性によるコスト削減である。また、それによってもたらされる利益向上にある。例えば、Buzzell (1968) は、標準化戦略の正当性として標準化による潜在的利益 (potential benefits) を指摘している。そこにはコスト削減、顧客への一貫した対応、計画とコントロールの改善、優れたアイデアの活用が含まれる。

　標準化の利点を提示した従来の研究をまとめると次のとおりである (Theodosiou & Katsikeas, 2001: 3)。第1に、標準化の重要な利点は、生産、研究開発、マーケティング要素の規模の経済とコスト削減である。マーケティング要素の標準化を通した規模の経済の可能性を十分利用することによって、企業は高品質の製品を低価格で販売することができ、競合他社より利益を獲得することができる。第2に、国際市場に製品を迅速に提供できる。第3に、国を越えて一貫したイメージを与えることができる。第4に、優れたアイデアの世界的な活用の可能性も考えられる。第5に、国際業務の調整や管理の容易さもあげられる。

　このように、標準化戦略は上述のようなさまざまな便益を企業にもたらすという概念的根拠に支えられている。しかしながら、実際、標準化が企業の経営成果にどのような影響を与えるかについては、上記の概念的仮説のみでは現実的な理解が得られない。また、このような標準化戦略の利点に対し、適応化を展開することで得られる利点についても概念的な仮説が存在する。

　基本的に、適応化戦略は標準化戦略で達成できない利点を持っている。その1つは各国の相違に対応できるという点である。こうした対応能力は、現地顧客に対する俊敏な対応を可能にするため、標準化戦略では決して達成できないところである。

　このような適応化戦略の利点をまとめると次のとおりである (Theodosiou &

Katsikeas, 2001: 4-5)。第1に，現地の顧客嗜好の変化に対し俊敏な反応が可能となる。第2に，現地市場をより深く理解し分析することで企業能力を高めることができる。第3に，適応化は現地市場の市場シェアと売上高と関係があると考えられる。第4に，現地市場を上手くモニタリングすることで今後の市場開発の糧となる。第5に，現地マネージャーのモチベーションを向上させることができる。

特に，適応化戦略は現地顧客の嗜好に合わせてマーケティング要素を修正するため，コスト高になる可能性がある。しかし，適応化戦略は現地顧客の欲求に対応することができるため，市場シェアを獲得できると考えられている。また，標準化と比較してコスト高になるという弱点は，潜在的顧客による売上高の増加によって補填できる。さらに，企業が現地市場をより深く理解することによって，現地顧客のニーズに応じた新製品の開発や新たな市場の開拓に貢献できる。

このように，標準化と適応化戦略はそのいずれもがそれに対峙した利点を有するため，論者の立場によって支持・批判は異なる。各戦略の支持および批判の主張は，論争の形として展開されることもあったが，本章では，後述するように標準化・適応化と経営成果に対する実証分析が中心課題であるため，論争の詳細な内容に関する検討は省略し，各々の戦略の概念的なメリットを述べるに留めておく。

（2）標準化・適応化と経営成果に関する実証研究

1990年代に入ると，先述のように概念的にしか提示されなかった標準化と適応化戦略の利点に関する研究上の課題を解決するため，経営成果と標準化・適応化戦略との関係を実証的に分析した研究が登場する。

標準化・適応化が経営成果に与える影響を分析した研究はそれほど多くは存在しないが，これらの関係は，Smmiee & Roth（1992）の研究から本格化されたといえる。しかし，標準化・適応化と経営成果との関係はマーケティング要素のみで説明できるものではない。そこには企業の内部的特性と経営成果，また標準化戦略を含んだグローバル・マーケティング戦略と経営成果といった，より範囲を広げて検討することが必要である。以下では国際マーケティングに

おける標準化・適応化戦略と経営成果の関係を幅広い視点から検討する。

①マーケティング要素と経営成果

　Smmiee & Roth（1992: 1-17）は，12の産業に属するアメリカ企業の127事業体を対象に標準化と経営成果（ROI, ROA, 売上高成長率）との関係を分析している。その結果，標準化を展開する企業と適応化する企業を比べた場合，標準化を展開していても経営成果には何の影響も与えていない。つまり，標準化は利益に結びつく可能性が低いという結果を出している。

　これに対してO'Donnell & Jeong（2000）は，Samiee & Roth（1992）の研究が多くの産業を調査対象にしたため，標準化が経営成果に正の影響を与えていることが確認できなかったと指摘しながら，ハイテク産業財を扱っている企業を対象に標準化戦略と経営成果との関係を分析している。経営成果としては海外子会社の売上高，市場シェア，新製品開発，市場開拓の4つの変数を使用しているが分析の結果，標準化と子会社の経営成果との間に正の関係があることが判明した。

　一方，Cavusgil & Zou（1994）は，202名の輸出企業のマネージャーを対象にインタビュー調査を行った。その結果，製品の適応化は成果に正の影響を与えており，プロモーションの適応化は経営成果に負の影響を与えていることが確認された。

　また，アメリカの製造企業100社を対象に標準化と経営成果との関係を分析したShoham（1996）の研究では，製品ライン，価格，販売勢力運営の適応化が経営成果に正の影響を与えることが明らかになった。

　以上，マーケティングの標準化・適応化と経営成果との関係を簡略に検討してみたが，各々の研究結果から一貫性がないことが確認できた。本章では，このように標準化・適応化戦略と経営成果に関する相反した分析結果を比較するより，経営成果に影響を及ぼす諸要因の提示と識別にその焦点を当てる。ただし，ここでは，上記の研究結果からわかるように，標準化あるいは適応化が経営成果に何らかの影響を与えている事実を認識しておきたい。

②企業の内部特性（要因）と経営成果

　国際マーケティングにおける経営成果は，様々な要因によって達成できるものである。実際に輸出マーケティング分野からは企業の内部要因，とりわけマネジメント的要素が経営成果に直接影響を与えるという分析結果がみられる。

　例えば，Aaby & Slater（1989）は，国際経験が輸出成果に正の影響を与えることを明らかにした。またGray（1997）は，マネジメントの特徴と経営成果の間に正の関係があることを主張している。具体的にみると，マネジメントの特徴としてあげられた，成長と利益に対する熱情，市場開発期待への行動，そしてマネージャーの市場志向性などが経営成果に重要であることを明確にした。さらにFrancis & Collins-Dodd（2000）は，ハイテク中小企業の輸出成果に企業の輸出志向性が影響を与えるとの実証結果を出している。もちろん，これらの研究は，輸出成果に企業の内部特性が影響を与えることを証明しており，標準化・適応化戦略と経営成果との関係を中心テーマとして分析していることではない。しかしながら，ここで注目したいのは，国際マーケティング活動の1つである輸出活動の経営成果に企業の内部要因が正の影響を与えるという結果である。これにより，標準化・適応化戦略を含んだ国際業務と経営成果との関係をより包括的に検討できると考えられる。

　しかし，こうした研究結果が存在するにもかかわらず，標準化・適応化戦略研究分野では企業の内部要因を取り入れた実証分析がそれほど活発に行われているとは思えない。

　したがって，海外事業に対する企業の経営成果はマーケティング要素の標準化・適応化に加え，企業の内部要因からも影響を受けることを認識する必要がある。

③グローバル戦略と経営成果

　Yip（1989: 29-41）[2]は，マーケティングの標準化を含んだグローバル戦略が経営成果に影響を与えるという概念的枠組を提示した。また，その分析枠組をベースにJohansson & Yip（1994）では実証分析を行った。

---

(2) 彼が提示するグローバル戦略には主要市場への参入，製品の標準化，活動の集中，統一的マーケティング，統合的競争行動などがある。

Zou & Cavusgil (2002) も標準化戦略が包含したグローバル・マーケティング戦略 (GMS) の概念を提示し経営成果との関係を分析している。両研究から経営成果に対する標準化の影響が間接的に支持されていることが確認できる。まず Johansson & Yip (1994) は，グローバル戦略と成果の間に正の関係があることを明らかにしている。また Zou & Cavusgil (2002: 40-56) も，グローバル・マーケティング戦略と経営成果（戦略的成果，財務的成果）との関係を分析したが，両者との間に正の関係があるという結果を出している。

 このように標準化戦略が含まれるグローバル・マーケティング戦略は，経営成果に対する影響要因の1つとして説明力がある。ただし，成果との関係が他の戦略まで拡張される場合，マーケティングの標準化・適応化戦略自体に対する詳細な議論が困難になるため，本研究においてはマーケティングの標準化・適応化戦略全体と経営成果との関係だけに焦点をしぼる。

④クロスマーケットにおける経営成果

 既存研究は，本国（本社）と進出市場（子会社）のレベルで標準化・適応化戦略と経営成果との関係を測定していた。しかし，Chung (2005) は2つの進出市場間 (cross-market) における標準化戦略と成果を測定している。彼は，経営成果として3つの変数（市場シェア，販売成長率，利益）を提示しているが，分析の結果，5つのマーケティング要素（製品，価格，流通チャネル，販売促進，プロセス）と経営成果との間に正の関係があることが明確になった。具体的にみるとまず，製品の適応化は利益に負の影響を与える。次に，価格の適応化は利益に正の影響を与えることが確認された。最後に，市場シェアの場合，適応化した製品戦略が影響を及ぼしていることが明らかになった。

---

(3) 彼らが提示したグローバル・マーケティング戦略とはマーケティング要素（製品，価格，流通チャネル，プロモーション）の標準化，マーケティング活動の集中化，マーケティング活動の調整，グローバル市場参加，統合的競争行動があげられる。

(4) クロスマーケット標準化とは，2つの重要進出市場（企業が進出している地域市場の中でもっとも重要な市場と二番目に重要な市場）において共通した一連のマーケティング・プログラム (4P：製品，価格，流通チャネル，販売促進) とプロセス（プログラムの計画，管理）を展開することを意味する。詳細は Chung (2005: 1346) を参照。また彼は，EU 市場において2つ以上の国に進出しているニュージーランド企業を対象にマーケティング戦略を分析している。

このことは，利益を上げるためには製品の標準化戦略を，市場シェアを高めるためには製品の適応化戦略を展開することが有効であることを間接的に示している。この結果からは，企業が経営成果の中で何を目標とするかによって標準化あるいは適応化戦略の選択が異なってくることが推定できる。

彼の研究結果からは，EU市場におけるニュージーランド企業の経営成果に，マーケティングの標準化と適応化戦略が影響を与えていることが判明した。しかし，彼の研究は経営成果との関係をマーケティング要素の標準化・適応化に限定しており，経営成果に対する分析が十分に検討されているとはいいがたい。

⑤既存研究の限界と課題

以上，標準化・適応化戦略と経営成果に関する従来の研究を考察してみた。その中でマーケティング要素の標準化・適応化と経営成果には矛盾した結果が出ていることが確認された。それは，対象企業の国籍，産業（製品の類型），そして進出先市場などが研究によって異なることが原因の1つであると考えられる。

したがって，調査対象と目的を定め，包括的な視点から測定変数を導入し，両者の関係を分析することが望ましいと思われる。

以下においては，従来の研究の限界を踏まえながら具体的な課題を提示する。

まず，標準化・適応化に関するほとんどの実証研究がマーケティング要素と経営成果との関係だけを分析している。しかし，海外事業に関わる企業の経営成果はマーケティングの標準化・適応化だけで測定することは困難であると考えられる。マーケティングの標準化・適応化の実行に深く関連する企業の内部要因も経営成果に影響を与えることが予想される。また輸出マーケティング領域では企業内部要因が成果に影響を及ぼすという結果が複数の研究で確認されている。したがって，企業の内部要因を取り入れた形で経営成果との関係を分析することが必要である。

次に，既存研究のほとんどは経営成果の測定において，売上高，市場シェアのように客観的な変数のみを取り入れて分析を行った。しかし，企業の経営成果に対する測定変数は客観的な面のみならず，市場拡張可能性や満足度のようなマネージャーの主観的な要素も必要である。これによって標準化・適応化戦

略と経営成果との関係をより明確に把握することができると考えられる。

さらに，従来の実証研究は，その大半が欧米企業や欧米市場を対象に分析しており，もちろん，これによって欧米企業や欧米市場の特徴がある程度明らかになったが，その他の市場や企業に対する実証分析が今なお求められている。とりわけ，標準化・適応化戦略が経営成果に影響を与えるかどうかを判明することは急務であろう。

そこで，本研究はアジア市場に注目する。アジア市場はEUの拡大（28ヶ国加盟）と同様，近年ますます注目を浴びている市場である。実際に，世界各地域の10年ごとの平均実質GDP成長率を比較してみると，70年代以降いずれの10年間でも7％の成長を遂げるなど，世界でも際立った高成長を記録しており，今後も拡大が期待されている。

本章は，クロスマーケット（2つの進出市場間）という分析方法を採用しながら，アジア市場に進出している韓国企業のマーケティング戦略と経営成果との関係を分析する。

3　経営成果に影響を与える諸要因の検討および仮説の提示

標準化戦略あるいは適応化戦略を選択する主な基準は，その戦略が財務的（あるいは非財務的）成果を高められるかどうかという可能性に依存している（Samiee & Roth, 1992: 1）。経営成果はまた，マーケティング戦略の意思決定の最終的結果としてみなすこともできる。

標準化・適応化に関する実証研究の大半は，経営成果に影響を与えるマーケティング4P要素を選別することに焦点が当てられていた。しかし，輸出マーケティング戦略と経営成果との関係を分析した既存研究の中では企業の内部的特徴も経営成果に影響を与えるという仮説を提示している。したがって，本章においてはマーケティング要素のみならず，多様な企業の内部要因も取り入れながら経営成果との関係を明らかにする。

（１）マーケティング要素と経営成果
① 製品戦略と経営成果

　マーケティング標準化・適応化と経営成果に関する既存研究は，先述のように一貫した結論ではなく研究によって分析結果が異なるが，本章では，既存研究の中でも，どのようなマーケティング要素がどのような経営成果に影響を与えるかを検証することに焦点を当てていく。

　まず，製品戦略においては，現地市場に合わせて製品を修正する適応化戦略が経営成果に正の影響を与えるという結果が多くの研究で確認できる[5]。例えば，Johnson & Arunthanes（1995）の研究では，製品の適応化が販売成長率に正の影響を与えるという結果を出している。また，Ryans（1988）の研究では製品の適応化によって市場シェアが獲得できるとしている。さらに，Shoham（1996）の研究では利益向上に製品の適応化戦略が影響を与えるとしている。

　これに対し，Kotabe & Omura（1989）やChung（2005）の研究では，製品の標準化戦略が利益に影響を与えるという結果を出している。

　このように，従来の実証研究の結果から，製品の標準化・適応化は経営成果に影響を与えうると推測される。

②プロモーション戦略と経営成果

　プロモーション戦略と経営成果に関する研究にも相反する結果が出ている。いくつかの研究ではプロモーションの適応化と成果に正の関係が存在するという結果が出ているが，他の研究では両者間に負の関係があるという結果が報告されている。例えばShoham（1996）は，広告とプロモーション内容の適応化が利益と販売成長率に正の影響を与えることを明らかにしている。同様にKillough（1978: 102-110）も，プロモーションの適応化と経営成果は正の関係にあることを確認した。

　しかし，Cavusgil & Zou（1994）はプロモーションの適応化は成果に負の影響を与えるという結果を出している。換言すれば，プロモーションの標準化が経営成果に正の影響を与えるということである。これらの結果から，経営成果

---

(5) 例えば，Shoham（1995: 91-119）の論文では既存研究において製品の適応化が経営成果に正の影響を与えると述べている。

にプロモーションの標準化・適応化が影響を及ぼすことが考えられる。

③価格戦略と経営成果

　従来の研究において，現地の経済，文化などを考慮した価格の適応化戦略は経営成果を高めるという結果を示している。Shoham（1996）は価格の適応化が経営成果に正の影響を与えることを明らかにした。これは，Cavusgil & Zou（1994）の研究結果とも一致する。また，Shoham（1995）がレビューした既存研究の中からも価格の適応化と経営成果の間には正の関係があることが報告されている。

　さらに，クロスマーケットで分析を行ったChung（2005）の研究からも，価格の適応化は利益に影響を与えることが明確になった。したがって，価格の標準化・適応化が経営成果に影響を与えることが予想できる。

④流通チャネル戦略と経営成果

　流通チャネル戦略と経営成果の関係は，製品や広告に比べるとそれほど検証されていない分野である。Chung（2005）の研究においては，流通チャネル戦略と成果との関係は確認されなかったが，その他の複数の研究では，両者の間に関係があることが確認された。例えば，Shoham（1996）は販売勢力管理の適応化が経営成果に正の影響を与えるということを明らかにした。また，Cavusgil & Zou（1994）も現地流通業者の支持という変数が現地市場における経営成果を高めるという結果を出している。

　こうした結果からも流通チャネルの標準化・適応化と成果には一定の関係が存在することが考えられる。

⑤プロセスと経営成果

　プロセスと経営成果に関する直接的な証拠はあまり見当たらないが，いくつかの研究ではこれらの関係を示している。

　たとえば，Chung（2005）は，計画設計，予算編成，マーケティング目標を変数としたプロセスと成果との関係を分析したが，これらの間には何の統計的有意性も確認できなかった。しかし，ヨーロッパ市場におけるアメリカの多国

籍企業を分析したSorenson & Wiechmann（1975）は，成功する多国籍企業は進出先国においてマーケティング・プロセスの標準化を採択していることを発見している。また，彼らは競合他社に勝つためには，標準化されたマーケティング・プロセスの開発と実行スキルが重要であると言及している。この結果はPeebles et al.（1977）の研究からも支持されている。

したがって，プロセスの標準化・適応化は経営成果に影響を与えうると予測される。以上の内容をまとめると，次のような仮説が提示できる。

仮説1：製品の標準化・適応化は経営成果に影響を与える。
仮説2：プロモーションの標準化・適応化は経営成果に影響を与える。
仮説3：価格の標準化・適応化は経営成果に影響を与える。
仮説4：流通チャネルの標準化・適応化は経営成果に影響を与える。
仮説5：プロセスの標準化・適応化は経営成果に影響を与える。

（2）企業の内部要因と経営成果

①製品の類型

Chung（2002: 141-186）の研究では，製品の類型が利益に正の影響を与えることが確認された。彼は対象企業が扱う製品を2つに分類して実証分析している。それは，消費財と高コンタクトサービス製品，産業財と低コンタクトサービス製品である。分析の結果，前者が後者より高い利益率を記録していることが明らかになった。その理由の1つとして，一般的に消費財の方が産業財より利益率が高いことがあげられる。

海外事業においても取り扱う製品の類型によって利益などの経営成果が異なる可能性が考えられる。このようなことから，製品の類型は経営成果に影響を与えることが期待される。

②国際経験

企業がもつ内部的特性はマーケティング標準化・適応化戦略の選択のみならず選択された戦略を実行する際にも重要な役割を果たす。輸出マーケティングにおいては特に，国際経験，国際ビジネス関与の程度などが重要であると認識

されてきた。このような特性を保有することは，進出市場の特異性を識別すること，適切なマーケティング戦略を開発すること，またそれらを効果的に遂行することを可能にする。

　Cavusgil & Zou（1994）は国際経験と経営成果の関係を分析している。その結果，国際経験は企業の成果に正の影響を与えるという実証的支持を得ている。この結果は Aaby & Slater（1989）の結果とも一致する。

　国際経験は，急速に変化する経済や競争環境の舞台であるグローバル市場において，組織のグローバル戦略の遂行に必要な要素であることは事実であろう。したがって，国際経験は経営成果に影響を与えるという仮説が提示できる。

③海外市場志向性

　海外市場志向性（以下，市場志向性）[6]とは，経営者が海外市場に対し企業の参加を試み，かつ拡張するために資源を投資しようとする意図と考え方であり，経営者が国内市場以外で起きている海外市場の重要な事件を認知して受け入れる程度である。

　この市場志向性と経営成果に関してみると，市場志向性が高いほど経営成果には正の影響を与えるという実証結果が出ている。例えば，市場志向性と輸出成果との関係を分析した Rose & Shoham（2002: 219-225）は，イスラエルの輸出企業124社を調査しているが，市場志向性の程度は利益に影響を与えるという実証的結果を出している。また，タイの輸出企業225社を対象に市場志向性と経営成果との関係を分析した Tantong（2003）[7]の研究でも，市場志向性は経営成果に正の影響を与えるということを明らかにしている。

　以上のことから，市場志向性は経営成果に影響を与えると考えられる。

④現地市場に対する知識

　Solberg（2000）は，本社の現地マーケティング状況に対する理解（現地市場に対する知識）と海外市場での現地マーケティング活動の統制（マーケティング

---

[6] 詳細は Talat（1978: 25）を参照。
[7] 特に彼は，経営成果を財務的成果，戦略的成果，成果に対する満足度の次元で分析している

第5章 標準化・適応化戦略と経営成果

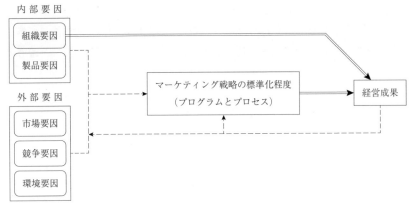

図5-1 本章の分析枠組

注:本章は二重線の部分について分析する。

意思決定の影響力)を基準に4つの組織ソリューションを提示している[8]。彼の研究における経営成果に対する仮説は，4つのグループの中で現地に対する知識が高い組織の経営成果が一番高いということであった。分析の結果，この仮説は支持され，知識と経営成果には何らかの関係があることが確認できた。もちろん，彼の研究は分析方法が本章と異なり，成果に影響を与える要因を識別する研究ではない。しかし，現地市場に対する知識は，国際経験と同様に企業特有の特性となり，経営成果に直接的に影響を与えることが予測される。したがって，本章ではこの変数を新たに取り入れ，より包括的に内部要因と経営成果との関係を分析する。こうした企業内部要因と経営成果における仮説は次のとおりである。

仮説6：製品の類型は経営成果に影響を与える。
仮説7：国際経験は経営成果に影響を与える。
仮説8：市場志向性は経営成果に影響を与える。
仮説9：現地の知識は経営成果に影響を与える。

---

[8] 4つの組織としては，Local Baronies, Confederation, Civil War, Federationがあげられている。詳細は，Solberg（2000: 78-98）とSolberg（2002: 1-21）を参照されたい。

以上，経営成果に影響を与えうるマーケティング要素及び企業内部要因に対する仮説を提示した。こうした仮説の中で，どの要因がどの経営成果に影響を与えるかを以下において明らかにする。本章の分析枠組は図5-1のとおりである。

4　標準化・適応化戦略と経営成果との関係に対する仮説検証

(1) 調査概要

本章は，標準化・適応化戦略と経営成果との関係を明らかにすることを目的とする。そのため，アジア市場において2つ以上の国に進出している韓国企業を対象に実証分析を行う。とりわけ，2つの重要な進出市場におけるマーケティングプログラムとプロセスの標準化程度と経営成果との関係を分析する。本研究では韓国企業を対象に多岐にわたるアンケート項目を用いて標準化・適応化に対する調査を実施した（調査に対する詳細は，第3章の調査概要を参照）。

経営成果に対しては4つの項目で測定している。具体的には売上高成長率，利益増加率，市場シェア，事業拡張可能性である。売上高成長率と利益は7段階尺度で，市場シェアと全般的成果は5段階尺度で，事業拡張可能性は10段階尺度で測定した。売上高成長率，利益，そして市場シェアは標準化・適応化戦略の既存研究の中で多く用いられた変数である。ただ事業拡張可能性はChen & Wong（2003: 275-297）が，ヨーロッパで成功している新興アジア企業を分析する際に取り入れた主観的な変数であり，これにより経営成果に対してより多面的なアプローチができると考えられる。

(2) 分析結果

①回答企業のプロフィール

本来，アンケート調査から回収したサンプルの数は69社であり，影響要因と標準化程度に関する分析は69社が全部用いられた。しかし，経営成果に対するサンプルはそのうち44社のみが分析の対象となった。韓国企業が経営成果に対する情報を提供するには消極的であることがうかがえる。本章では，44社のサンプルに基づいて，標準化・適応化戦略と経営成果との関係を分析する。

第5章 標準化・適応化戦略と経営成果

表5-1　回答企業の概要

合　計(44社)		合　計(44社)	
従　業　員　数		製　品　の　類　型	
1-49名	15	非　耐　久　消　費　財	6
50-99名	11	耐　久　消　費　財	13
100-499名	6	産　業　財	22
500-4500名	12	サ　ー　ビ　ス	3
アジアにおける事業年数		参　入　形　態	
1-9年	20	間　接　輸　出	8
10-19年	11	直　接　輸　出	28
20-29年	10	ジョイントベンチャー	4
30年以上	2	完　全　所　有　子　会　社	4
無回答	1		
進　出　国　数		両進出国の参入形態	
2-6ヶ国	35	同　　　　　じ	35
7-9ヶ国	3	異　　な　　る	8
10ヶ国以上	6	無　回　答	1

　回答企業のプロフィールについて確認すると表5-1のとおりである。まず，従業員数が49名以下の企業が15社でもっとも多かった。100名から499名の従業員を持つ企業が6社で一番少なかったが全体的な分布の程度は適切であるといえる。
　また，対象企業の主力製品をみると，その半数（22社）が産業財を扱っており，耐久財と非耐久財消費財製品を扱う企業は，それぞれ13社と6社であった。
　そして事業年数は，1年から9年までが20社であり，約半分くらいを占めているが，10年から19年が11社，20年から29年が10社で，比較的に均等な分布をみせているといえる。進出国数の場合，2から6ヶ国に35社も集中していることから，対象企業がそれほどグローバルに事業を展開している企業ではないことが見て取れる。
　さらに，進出形態に関して確認すると，アジア市場に進出している企業の約28社が直接輸出という形態を採択していることがわかる。加えて，対象企業中35社がアジアの一番重要な市場と二番目に重要な市場において同じ参入形態を

第Ⅱ部　実証研究

表 5 - 2　回答企業の重要な進出国

国　　名	一番重要な市場としている企業数	二番目に重要な市場としている企業数
中　　国	22(50.0%)	9(20.5%)
台　　湾	0(0.0%)	5(11.4%)
日　　本	9(20.5%)	8(18.2%)
イ　ン　ド	4(9.1%)	3(6.8%)
シンガポール	0(0.0%)	2(4.5%)
タ　　イ	1(2.3%)	2(4.5%)
マレーシア	1(2.3%)	1(2.3%)
フィリピン	1(2.3%)	1(2.3%)
バングラデシ	1(2.3%)	1(2.3%)
インドネシア	1(2.3%)	1(2.3%)
ベトナム	3(6.8%)	8(18.2%)
香　　港	1(2.3%)	1(2.3%)
カンボジア	0(0.0%)	1(2.3%)
スリランカ	0(0.0%)	1(2.3%)
合　　計	44社(100%)	44社(100%)

展開していることが確認された。

　特に，本章での経営成果はChung（2003, 2005）と同様に二番目に重要な市場の結果で測定しているが，回答企業が二番目に重要な市場として取り上げている市場は表5-2のとおりである。中国（9社），日本（8社），ベトナム（8社），そして台湾（5社）における結果分析といえるくらいに進出先市場がこれらの市場に集中していることがわかる。

②統計分析の結果

　本章で提示された仮説は本質的に変数間の因果関係を明らかにすることである。こうした仮説における諸変数間の相互作用関係を分析するために重回帰分析を行い，特定な独立変数が従属変数に与える影響を分析する。仮説検証に先立ち，因子分析，相関関係分析，また，因子の信頼性を確認するために，信頼性分析（reliability analysis）を実施した。本章における統計分析はSPSS 11.5を利用した。

第5章 標準化・適応化戦略と経営成果

表5-3 因子の項目と信頼性係数

	因 子 名	項 目	Cronbach's α
変数	製 品 戦 略	製品特徴, 包装, ネーム, サービス, ポジション, デザイン	0.888
	価 格 戦 略	小売価格, 卸価格, 割引価格, 価格決定.	0.905
	プロモーション戦略	広告テーマ, コピー, メディア, 表現, 広告役割, 販売促進の役割	0.956
	流 通 戦 略	営業役割, 中間商役割, 営業管理	0.840
	流 通/プ ロ セ ス	小売タイプ, 販売経路, マーケティング目標	0.721

　各変数を用いて重回帰分析を行う前に，因子分析を行った。ここではバリマックス回転を行って因子を抽出した。マーケティング要素に関する24の質問項目から5因子が抽出された[9]。各因子の名前は製品戦略，価格戦略，プロモーション，流通戦略，流通／プロセスとした。流通チャネル項目とプロセス項目については因子分析によって1つの変数として用いることにした。また，これらの因子は信頼性をクロンバックスアルファ値（Cronbach's α）で分析した。

　因子分析による因子（その項目）とそれらの信頼性は表5-3のとおりである。本章で測定しようとする変数の中で，流通／プロセスでは0.721と一番低いがそれほど信頼性の問題はないといえる。また，その他の変数も信頼性係数が全体的に0.8を超えており，分析を行うに当たって信頼度が十分にあると考える。

　さらに，仮説検証に入る前に，ゲンダルタウ法による各独立変数間の相関関係を分析した。

　製品の類型は非耐久財とその他，産業財とその他の2つで相関分析を行ったが，産業財とその他は製品戦略変数との相関係数が0.4を超えており，多重共線性が発見されたため除外した。その他の変数においては表5-4のように相関係数が0.4以下であり，重回帰分析を行うに当たって問題がないことが確認された。

　本章は，マーケティングの標準化・適応化および企業の内部要因が経営成果

---

(9) これらの因子寄与率は，第1因子が39.45%，第2因子が15.62%，第3因子が8.92%，第4因子が5.33%，第5因子が4.78%であった。第6因子は初期の固有値が小さいため，第5因子まで抽出することにした。

第Ⅱ部　実証研究

表5-4　変数間の相関関係

	製品類型	国際経験	海外志向	現地知識	Promotion	価格戦略	流通戦略	流通／プロ
製品類型	1.000							
国際経験	－.112	1.000						
海外志向	－.029	－.117	1.000					
現地知識	.012	－.220	－.134	1.000				
Promotion	－.177	－.181	.116	.025	1.000			
価格戦略	.037	－.106	.169	－.012	－.009	1.000		
流通戦略	－.270	－.055	.294	.092	－.023	.031	1.000	
流通／プロ	.166	－.223	.184	.203	.055	－.028	－.018	1.000

にどのような影響を与えるかを分析することが主な目的であった。そのため，上記のように因子分析や信頼性検証，さらに相関分析によって明らかになった諸変数と経営成果との関係を検証するために重回帰分析を行った。表5-5は，その分析結果を表している。ここでは集計的有意差が確認できた項目だけを検討する。

自由度調整済み決定係数（$\overline{R^2}$）とモデルの全体的な説明力を示すF値をみると，全体的に推定結果が良好であるといえる。

まず，利益を従属変数として重回帰分析を行った結果，「現地の知識」と「製品の類型」が影響を与えることが検証された。つまり，現地に対する知識を多く有する企業ほど利益を上げていることが予測できる。同時に，非耐久消費財以外の産業財と耐久財を扱っている企業が利益を獲得しており，製品類型の違が利益に影響を与えることが明確になった。この結果は，Chung（2002）の結果とはやや異なる。彼の分析結果では，消費財と高コンテクストサービスを扱う企業が産業財と低コンテクストサービス製品を扱う企業より高い利益率を達成していることが明らかにされた。こうした結果の違いは，企業固有の特性や進出市場の状況が異なることも原因として考えられるが，非耐久消費財企業のサンプルが少ないことも１つの原因であると予想される。

次に，市場シェアと独立変数との関係を検討する。ここでは，「現地知識」と「製品の類型」そして「流通／プロセス」が市場シェアに影響を与えていることが判明した。利益に関する結果とは異なり，市場シェアには企業の内部要

第5章 標準化・適応化戦略と経営成果

表5-5 重回帰分析の結果

従属変数：利益

独立変数	非標準化係数 B	標準誤差	標準化係数 ベータ	t値	有意確率
（定数）	5.843	.658		8.885	.000
現地知識	1.491	.530	.379	2.814	.008
製品類型	-.688	.237	-.390	-2.898	.006

($\overline{R^2}$ = .292, F = 8.059, 有意水準 F 値 = .001)

従属変数：市場シェア

独立変数	非標準化係数 B	標準誤差	標準化係数 ベータ	t値	有意確率
（定数）	4.395	.401		10.951	.000
現地知識	.775	.324	.331	2.390	.023
製品類型	-.525	.145	-.508	-3.631	.001
流通／プロセス	.252	.120	.297	2.101	.044

($\overline{R^2}$ = .401, F = 7.148, 有意水準 F 値 = .001)

従属変数：売上高成長率

独立変数	非標準化係数 B	標準誤差	標準化係数 ベータ	t値	有意確率
（定数）	4.421	.224		19.735	.000
製品類型	1.412	.607	.338	2.328	.025

($\overline{R^2}$ = .114, F = 5.420, 有意水準 F 値 = .025)

従属変数：事業拡張可能性

独立変数	非標準化係数 B	標準誤差	標準化係数 ベータ	t値	有意確率
（定数）	6.528	.291		22.399	.000
製品類型	2.149	.771	.402	2.774	.008

($\overline{R^2}$ = .161, F = 7.695, 有意水準 F 値 = .008)
注：$\overline{R^2}$ は自由度調整済み決定係数

因のみならず，マーケティング要素（流通／プロセス）が影響を与えていることが明らかになった。

　Chung（2005）の研究結果では，製品関連要素が市場シェアに正の影響を与えることが確認されているのに対し，本章では流通／プロセス関連要素が市場シェアに正の影響を与えるという結果が出ている。また，産業財と耐久財の方

が市場シェアにおいて望ましい成果を上げていることが明らかになった。それは，中国やベトナムといった市場において，現地企業の製品よりやや技術力の高い韓国企業の製品が積極的に使用されていることが原因かもしれない。さらに，現地に対する知識が市場シェアの獲得に影響を与えるという結果が出ており，現地知識の重要性が再び確認できた。

続いて売上高成長率においては，「製品類型」のみが影響を与えることが確認された。従来の研究においては，売上高成長率が流通チャネルに影響されるという結果がみられる。例えば，Chung（2003）の研究結果は，流通チャネルの適応化が売上高成長率に負の影響を与えるとしている。本章では，製品類型の相違が売上高成長率に影響を及ぼしており，非耐久消費財を扱う企業の売上高成長率が産業財／耐久消費財より高いことが確認された。この結果は，断片的な解釈ではあるが，アジア市場の中で消費者の嗜好が徐々に同質化していくことで，標準化された非耐久消費財製品が各国で受け入れられるようになり，これが売上高成長率に繋がっている可能性も考えられる。

最後に，事業拡張可能性にも「製品類型」が影響を及ぼすことが明らかになった。これは，非耐久消費財を取り扱う企業の方が，産業財や耐久消費財を扱う企業よりも将来，事業を拡張する可能性や計画を持っていることを意味する。

5　経営成果との関係を多面的にとらえることの意義

本章は，国際マーケティングの標準化・適応化戦略と経営成果との関係を明らかにすることを主な目的とし，アジア市場に進出している韓国企業を対象に実証分析を行った。

具体的には，企業の経営成果として4つの変数（利益，市場シェア，売上高成長率，事業拡張可能性）を提示し，これらの経営成果に影響を与える変数を企業内部要因とマーケティング戦略要素から抽出して重回帰分析を行った。

まず，マーケティング戦略要素からみていくと，因子分析で抽出された5つの因子の中で，相関関係分析で除外した製品戦略要素以外の4変数が重回帰分析の変数として用いられた。その中で，流通チャネルとプロセスの3変数が1つの因子として採択されたが，この流通／プロセス要素は市場シェアに影響を

第5章 標準化・適応化戦略と経営成果

与えることが判明した。

　この結果は、小売タイプ、販売経路、マーケティング目標といった項目から構成される流通／プロセス戦略が、アジア市場におけるマーケティング展開において、非常に重要であることを示唆する。すなわち、企業が各国の流通システムの違いにどう反応するかによって市場シェアが変ってくることを意味する。こうした結果から、仮説4と5は部分的に支持されたといえる。

　複数の既存研究では、マーケティング要素の中で製品と価格戦略そして販売促進が経営成果に影響を与えていることが確認されたが、本章では製品、価格、販売促進が経営成果に直接的に影響を与えていることは確認できなかった。これは標準化・適応化と成果との関係がマーケティング4Pのみでは測定しきれないことを意味するかもしれない。例えば、Yip（1989）が提示したグローバル戦略や Zou & Cavusgil（2002）のグローバル・マーケティング戦略（GMS）は標準化戦略を含んだグローバル・マーケティング戦略と経営成果との関係を分析している。Yip（1989）は製品の標準化と統一的マーケティング要素以外に主要市場への参入、活動の集中、統合的競争行動を導入しながら、グローバル戦略の利益とコスト、つまり経営成果との関係を概念的に提示している。また、Zou & Cavusgil（2002）は、4Pの標準化以外に、マーケティング活動の集中化、マーケティング諸活動の調整、グローバル市場参加、統合的競争行動を取り入れて経営成果との関係を分析している。さらに、日本でも諸上（2001）が標準化・適応化戦略より国際マーケティング関連行動が経営成果に影響を与えることを検証している。

　このように、経営成果に影響を及ぼす戦略面の変数をマーケティングに限定せず、標準化戦略と密接な関係がみられる関連領域まで拡張した段階で経営成果との関係を分析することも1つの方向性としては望ましい。しかしながら、標準化・適応化が経営成果に影響を与えるかどうかを多面的に検証する作業は今後も必要であると考える。

　次に、企業の内部要因と経営成果との関係を検討する。企業内部要因の中で現地知識は利益と市場シェアに正の影響を与えることが明確になった。仮説9は支持されたといえる。このことは、国際マーケターが進出市場に対する知識を多く保有する場合、利益と市場シェアの獲得に繋がる可能性があることを意

味する。

　この結果は，現地市場に対する積極的な姿勢が経営成果に影響を与えていることを示し，現地に対するさまざまな情報と知識を習得することの重要性を表している。特に，この変数は従来の標準化・適応化と経営成果を分析した研究では導入されていない変数であるが，本章で新たに導入したことでその重要性が確認されると思われる。

　最後に，内部要因として用いられた製品の類型が経営成果に影響を与えることが検証された。具体的には利益と市場シェアには負の影響を，売上高成長率と市場拡張可能性には正の影響を与えることが確認された。これは仮説6が支持されたことを意味する。この結果からは，非耐久消費財製品を扱う企業がその他の製品を扱う企業より利益と市場シェアにおいて実績が好ましくない可能性があること，また売上高成長率と市場拡張可能性においては非耐久消費財を扱う企業が満足できる成果を達成している可能性が高いことを意味する。このことは，非耐久消費財を扱う企業の場合，現在の利益やシェアは多少低くても，現地市場の事業を継続的に拡大していく可能性があることを表す。

　以上のような分析結果から，今後の国際マーケティングの標準化・適応化戦略にいくつかの示唆点が提示できる。

　第1に，製品の類型（産業）についてみると，一般的に企業は主力製品で海外市場に進出するため，簡単に業種を変更することは困難である。もちろん，多角化戦略によって現在とは異なる製品を展開することは考えられるが，それが現地で成功するとは限らない。したがって，製品の類型という変数はコントロール困難な要素であることがわかる。

　第2に，現地の知識が成果に影響を与えることが明確になったが，知識といってもその範囲をどこまでするかは非常に難しい。本章においても現地知識に対する具体的な定義や範囲などを指定せず，単純に知識の程度を測定した。しかし，知識の範囲はともかくマネージャー自らが認識している現地知識の程度が経営成果に影響を与えていることは事実である。今後とも企業が国際マーケティングを展開するに当たって非常に重要な要因であることは変わらない。また，この要因は，国際経験とは違って，短期間で自らの努力によってある程度習得できる。したがって，ますます注意を払わなければならない要素であろう。

第3に，流通／プロセスの標準化程度が経営成果に影響を与えることが確認された。この要因はマーケティング要素の中で唯一経営成果に影響を与えている変数であった。具体的な項目としては，小売タイプ，販売経路，マーケティング目標があげられた。この結果からは，今後のアジア市場における流通チャネルとプロセス戦略展開の方向性が提示できると思われる。

本章は，今まであまり注目されてこなかったアジア市場に焦点を当てながら，韓国企業を対象に標準化・適応化戦略と経営成果の関係を分析したものである。特に本章は，新たな変数を導入し企業の内部要因を強調しながら，経営成果との関係を包括的に分析したことがその特徴である。

また，標準化・適応化に関する従来の研究が経営成果の変数として客観的な変数のみを用いていたが，本章では，マネージャーの主観的な変数までを導入することによって多面的に経営成果を分析することができた。

しかし本章はいくつかの限界をもつ。まず，本章で分析された標本企業の数は44社であり，そのサンプルがアジア市場に進出している韓国企業を代表できるかという問題がある。

また，経営成果を測定する際の対象市場が日本，中国，ベトナム，台湾に偏っていることも一般性に欠ける部分であろう。今後の研究はより多くの企業のサンプルに基づいて分析することが必要とされよう。

さらに，本章は経営成果を本社レベルで測定したが，今後は現地の拠点，つまり現地子会社（現地事務所）レベルの成果を本社と同時に測定することも必要であると思われる。なぜなら，現地と本社はみえないところからギャップが生じている可能性があり，経営成果に対する認識も両者の間に差異が存在するかもしれないからである。

第 6 章
海外進出戦略と標準化・適応化戦略

1 海外進出戦略とマーケティング

　近年,多くの企業がさまざまな動機をもって海外市場への進出を試みている。その動機とは,例えば生産拠点の獲得や販売市場の開拓そして自国での規制回避など多種多様である。また,企業が海外市場への進出を図る際,どのような進出形態を選択すべきかという問題に直面する。ここには,どのような影響要因を考慮して進出形態を決めるかという影響要因が重要になってくる。さらに,こうした進出形態は進出初期と現在とで異なる場合もあり得る。つまり,進出形態は時間の経過と共に変化するものとしても認識される。

　こうした,進出動機,進出形態決定への影響要因,そして進出形態の変化といったテーマは海外進出戦略の中でも中心的研究課題である。しかし,これらのテーマに対する実態調査が十分にされているとはいえない。そこで本章では,まずこれらのテーマに焦点を当て理論的検討を行った後,韓国企業のサンプルを用いて実態を把握する。これにより,従来の理論では説明できなかった部分が明らかにされると考えられる。

　一方,海外市場におけるマーケティング要素(4P)の標準化・適応化は進出形態と密接な関係がある。おそらく,その理由の1つは,マーケティング要素に対するコントロール程度が各進出形態によって異なるからであろう。例えば,間接輸出の場合はマーケティング要素に対するコントロール程度が低く,完全所有子会社の場合は比較的にコントロールがし易い。こうした関係から,進出形態の相違はマーケティング要素(4P)の標準化・適応化戦略に影響を与えることが明白である。

　しかし従来の研究においては,進出形態はマーケティング標準化程度を決め

る要因の1つとしてしか認識されてこなかった。つまり，標準化程度に影響を及ぼす国際経験，企業の規模，そして海外志向性といった企業の内部特性の1つとして取り扱われてきたのである。また，同一の進出形態に対しても論者によって異なる意見を提示しており[1]，これら両戦略の関係が必ずしも明確になっているとはいえない。

すなわち，従来の研究は進出形態が標準化程度の決定に影響を及ぼすか否かに関しては明らかにしているものの，必ずしも進出形態と標準化・適応化戦略との関係に対して踏み込んだ研究を行っているわけではない。進出形態と標準化・適応化戦略との関係をより明確にするためには，進出形態別に標準化程度[2]の相違を考慮しながら分析する必要があると思われる。そこで本章は，進出戦略と標準化・適応化戦略との関係を次のような角度から検証する。具体的には，マーケティング要素を製品，価格，流通チャネル，プロモーションそしてプロセスに分類する。また進出形態を間接輸出，直接輸出，ジョイントベンチャー，完全所有子会社に大別し分散分析（ANOVA）を用いて分析を行う。こうした分析によって，進出形態の相違がマーケティングの標準化・適応化に影響を与えるかどうかが明確になると思われる。

以上のことから本章の目的は2つあげられる。まず，進出戦略を形成する概念的テーマに触れながら，韓国企業のアンケート結果を用いてその理論と実際を明らかにする。次に，進出戦略と標準化・適応化戦略との関係を明らかにするため，マーケティング要素別に進出形態を分類し，分散分析を用いて検証する。

本章の構成は次のとおりである。第2節では，海外進出戦略の理論に関する全体像を把握する。具体的には，進出形態の決定要因，進出の動機，国際化プロセス，そして標準化・適応化戦略との関係に関する先行研究を検討する。第

---

(1) 例えばRau & Preble（1987）が提示したマトリックスでは完全所有子会社の形態で進出した場合，標準化戦略を展開するとされているが，Grosse and Zinn（1990）は，完全所有子会社の場合，適応化戦略を展開する傾向があると報告している。
(2) 本章における標準化・適応化戦略は，完全な標準化と完全な適応化といった二者択一的なものではなく，1つの連続体の両極端としてみなしている。これは，標準化程度が高ければ適応化程度が低くなることを意味する。つまり，標準化・適応化戦略を標準化程度の問題としてとらえる。

第Ⅱ部　実証研究

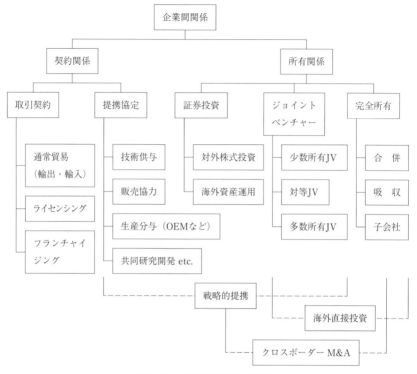

図6-1　海外事業形態の多様化
出所：黄（2004: 33）。(JV は Joint Venture を指す)

3節では，さらに進出動機と国際化プロセスに焦点を絞り，アジア市場における韓国企業のサンプルを基に理論と実際を把握する。第4節では，分散分析を用いて標準化・適応化戦略と進出戦略の関係について検証する。第5節では，本章のまとめと課題を提示する。

2　海外進出戦略の全体像

(1) 進出形態の多様化

　企業が海外に進出する際にもっとも単純な方法は流通業者や商社などを通じた間接輸出である。輸出以外には，進出国企業と技術などについて契約を結ぶ

ライセンシングという進出形態も存在する。そして，直接投資を通して海外事業に対する所有権をもつ完全所有子会社のような進出形態もある。

　進出形態の分類方法あるいは定式化は研究者によってやや異なる。しかし，共通して言えるのは進出形態が非常に多様化していることである。図6-1でみるように，輸出と完全所有子会社の間に多様な進出形態が存在しており[3]，企業が海外市場に進出する際に選択しうる事業形態は非常に多様化していることが理解できる。

(2) 進出形態の決定要因

　多様化している進出形態の中でどのような形態を選択すべきかという問題は非常に重要である。その選択にはさまざまな影響要因を考慮する必要があるが，これに関して分析した研究は数多く存在する。特に，影響要因に関してはいくつかの理論的なアプローチが提示されている。ここでは，企業が進出形態を選択するに当たって考慮すべき諸要因とその理論的背景について簡単に概観する。

①市場環境要因

　国際マーケティング論の環境論的アプローチに由来する市場環境要因は[4]，企業の進出形態の選択において進出先市場の市場環境にその焦点が置かれている。

　進出先市場の市場環境としては，文化や社会の異質性，政治や法律など制度の問題が考えられるが，黄（1997: 131-133）は市場環境要因における重要な変数を5つ取り上げている。それは現地市場の需要特性，市場の異質性，市場リスク，投資環境そして競争状況である。

　またGoodnow & Hanz（1972）は，社会や政治が安定し，経済が成長して市場の潜在規模が大きい国ほど，輸出形態より直接投資の形態が望ましい。また，社会，文化や政治制度の類似性が高い国ほど，統制度の高い事業形態で進出することが有効であると報告している。このことは進出先市場の社会，文化，政

---

[3] 多様化している各進出形態に対する具体的な説明は本書の問題意識とやや異なるため省略する。各進出形態に関するメリットおよびデメリットなどは以下の文献を参照されたい。小田部正明・ヘルセン（2001: 177-179）と堀出・山田（2003: 95-126）。
[4] 環境論的アプローチに関しては，Cateora & Hess（1966）やFayerweather（1965）の業績が代表的である。

治的環境が進出形態に影響を与えることを意味しており，市場環境要因と進出形態選択の間には深い関連性があることを示唆している。

このように，進出先国の市場環境は企業の海外進出にさまざまな形で制約を加えることとなる。また，環境要因は海外進出戦略のみならず，標準化・適応化戦略にも影響を与えることが先行研究のレビューも確認できており，海外市場環境を十分考慮する必要がある。

②取引要因

取引費用理論と内部化理論の考え方がベースとなっている取引要因は[5]，企業特殊的な資産の重要性を強調している。

企業固有資産の価値と資源の無形性に代表される取引要因は，合弁形態の選択にマイナスの影響を与えるという見解がみられる（黄，2004: 188）。その理由として次のことが考えられる。企業のノウハウなどの企業固有の資源は暗黙的な知識として無形的なものが多い。また，ノウハウや技術などは企業固有の経営システムや業務ルーチン（routine）とは完全に分離し得ないものも多い。無形の固有資源を移転するためには，企業は人的資源を投下し，固有の経営システムや業務ルーチンを現地に移転する必要がある。この場合でも，現地の経営活動を統制する必要がある。

したがって，この要因からすると投下した有形無形の固有資源の価値が高いほど，企業が統制度の高い完全所有子会社の形態を選ぶ可能性が大きいといえる。

③競争戦略要因

競争戦略論の視点は，個々の進出や現地市場レベルという分析単位を超えて，グローバルネットワークと全社レベルで進出問題をとらえようとする（黄，2004: 65）。つまり，この観点は，世界に分散している企業の資源および活動を統合し調整することを強調する。また，これが効果的に展開されるためには，グローバルネットワークによる統制と調整が必要である。

---

[5] 内部化理論と取引費用理論に関する詳細はRugman（1981）とWilliamson（1986）を参照。

進出戦略の要因をみると，競争戦略要因には3つの項目をあげることができる(6)。第1に，グローバル統合，第2に，グローバルシナジー，第3に，グローバル差別化である。

　上述した取引費用理論と競争戦略論を議論する場合，理論的観点からすると，これらには相互補完性を持っていることが指摘されている（Kogut, 1988: 321-322）。まず，取引費用理論と競争戦略論は企業の目的という観点から根本的に異なっている。つまり，取引費用理論が生産費用や取引費用の最小化という観点からアプローチしているのに対し，競争戦略論はライバル企業との競争上における地位の向上による利益の最大化という観点からアプローチしている点である(7)（黄，2004: 65）。

　競争戦略論では，取引費用理論と同様，情報的資源の蓄積が多く，企業特殊的な資産を海外に移転することに積極的な企業ほど，個々の進出に関して完全子会社などの内部的な形態を選ぶ可能性が大きいとされている（黄，2004: 67）。こうしたことから，競争戦略要因は進出形態の決定に重要な影響を与えることが推定できる。

　一般的に，競争要因，とりわけ進出先市場の競争状況はマーケティングの標準化戦略にも影響を与えることが先行研究で明らかになった。たとえば，進出先市場の競争が激しい場合，企業は競合他社より多くの売上高を獲得するため現地顧客や市場に合わせたマーケティングの適応化戦略を展開する可能性が高くなる。

④企業要因

　企業はさまざまな無形および有形の経営資源と能力を保有している。また，これらの企業能力は経験などによって蓄積される。

　進出形態の選択においても国際経験は強い影響を与えることが想定される。企業要因としては国際経験のみならず，現地市場に対する知識も考えられる。

---

(6)　各項目の詳細は黄（1997: 136-137）を参照。
(7)　また，取引費用理論は個々の進出を分析する視角を提供しているが，競争戦略論は個々の進出に対する企業ネットワークでの相互依存性と全社戦略による影響を分析する視角を提供しており，相互補完性をもつといえる。

黄（1997: 136）によると，国際経験と現地市場の知識は，海外市場進出のリスクと収益性に関する企業の予測能力を高め，経営資源の投下量が大きい進出形態を可能にするとしている。

また彼は，輸出などの取引経験の蓄積は，リスクが相対的に低い合弁形態による進出にプラスの影響を与え，合弁などの現地経営の経験は資源の投下量もリスクも大きい子会社形態による進出に影響を与えるとしている。このように，企業がもつ独有な特徴は進出形態の決定に影響を与える。

一方，企業要因（知識や経験）は標準化戦略にも大きな影響を与えることが第3章で判明している。

⑤現地企業要因

現地企業要因は従来の研究ではあまり取り扱われてない。しかし，黄（1997: 137-138）は現地企業要因にも注目し進出戦略の分析枠組の中でその重要性を強調している。この要因において，現地企業の利用可能性やパートナーの経営資源と企業能力に関する評価は進出形態の選択に影響を与えるとされている。この立場からすると，現地に優れたパートナーが存在する場合，合弁形態の選択にプラスの影響を与える可能性が考えられる。なぜなら，パートナーのさまざまな知識と経験は進出する企業にとっては重要な要因であり，それを活用しようとする意志が強くなることで合弁形態を採択する可能性もあるからである。

したがって，進出先国の現地企業に関する要因も進出形態を選択するに当たって考慮すべき要因であることがわかる。

以上，進出形態を選択する際に考慮すべき要因を5つに分類し，それらの要因の背後にある理論について簡単に触れながら，その基本的な展開と概念について概略した。

企業は海外進出に当たり，市場環境要因，取引要因，競争戦略要因，企業要因そして現地企業要因を十分に検討した上で進出形態を選択することとなる。これらの要因の背後にある諸理論は相互補完関係にあることもみられた。このように，理論的な補完関係を認識しながら，統合的視点から進出戦略を展開することが重要であろう。

また，このように進出形態の決定に影響を及ぼす諸要因は国際マーケティン

グの標準化・適応化戦略に影響を与える要因と類似していることが確認できた。例えば，現地市場の政治と法的環境は進出戦略に影響を与えるとされているが，実際に標準化・適応化戦略にも影響を及ぼしている[8]。したがって，進出戦略と標準化・適応化戦略は個別に考えることより，両方の独自の領域は認めながらも，この両戦略の相互関係をより深く考察する必要があると考える。

しかし，従来の研究においては，進出形態が標準化・適応化戦略決定の１つの要因としてしか扱われていないのが現状である。つまり，既存研究においては，必ずしも進出戦略と標準化・適応化戦略との関係の究明に十分な注意を払っていない。

(3) 海外市場進出の動機

企業はなぜ海外市場への進出を図るのか。おそらくそこにはさまざまな理由が存在するであろう。この進出動機に関しては，近年の多様化した進出形態に対し十分な説明ができないことが指摘されている。したがって，ここではまず，海外直接投資に関する伝統的な進出動機のメカニズムを踏まえた上で，進出動機に関する最近のメカニズムを概観する。

①進出動機のメカニズム
(i)伝統的なメカニズム

折衷理論を提唱したDunning（1980）は，所有特殊的優位，立地特殊的優位，そして内部化誘因がすべて揃った際に，多国籍企業の国際生産が展開されると論じている[9]。またRugman（1986: 101-118）は，輸出先国において関税などの政府誘導型の市場不完全性が存在しており，かつ多国籍企業の企業特殊的優位が強い時には，その進出国へは対外直接投資による参入方式（進出形態）がライセンシングよりも選好されるという見解を示している。

Dunning（1980）の折衷理論とRugman（1986）の内部化理論のような従来の海外進出（特に直接投資）に関する理論においては，先進国の企業が投資対

---
(8) 標準化・適応化戦略に影響を与える諸要因に関する詳細は第３章を参照。
(9) また，折衷理論について分析している論文としては，Dunning,（1988: 1-31）があげられる。

象国として開発途上国を選び，海外直接投資を行うという考え方がベースにあった。しかしながら，これらの企業優位要素の概念はある特定地域で行われている海外直接投資の動機に対し，明確に説明することはできなかった（ムン，2002: 2）。

(ii)新たなメカニズム

このような企業優位要素からアプローチする従来の理論では，多様な形態の海外市場進出戦略を十分に説明することはできない。このような問題を踏まえ，企業の多様な海外進出動機を分析したメカニズムが提示されている。このメカニズムは以下の4つにまとめられる[10]。

第1は，学習メカニズムである。発展途上国の家電メーカーS社は，企業特有の優位を保有していない状態でアメリカのシリコンバレーに投資した。この会社のトップは，シリコンバレーへの投資によって様々な知識を習得することができたと述べながら，この投資の正当性を強調している。伝統的なパラダイムでは，重要な企業特有の優位要素を持っている際に海外へ進出すると考えられていた。しかしながら，新たなメカニズムにおいては海外進出（海外直接投資）を通して新たな企業特有の優位要素を獲得することができる。したがって，ここでいう海外進出の動機は，学習するための学習メカニズムとして認識できる。

第2は，追撃メカニズムである。ある国のA社とB社は競争関係にある。B社がA社より半導体部門において高い技術力を保有しているとしよう。この時，伝統的なメカニズムからすると技術的に優位であるB社がシリコンバレーへの投資に興味を抱くことになる。しかし，実際にはA社がB社に比べておおよそ2倍以上の海外投資を展開していることがわかった。A社の関係者はこの特徴に対し，B社を追い抜くための努力であると説明する。このことから海外直接投資をリーダー企業に対する追撃メカニズムとして採用していることが明らかにされる。したがって，進出動機のもう1つとして追撃メカニズムがあげられる。

---

[10] ここではムン（2002: 2-3）を引用しながら加筆および解釈を加えた。

第 6 章　海外進出戦略と標準化・適応化戦略

表6-1　中国市場への進出動機

対中進出の理由
潜在的な市場の大きさ
進出した企業の需要
豊富な労働力
協力的な産業政策
税金などの優遇対策
輸出用の生産拠点
豊富な天然資源
ゆるやかな環境基準

出所：黄（1998：47）から修正引用。

　第3は，規制回避のメカニズムである。一部の企業は国内における政府の規制を回避するため海外直接投資を展開する。例えば，食品加工産業に対する韓国政府の規制を避けるためアメリカに進出した企業がみられる。このメカニズムは自国政府の規制を避けるため多くの企業が海外に進出することを意味する。また，投資対象国の国際貿易規制の緩和よって積極的な投資が行われる可能性もある。こうしたことから，企業は国内の規制を回避するため海外へ進出することが予想される。これは規制回避のメカニズムといえる。

　第4は，資源調達のメカニズムである。韓国のS社はある理由のためオーストラリアに投資した。その理由は，S社グループ全体のため，長期的かつ確実な資源の供給源が必要であったからである。投資当時，S社はオーストラリアの関連企業に比べて重要な企業優位要素はもっていなかった。S社がオーストラリアに投資したのは本国の不足していた資源を獲得するためであることがわかる。したがって，海外に進出する動機のもう1つとして資源調達のメカニズムが提示される。

　以上，直接投資を中心に海外進出動機の新たなメカニズムについて考察した。以下においては，こうした企業の進出動機に対する実証研究について簡単に触れる。

②進出動機に関する実証研究

　中国市場は生産拠点か販売市場かという論題で進出先市場としての重要性が多く議論されてきた。以下，その中で代表的な研究を取り上げ，中国市場にお

ける進出動機の実態について検討する。

黄（1998）は，中国市場への進出動機として表6-1の項目を提示している。上述した新たなメカニズムとは複数重なる部分がみられる。例えば，「協力的な産業政策」と「ゆるやかな環境基準」は「規制回避のメカニズム」と類似している。また「豊富な天然資源」は「資源調達のメカニズム」と類似しており，上述した新たなメカニズムが実際的であることが確認できる。

また彼は，日本企業が当初中国市場を生産拠点として認識していたが，時間の経過と共に中国市場を販売市場として再認識し，市場開拓に力を入れていると報告している（黄，1998）。このことは進出動機が変化することを意味する。このように，進出動機は進出先市場の状況や当該企業の内部的な特性の変化によって変わることが推定できる。しかし，実証研究において進出動機に関する設問は，回答者が進出当時と変わっている可能性もあり，明確な回答をもらえない可能性があると思われる。

一方，進出動機の多様化と時間的変化とは異なり，現在の進出先市場の中でどの市場が一番重要で，またその理由（動機）は何かに関する分析も行われている。その背景には，現在の進出先市場の重要度を顕在化することができ，今後の海外進出に手がかりを提供する可能性があるからである。

（4）企業の国際化と進出形態

企業の海外市場進出を国際化のプロセスとして説明しようとするこのアプローチは，企業が経験を積み，また危機に対する認識が変化するにつれ海外市場への介入が徐々に増加していくという考え方である。これに関する最初の研究は，1975年にスウェーデン企業の国際化行動に対して分析したJohanson & Wiedersheim-Paul（1975）によって行われた。彼らは国際化を一連の漸進的な意思決定の配列であると定義づけながら，知識と資源の重要性について述べている。つまり，海外市場に対する知識が増えると，これに伴ってリスクが減少し，資源の投下が増加するという。このような一連の流れが企業の国際化プロセスであるとしながら，4つの段階を提示している。[11]

またRoot（1982: 19-22 = 1984: 31-34）は，「製造会社の進出方式に関する意思決定の展開過程」というモデルを提示して国際化プロセスを提示している。こ

のモデルは，間接輸出や技術供与から直接投資，そして合弁事業から完全所有子会社へ変化するプロセスを，コントロールとリスク，そして時間という3つの次元で説明している。また，このコントロール，リスク，そして時間の変化による企業の国際化プロセスを4つの段階に分類している。[12]

一方，環境変化の激しい今日においては，この国際化プロセスの概念だけでは十分に説明できない現象があることが指摘されている。例えば，輸出からそのまま直接投資へと進出形態が変化することも，また逆に直接投資からライセンスや輸出などへと進出形態が変化することも考えられる。このような進出形態の変化は，国際化プロセスで述べられているリスクの低い進出形態から段階別に高い方に変化していくという考え方では説明ができない。

しかしながら，この国際化プロセスの動態的な視点は海外進出戦略研究のみならず，国際マーケティング戦略全体にも重要な知見を与えた。なぜなら，近年，先進多国籍企業の大半が世界の主要国への進出を終えており，その進出先市場における進出形態を今後いかに展開していくかが関心の標的になっているからである。

(5) 標準化戦略と進出戦略との関係

先述のように本章は，海外進出戦略と標準化戦略の関係を明らかにすることを主な目的としている。この節においては，標準化・適応化戦略研究と海外進出戦略との関係について分析した既存研究を取り上げながら，両戦略の関係を検討する。

①概念的研究

海外市場におけるマーケティング要素は進出形態と密接に関係している。そ

---

[11] 四つの段階は1段階：非定期的な輸出活動，2段階：中間商（代理店）を通じた輸出活動，3段階：販売子会社，4段階：生産／製造子会社である。
[12] 四つの段階としては，第1段階：間接輸出，場当たり的輸出，第2段階：積極的な輸出とライセンシング，またはそのいずれか，第3段階：積極的な輸出とライセンシング，海外生産へ株式投資，第4段階：完全な多国籍的マーケティング生産となっている。また，この国際化プロセスで示されている時間という動態的な視点は，その後進出戦略研究の中でほとんど無視されていた。

の理由の1つとしては，角松（1983: 133）が指摘したようにマーケティング要素（4P：製品，価格，流通チャネル，プロモーション）に関する親会社のコントロール程度が進出形態によって決められるからであろう。例えば，間接輸出の場合はマーケティング要素のコントロールが難しくなる。しかし，合弁事業などの場合はマーケティング要素の一部のコントロールは可能になる。一方，完全所有子会社などの場合は，マーケティング要素の大半がコントロールできる。

標準化・適応化戦略に関する研究の中には，進出形態との関係を概念化した研究が存在する。たとえばRau & Preble（1987: 23-24）は，進出形態の選択は標準化・適応化戦略に影響を及ぼすという概念的マトリックスを提示している。[13]具体的には，所有権を基準に完全所有子会社とジョイントベンチャーに，またブランドネームを基準に国際的とローカル的に分類した上で，標準化の程度を示している。この仮説ではジョイントベンチャーより完全所有子会社の方が高いレベルの標準化戦略を採用するとしている。

また，完全所有子会社であっても，ブランドネームが国際的かローカル的かによって標準化の程度は異なるという。もちろん，これはジョイントベンチャーの場合も同様である。

このように，多国籍企業は世界的なイメージを確立するために完全所有子会社を通してマーケティング要素，とりわけブランドネームを標準化しようとする意識が強い。しかし，ジョイントベンチャーの場合は，相手企業の要求に合わせて適応化を要求されることもあるため，標準化の程度が低くなることが考えられる。こうしたことから，進出形態は標準化程度に影響を与えるということが予測できる。

②実証研究

まず，Grosse & Zinn（1990）は標準化戦略に関する仮説の中で，進出先市場における生産活動が多い場合，マーケティング要素を適応化する傾向があるという仮説を立てた。実証分析の結果，ポジティブな結果が得られた。つまり，

---

[13] 詳細はRau, P. A. & Preble, J. F.,（1987: 23-24）を参照。また，彼らは進出国の特徴と製品の特徴などによって達成可能な標準化程度が決まり，企業の戦略によってその標準化程度が達成されるという標準化戦略の分析枠組を提示している。

表6-2　進出形態と標準化の関係マトリックス

		ブランドネーム	
		国際的	ローカル的
所有権	完全所有	高い標準化	中位の標準化
	ジョイントベンチャー	やや高い中位の標準化	低い標準化

出所：Rau & Preble (1987: 24) を修正引用。

進出先市場において50％以上の生産を行っている場合，当該企業はマーケティング要素の適応化を展開するということが明らかになった（Grosse & Zinn, 1990: 67）。

ここで進出先市場において生産を行うということは，言い換えれば子会社（直接投資）の形態で進出していることを意味する。つまり，上記の結果からすると，完全所有子会社の形で海外市場に進出している企業は適応化戦略を展開する傾向があると理解することができる。この結果はRau & Preble (1987)が提示した完全所有子会社は標準化戦略を展開するという仮説と相反することがわかる。

次に，Chung (2005) は進出形態を標準化・適応化戦略への1つの影響要因として取り入れながらEU市場におけるニュージーランド企業を分析した。その結果，一番重要な市場と二番目に重要な市場において同一な進出形態を展開している企業は，標準化された流通戦略を展開していることが確認された。このことは，進出形態は流通チャネル戦略の標準化に影響を及ぼすことを意味する。

しかしながら，この研究は標準化・適応化戦略に影響を与える1つの要因として進出形態を取り上げており，必ずしも進出形態と標準化・適応化戦略との関係を明確にしているとは言いがたい。

最後に，Akaah (1991: 54) は，企業の外部及び内部要因と標準化・適応化戦略に関する実証分析を行ったが，対象企業が進出先国において多くの支配権 (ownership interest) をもっている場合（ジョイントベンチャー／完全所有）は標準化戦略（とりわけマーケティング・プロセス）を展開するということを明らかにした (Chung, 2005: 1347; Akaah, 1991-44)。

以上，標準化・適応化戦略と進出戦略の関連性を分析した概念的研究と実証

研究について概観した。しかし，既存研究の結果には，やや不明確な部分が存在することがわかる。つまり，Rau & Preble（1987）は完全子会社のようにコントロール程度が高い企業の場合，ブランドネームが国際的であろうが，ローカル的であろうが，標準化傾向が強いという枠組を提示している。しかし，Grosse & Zinn（1990）の研究からは，完全所有子会社の場合，適応化戦略を展開するという結果が出ている。

またRau & Preble（1987）のマトリックスからすると，輸出はコントロール程度が少ないため，適応化されやすい進出形態として認識される。しかし，複数の文献で，輸出の場合は標準化戦略を展開する傾向があると報告されている（chung, 2005: 1347; Akaah, 1991: 44）。

このように，従来において進出形態が標準化程度を決める要因の1つとしてしか認識されてこなかったことと，特定の進出形態と標準化程度の関係において相反した見解が存在することは，両戦略の関係を明確に検討する必要があることを意味する。したがって，以下では両戦略の関係について詳細に分析していく。

3　海外進出戦略の理論と実際

以上，海外進出戦略に関する全体像を概観すると同時に，標準化戦略との関係に触れた既存研究に対して検討した。第3節ではまず，進出動機と国際化プロセスの概念に焦点を当て，アジア地域市場に進出している韓国企業の実態を取り上げながら分析する。また，進出戦略と標準化との関係については第4節で詳細に検討する。

（1）調査方法

本章の目的はマーケティング要素の標準化程度と進出戦略との関係を実証的に分析することである。そのため，本研究では韓国企業を対象に多岐にわたるアンケート項目を用いて標準化・適応化に対する調査を実施した（調査に対する詳細は，第3章の調査概要を参照）。本章は特に，マーケティングの標準化程度と進出形態に関する設問をベースに分析している。先行研究で取り上げられて

きた変数をに新たな変数を加えた合計24の変数を用いて分析した。すなわち，製品関連6項目，価格関連4項目，販売促進関連6項目，流通チャネル関連5項目，プロセス関連が3項目である。また，これらの変数は5段階尺度を用いて測定している（例えば，両進出市場の製品のブランドネームは，「非常に類似している(1)～非常に異なる(5)」）。なお，進出形態に関しては，現在の進出先市場の中でもっとも重要な市場と二番目に重要な市場における進出形態を中心に測定を行った。

（2）進出動機の検討

　本調査ではアジア市場における一番重要な市場としては中国が圧倒的に多いことが確認できる。重要な進出先市場に関する結果は表6-3のとおりである。

　本章では2カ国以上に進出している企業を対象に，現時点においてどの市場が一番（そして二番目に）重要であるか，またなぜその市場が重要であるかを調査した。こうした分析は，先述のように進出動機の明確化と今後の進出市場の選別に1つの判断基準を提示できると思われる。

　本調査では，対象企業が重要な市場を選ぶ理由として考えられる項目を5つ提示している。その結果は表6-4と表6-5のとおりである。

　まず，「将来性」を一番重要な市場として選択した企業が37社でもっとも多かった。その次が「売上高」であり，30社が選んでいる。また，二番目に重要な市場として選択した理由には「将来性」がもっとも多い40社，続く「売上高」が20社となり，類似した結果が出ていることが確認できた。

　こうしたことから，アジア市場への進出は「将来性」がもっとも重要な進出動機であることが推定できる。また，多くの企業が「売上高」を進出動機としてあげており，進出先市場を単なる生産拠点としてではなく，販売市場として認識していることが明らかになった。

　進出先市場と照らし合わせてみると，一番重要な市場としてあげられた中国，日本，そしてインドなどの市場は，韓国企業にとって「将来性」と「売上高」の両方において重要な市場であることが予測できる。また，二番目に重要な市場としても，やはり中国がトップにあげられており，ベトナム，日本，そして台湾の順となっているが，これらの市場も将来性と売上高を考えるうえで重要

表6-3 重要進出先市場

国名	一番重要な市場と回答した企業数	二番目に重要な市場と回答した企業数
中国	39(56.1%)	13(18.8%)
香港	2(2.9%)	2(2.9%)
台湾	1(1.4%)	8(11.6%)
日本	10(14.5%)	9(13.0%)
インド	5(7.2%)	6(8.7%)
シンガポール	2(2.9%)	2(2.9%)
タイ	1(1.4%)	2(2.9%)
マレーシア	1(1.4%)	6(8.7%)
フィリピン	1(1.4%)	1(1.4%)
バングラデシュ	2(2.9%)	1(1.4%)
インドネシア	1(1.4%)	4(5.8%)
ベトナム	4(5.8%)	13(18.8%)
カンボジア	0	1(1.4%)
スリランカ	0	1(1.4%)
合計	69社(100%)	69社(100%)

表6-4 一番重要な市場と選択した理由

理由	回答企業数
売上高が高いため	30社
将来性が高いため	37社
生産ネットワークとして重要であるため	10社
競合他社との競争上重要であるため	3社
地理的位置が有利であるため	10社

注:回答は複数回答も可能である。

表6-5 二番目に重要な市場と選択した理由

理由	回答企業数
売上高が高いため	20社
将来性が高いため	40社
生産ネットワークとして重要であるため	6社
競合他社との競争上重要であるため	6社
地理的位置が有利であるため	11社

注:回答は複数回答も可能である。

な市場である。

　各々の企業は異なる進出動機をもつ。また，進出当時の動機が必ずしも現在と一致しているとはかぎらない。つまり，進出動機は現地環境の変化や自社の内部的な変化により変わっていくと考えられる。実際，黄（1997）は進出動機の変化を分析しているが，先述したように調査上の制約もあり，動機の変化を分析することは非常に困難である。そこで，本章では進出動機の変化に注目するのではなく，進出形態がどのように変化したかという結果に注目しながら，分析を行う。

（3）進出形態の変化と国際化プロセス

　アジア市場における韓国企業の進出形態は表6-6のとおりである。合計すると，直接輸出が46社でもっとも多く，ジョイントベンチャーと完全所有子会社を採択している企業が5社ずつみられる。また，調査対象企業を従業員数100名を基準に分類してみると，間接輸出と直接輸出は99名以下の企業の方が100名以上の企業より多い。一方，ジョイントベンチャーと完全所有子会社の場合，従業員数が100名以上の企業が99名以下の企業より多く採択していることがみてとれる。

　進出形態の変化についてみると，まず一番重要な市場において，進出当時と現在の進出形態が「異なる」と回答した企業は11社であったが（表6-7），その中で6社は間接輸出から直接輸出へと進出形態が変化していることが確認された。また，11社中4社からは進出当時の進出形態に対する質問票に記入漏れがみられた。

　ここで間接輸出から直接輸出へ変化する進出形態のパターンは，Root（1982）が提示した国際化プロセスを用いて解釈できる。つまり，最初に間接輸出から海外進出を試み，徐々に現地市場の拡大によって直接輸出へと発展する。直接輸出を展開すると，間接輸出に比べ現地市場においてマーケティング要素のコントロール程度がより高くなる。

　一方，進出当時と現在の進出形態が「異なる」と答えた企業には，進出当時の「完全子会社」から現在の「ジョイントベンチャー（合弁）」に変化している企業（1社）も存在することが確認された。これは国際化プロセスのような

表6-6 韓国企業の参入形態

参　入　形　態	従業員99人以下(40社)	従業員100人以上(29社)	合　　計(69社)
間　接　輸　出	10	3	13
直　接　輸　出	27	19	46
ジョイントベンチャー	1	4	5
完全所有子会社	2	3	5

表6-7 進出当時と現在の進出形態（一番重要な市場）

	回答企業数（合計69社）
同　　　じ	53社
異　な　る	11社
無　回　答	5社

表6-8 進出当時と現在の進出形態（二番目に重要な市場）

	回答企業数（合計69社）
同　　　じ	51社
異　な　る	14社
無　回　答	4社

発展段階論的概念では説明が困難な部分である。一般的に，ジョイントベンチャーの次のステップとして完全所有子会社が考えられる。しかし，本調査では逆の方向へ変化したケースが発見できた。

また，二番目に重要な市場における進出形態の変化をみると（表6-8），進出当時と現在の進出形態が異なる企業が14社である。その中で間接輸出から直接輸出へ変わった企業が2社で一番多かった。その他，直接輸出から完全子会社へと進出形態が変わった企業とジョイントベンチャーから完全子会社へと変わった企業がそれぞれ1社ずつみられた。このように，実際に国際化プロセスに沿った形で企業の進出形態が変化していくケースも確認されたが，直接輸出から間接輸出へと逆戻りしている企業も1社みられた。

このことから，従来の発展段階論的考え方では現在の複雑な現象を十分に説明できないことが明らかになった。もちろん，サンプル数が少ないため説得力が足りないことは否めないが，国際化プロセスの理論にはより流動的な視点を

取り入れることが必要かもしれない。

4 進出形態別にみた標準化程度の実態

以上，韓国企業のアンケート調査結果に基づいて，進出動機と国際化プロセスに焦点を当てながらその実態を把握した。本節においては，本章の2つ目の研究目的として取り上げた進出形態と標準化・適応化戦略との関係を統計的ツールを用いて分析する。まず，研究課題を設定し，次に，統計分析の結果を確認しながら解釈する。

（1）研究課題の設定

これまで進出形態は標準化・適応化戦略に影響を与える1つの要因として取り扱われてきた。しかし，進出戦略は標準化・適応化戦略と同様に国際マーケティング戦略の主要なテーマであり，標準化・適応化との関連性も強いと推定されるため単純に影響要因として分析するのではなく，より包括的な分析が必要だと思われる。

また，先述したごとく，従来の研究からは進出形態と標準化・適応化戦略との関係において相反した見解もみられ，両戦略の関係を明確にすることが求められている。以上を踏まえ，本節では各進出形態別に標準化程度の相違を分散分析（ANOVA）を用いて分析することで進出形態と標準化・適応化戦略の関係をより細密に検討する。研究課題は次のとおりである。

研究課題：マーケティング4Pの標準化程度と各進出形態はどのような関係にあるのか。

（2）分析結果と解釈

以下はマーケティング要素別の標準化程度を測定したものである。ここでは，69社の対象企業を4つの進出形態に分類した後，それぞれの平均値に統計的な有意差が認められるかどうかを検証した。

表6-9 製品の標準化程度と進出形態

製品関連	間接輸出	直接輸出	JV	完全子会社	P値
製品特徴	2.08	2.50	2.00	1.20	.093*
包装	1.92	2.50	2.60	1.60	.132
デザイン	2.08	2.47	2.80	1.60	.317
ポジショニング	2.69	2.85	3.60	2.00	.139
ブランドネーム	2.42	2.65	3.80	1.40	.009***
サービス	2.31	2.78	3.60	2.00	.133

5点尺度：非常に類似している(1)—非常に異なる(5)，(以下の表も同じである)
***$p<0.01$，**$p<0.05$，*$p<0.1$
JV：ジョイントベンチャーを指す

①製品と進出形態

　表6-9に示しているように，製品関連要素は6つの変数によって測定され，それらと進出形態との関係が検証された。進出形態によって分類された企業群の平均値を比較すると，$p<0.1$でみた場合，「製品特徴」に有意差が認められ，完全子会社で進出している企業が輸出やジョイントベンチャーで進出している企業に比べ，標準化程度が高いことが確認された。また，「ブランドネーム」は$p<0.04$で有意差がみられ，完全子会社で進出している企業は標準化を，そしてジョイントベンチャーで進出している企業群は適応化を展開することが明確になった。

　この結果はRau & Preble（1987）の仮説と類似している。つまり，完全所有子会社の方がジョイントベンチャーよりブランドネームの標準化が高いという概念的マトリックスと一致する。

　また，ジョイントベンチャーを展開する企業からは「ブランドネーム」を含んだ3つの変数から適応化が確認された。やはり，この事実は進出先国の提携先企業との関係から現地市場に合わせた製品を展開することが要求されるからであろう。

　その他の変数においては，完全子会社から高い標準化程度がみられるなど，完全所有子会社は全体的に標準化で展開する傾向があることが確認できた。このように，高い標準化がみられた原因の1つとしては，当該企業が産業財や耐久消費財といった比較的に標準化しやすい製品を取り扱う企業になっている可能性があげられる。

第❻章　海外進出戦略と標準化・適応化戦略

表6-10　価格の標準化程度と進出形態

価格関連	間接輸出	直接輸出	JV	完全子会社	P値
卸　価　格	3.23	2.87	3.40	3.80	.275
小売価格	3.46	3.13	3.60	3.40	.657
価格決定	2.92	2.91	3.20	4.00	.253
割引価格	3.42	2.89	3.40	3.40	.380

表6-11　プロモーションの標準化程度と進出形態

プロモーション関連	間接輸出	直接輸出	JV	完全子会社	P値
広告テーマ	2.15	2.84	3.60	1.80	.034**
コピー	2.25	2.71	3.80	1.80	.020**
表　現	2.23	2.84	4.00	1.80	.003***
メディア	2.23	2.98	3.80	1.80	.007***
広告役割	2.31	2.73	3.00	1.80	.177
SalesPromotion役割	2.31	2.87	3.20	2.60	.329

以上のように，製品の標準化程度は進出形態によって異なることが判明した。つまり，進出形態は製品要素の標準化・適応化戦略に部分的にではあるが影響を与えることが証明された。

②価格と進出形態

価格関連要素の標準化程度と進出形態との関係における平均値からは統計的有意差が認められなかった。これは進出形態が韓国企業の価格の標準化程度には影響を与えていないことを意味する。

価格関連要素の標準化程度は，進出形態のような企業の内部的要因より，進出先市場の外部環境要因に影響されやすいと考えられる。実際に，第3章の調査結果でも，価格は消費者／文化要因，政治／経済要因，そして競争・マーケティング要因に影響を受けていることが確認された。

統計的有意差は認められなかったが，平均値では，完全子会社を展開する企業が2つの項目（卸価格，価格決定）において低い標準化（適応化）を展開していることがみてとれる。他のマーケティング要素では高い標準化を展開している完全子会社の企業が価格要素では低い標準化を展開する理由はどこにあるだ

第Ⅱ部　実証研究

表6-12　流通の標準化程度と進出形態

流通関連	間接輸出	直接輸出	JV	完全子会社	P値
小売タイプ	2.46	3.02	3.00	2.40	.312
販売経路	3.00	2.85	3.40	1.80	.057*
営業管理	2.54	2.76	3.60	2.00	.160
営業役割	2.69	2.78	3.40	2.00	.303
中間商役割	3.31	2.64	3.60	2.00	.023**

ろうか。おそらく，完全子会社で進出している企業は現地市場により受け入れやすい価格を設定することによってシェアの獲得を狙っていることも推定できる。

③プロモーションと進出形態

　プロモーション関連項目では本調査で最も多い4つの変数（「広告テーマ」，「コピー」，「表現」，「メディア」）から有意差が認められた。その特徴としては，全体的に完全子会社の方が他の進出形態より標準化程度が高いことである。一方，ジョイントベンチャーを行っている企業は全体的に適応化戦略を展開していることが判明した。ジョイントベンチャーの場合，進出先市場の消費者の嗜好，経済的水準などの相違によって提携先企業が現地に合わせてプロモーション戦略の修正を要求することが当然予想される。もちろん，当該企業はある程度この要求に対応しなければならない。これが原因で，ジョイントベンチャーで海外市場に進出している企業は適応化戦略を展開する傾向があると予測される。

　これに対し，完全子会社で進出している企業は高い標準化がみられる。その1つの理由として，完全所有子会社で進出している多国籍企業は世界的に共通のイメージを維持するため，進出国において標準化戦略を展開しようとする可能性が高いことが推定される。一方，対象企業が小規模企業であることから適応化を展開しようとする意欲があっても資産の活用などの問題によって，そのまま標準化戦略を展開している可能性も考えられる。他にも当該企業が進出している市場の外部環境が比較的類似している可能性も排除できない。

　このようにプロモーションの標準化程度は進出形態によって大きく異なって

表6-13　プロセスの標準化程度と進出形態

プロセス	間接輸出	直接輸出	JV	完全子会社	P値
計画設計	2.77	2.74	3.40	2.60	.547
予算編成	2.69	2.83	4.00	2.60	.066*
Marketing目標	3.08	2.67	2.80	2.20	.390

いることが明らかになった。こうしたことから，進出形態はプロモーションの標準化・適応化戦略に重要な影響を与えることが明確にされた。

④流通チャネルと進出形態

　流通関連項目においては，2つの変数から有意差が認められた。まず，「販売経路」は$p<0.1$で有意差がみられた。つまり，完全子会社で進出している企業が高い標準化戦略を採用しているのに対し，ジョイントベンチャーで進出している企業は適応化戦略を採択していることが明らかになった。マーケティング要素に対するコントロール程度が比較的高い完全子会社の企業群が，進出先市場において同一の販売経路を展開しようとする意図が強いことが予想される。一方，ジョイントベンチャーの場合，進出市場の提携先企業との関係が重要となるため，独自の戦略ではなく，提携先企業のノウハウを活用しながら，提携先企業の要求に合わせた適応化戦略を展開することが予測できる。

　次に，$p<0.5$の水準で有意差が認められた「中間商の役割」においても，販売経路と類似した結果がみられた。ただし，この項目においては間接輸出もこれまでとは違い，適応化を展開していることが確認できた。いずれにせよ，流通の標準化程度は進出形態によって異なっており，進出形態は流通戦略の一部に直接的な影響を与えていることが明らかである。

　ここでの目立つ特徴は，完全子会社の場合，高い標準化が，ジョイントベンチャーには適応化が確認されたことである。この結果は先述の製品，プロモーションの結果とも類似する。

⑤プロセスと進出形態

　最後に，マーケティング・プロセスに関する項目においては，「予算編成」

において有意差が認められた。ここでも，完全子会社の企業群（2.60）とジョイントベンチャー企業群（4.00）の標準化程度に大きな差があることが明らかになった。ここでは，ジョイントベンチャーで展開している企業の予算編成が他の進出形態より適応化程度が高くなっている。予算を編成する際にも，提携先企業を考慮しなければならない現実が反映されていると予測できる。

したがって，進出形態は，一部ではあるがマーケティング・プロセスにおいても影響を及ぼすことが明確になった。

5　海外進出戦略と標準化・適応化戦略の関係性を考える

本章の目的は2つであった。まず，進出戦略の中心テーマに関する理論と実際の状況を把握することである。次に，進出戦略と標準化・適応化戦略との関係をより踏み込んだ形で検証することである。そのため，アジア市場に進出している韓国企業69社のサンプルを用いて統計的分析を行った。

まず，進出戦略の全体像を概観し，その中から進出動機，国際化プロセスの概念に焦点を絞り，韓国企業の実態を取り上げながら分析を行った。その結果は以下のとおりである。

第1に，進出動機においては，現在進出している市場がなぜ重要であるかに注目し，その理由（動機）に関する回答を分析した。その結果，「将来性が高い」という項目がもっとも多く，次に「売上高が高い」という項目が多かった。この結果からは，韓国企業がアジア市場の将来性に注目し，事業を展開していることがうかがえる。同時に，生産拠点としてアジア市場を認識するより，1つの販売市場として認知していることが確認できた。したがって，本調査において韓国企業が重要な市場として取り上げた中国，日本，ベトナム，インドそして台湾などの市場は，おそらく将来性においても販売市場としても非常に重要であり，今後の進出先市場としていっそう関心が高まると考えられる。

第2に，国際化プロセスにおいては，進出当初と現在の進出形態に注目し，その変化を分析した。結果をみると，進出当初と現在の進出形態が同一な企業は50社を超えていた。この結果からは，進出形態を変えることが決して簡単なことではないことが確認できる。これは最初の進出形態が企業にとって非常に

重要であることを裏付ける部分でもある。また，進出当時と現在の進出形態が異なる企業は約10社であったが，それらの変化をみると，必ずしもその進出形態が従来の国際化プロセスを踏襲していないことが確認された。つまり，完全所有子会社からジョイントベンチャーへ変化した企業と直接輸出から間接輸出へ変化した企業が発見された。これは，進出形態は，国際化プロセスに沿って変化する場合とそうでない場合もあり，既存の理論ではこのような現象を十分に説明することができないことを意味する。

次に，本章では進出形態と標準化・適応化戦略との関係について詳細に分析した。その方法論としては，まずマーケティング戦略を 4P とプロセスに大別し，さらに進出形態も4つに分類して分散分析を行った。その結果，製品の標準化（一部），プロモーションの標準化，流通の標準化（一部），そしてプロセスの標準化（一部）と進出形態との関係において有意差が認められた。

具体的にみると，まず，製品戦略においては「製品特徴」と「ブランドネーム」から有意差が認められた。この結果は Rau and Preble（1987）の仮説と類似していることがわかる。つまり，これはコントロール程度が高い完全所有子会社の形で進出している企業群がジョイントベンチャーで進出している企業群よりブランドネームの標準化程度が高いという概念的マトリックスと一致する。また，プロモーションにおいては「広告テーマ」「コピー」「表現」「メディア」の項目から有意差が確認できた。完全子会社の場合，全体的に高い標準化が確認されたが，ジョイントベンチャーにおいては適応化傾向がみられた。ジョイントベンチャーの場合，進出先市場の消費者嗜好や経済的水準などの相違により，提携先企業がプロモーション戦略の修正を要求することが予想される。さらに，流通においては「販売経路」と「中間商の役割」から有意差が認められた。ここでの特徴としては，完全子会社の場合は高い標準化が，ジョイントベンチャーは適応化が確認されたことである。この事実は製品，プロモーションの結果とも類似している。なぜ，ジョイントベンチャーを展開する企業からは適応化傾向がみられ，完全所有子会社で進出している企業からは標準化がみられたのか。子会社に対するコントロール程度が高い多国籍企業はグローバルなイメージを維持するため，進出国において標準化戦略を展開しようとするかもしれない。これに対し，ジョイントベンチャーでは提携先企業との関係もあり，

進出先市場の状況に合わせた適応化戦略の展開が余儀なくされると予想できる。最後に，プロセスにおいては「予算編成」のみで有意差が確認されたが，ここでも完全子会社は標準化戦略を，そしてジョイントベンチャーはやや高い適応化を展開するという結果がみられる。

一方，価格戦略においては有意差が認められなかった。その理由は，価格は進出先市場の経済発展段階，消費者の水準，競争環境のような外部環境的要因に影響されやすい要素であることが考えられる。

近年，企業の海外進出は増加し，またその進出形態も多様化していることは事実である。本章では進出戦略に対してその全体像を概観し，その中から進出動機と国際化プロセスに焦点を絞り，それらの理論と実態について検討した。また，従来の標準化・適応化戦略研究において，1つの影響要因としてしか認識してこなかった進出形態を独自の視点から統計的分析を行った。これにより，マーケティングの標準化程度は進出形態によって異なることが判明した。つまり，進出形態はマーケティング標準化に重要な影響を与えることが確認できた。進出戦略と標準化戦略に対するこうした試みは，この研究領域において1つの新たな視点を提示できたといえよう。

しかし，本章の限界を指摘しておかなければならない。まず進出形態別サンプル数をみると，ほとんどが輸出に偏っていることである。また，ジョイントベンチャーと完全所有子会社のサンプルが少ないことも限界である。これを解決する方法として，ジョイントベンチャーと完全子会社の形態で進出している企業に限定して両戦略の関係を分析することを考えている。

第7章
国際市場細分化戦略と標準化・適応化戦略

1 国際市場細分化戦略とマーケティング

　国際市場を細分化する際には多様な変数が用いられる。例えば，人口，経済の発展段階，海外旅行者数など，その変数は数え切れないほどである。しかしその中で，地理的変数の1つである「地域」はそれほど重視されていない（Warren, 2002: 193）。もちろん，当該企業の製品類型（産業）によって多少差はあると思われるが，「地域」という変数で国際市場を細分化した場合，比較的に距離が近いため物流コストの節約など多くのメリットが享受できる。そのため，地理的変数の重要性に対する再検討が必要であると考えられる。

　また，これまでの国際市場細分化戦略に関する研究は，海外市場進出後の細分化には焦点が当てられておらず，進出前の考慮すべき変数に注目してきた。世界の主要市場にすでに進出を終えている多くの多国籍企業にとっては，現在の進出している市場をいかに細分化し，その市場間で効果的にマーケティング戦略を展開するかが重要なテーマになると予測できる。したがって，進出後の市場細分化に対応できる新たな市場細分化の基準が必要であるといえる。

　さらに，従来の国際市場細分化戦略は，Zandpour & Harich（1996）による広告戦略と国際市場細分化戦略に関する研究を除けば，マーケティング要素（4P）を個別に分析した研究はほとんど見当たらない。マーケティング活動をグローバル市場に展開する場合，各市場の異質性など様々な要因の影響でマーケティング戦略の各要素別細分化が推進されることも考えられる。したがって，国際市場細分化戦略を考慮する際には，マーケティングの各要素を独立した活動として認識しながら国際市場を細分化することが有効であると思われる。

　最後に，既存研究には，Takeuchi & Porter（1989）による製品の標準化戦

略と国際市場細分化に関する研究を除けば，市場細分化戦略と他の国際マーケティング戦略との関係を分析した研究はほとんど見当たらない。彼らは，標準化展開を可能にするための国際市場細分化のパターンを提示している。ただし，その分析対象は製品戦略に限定されている。したがって，標準化・適応化戦略と細分化戦略との関係に関しては追加的研究が必要であると言わざるを得ない。

市場細分化戦略は，一般的にマーケティング4P戦略を実行する前の段階として認識されることが多い。この考え方は，国際マーケティングにおいても当然，国際市場細分化戦略がマーケティングの標準化・適応化戦略より前の段階にあることを意味する。しかし，このような考え方が今日のように変化の激しい市場環境に十分対応できるとは限らない。そこで本章は，企業の現行のマーケティング標準化程度に注目し，標準化・適応化戦略と市場細分化戦略の関係に対する新たな視点を提示することを目的とする。

本章の構成は次のとおりである。第2節では，まず，市場細分化の概念について簡単に触れ，その後，国際市場細分化戦略に関する先行研究をレビューする。第3節では，国際市場細分化の変数として「地域」に焦点を当て，その重要性を述べると同時にアジア市場の概況を述べていく。第4節では，国際市場細分化と標準化・適応化戦略に関する先行研究を検討した上で，実証分析の結果をふまえながら，新たな視点の提示を試みる。第5節では，結果をまとめながら限界および課題を示す。

2　国際市場細分化戦略の全体像

(1) 市場細分化戦略の概念および特徴

市場細分化は，「市場の需要側の発展に基づくものであり，それは消費者やユーザーの必要条件に，製品およびマーケティング努力を合理的により正確に調整することである」と提言したSmith (1956) によって広く普及された。[1]

まず，市場細分化の定義としてはKotler (1976＝1979: 226, 230) が提示した概念が広く受け入れられている。彼によると，市場細分化とは「購買欲求，あるいは必要条件が異なる購買者グループを識別する過程」である。また，「1

---
[1] 諸上 (1992: 78)。また，Smithに関する論文は，Smith (1956: 3-8) を参照。

つの市場を複数の顧客の部分集合に細分化することであり，そこではどの部分集合も個別のマーケティング・ミックスを駆使し到達すべき標的市場として選択される」としている。

また市場細分化戦略の概念を考えた場合には，Aaker（1984＝1986: 74）がいうように，識別された市場セグメントと，これらの市場セグメントに競争戦略を提供するプログラムを組み合わせることとして認識することができる。

このように，市場細分化は，顧客の欲求や選好などの差異に着目した市場志向的な概念であることが理解できる。

続いて，市場細分化戦略における細分化の基準変数をみると，以下のような項目が提示される。Kotler（1980＝1983: 119）は，市場細分化の変数として地理的変数（地域，都市規模，人口密度，気候など），人口統計的変数（年齢，性別，家族数，所得，職業，教育，宗教，人種，国籍，社会階層など），心理的変数（ライフスタイル，性格，価値観など），行動的変数（追求便益，使用頻度，ロイヤルティなど）があり，それらの組み合わせが用いられることもあるとしている。

他方，Frank et al.（1972: 27）は，市場細分化変数を一般的変数と状況的変数，客観的変数と推定的変数とに区分し，それらの組み合わせで細分化変数の分類マトリックスを提示した。ここでいう一般的変数による細分化とは，性別，年齢，ライフサイクル・ステージ，パーソナリティ，価値観などの社会経済的，人口統計学的，その他一般的諸特徴による顧客の分類である。これらの諸変数に共通しているのは，それらが他のいかなる製品やサービスからも独立しており，また，顧客が購買ないし消費の意思決定をする際に直面する状況とも独立していることである。次に，状況的変数に基づく細分化とは，特定の製品の購買者ないしユーザーの特徴，例えば，「ヘビーユーザー」対「ライトユーザー」，「ブランドに対する忠誠心が高いユーザー」対「低いユーザー」，特定ブランドに対する態度などに代表される状況特定的（situation-specific）な事項による細分化である。また，細分化変数は，それらが年齢や性別，使用率のように客観的推定できるものであるか，それとも，パーソナリティや態度のように推定されなければならないものかによっても区分される。

以上のような諸変数の中で，どの変数を用い，またどのような異質的市場に細分化していくかは，当該市場についての企業の認識ないし見方に依存すると

第Ⅱ部　実証研究

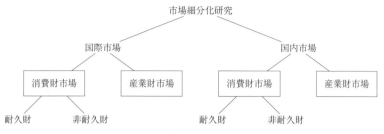

図7-1　市場細分化研究の範囲
出所：Frank et al.（1972: 29）を修正引用。

考えられる。

　こうした市場細分化戦略に対する研究は，主に国内市場をその対象として検討されていたが，Frank et al.（1972: 28-29）によって国際市場をも考慮した研究が登場することとなる。彼は図7-1のように，市場細分化研究の対象範囲を4つの市場タイプに分けて提示している。すなわち，国内における消費財市場と産業財市場，また国際的な消費財市場と産業財市場に分類される。

　このような市場細分化は，次のようなメリットとデメリットを有する[2]。市場細分化のメリットは，まず，市場細分化を行うことで，マーケティングの手法や活動の効果と効率を高めることができる。その理由は，市場細分化によって消費者の多様な必要や欲求，知覚と評価の方法，あるいは生活行動などに対して的確な対応ができるようになるからである。また，市場細分化マーケティングを進めることで市場全体の規模が拡大することがある。なぜなら，標準的な製品・サービスでは充分に満たすことのできなかった必要や欲求に対応した製品・サービスが供給されるようになるからである。

　一方で，市場細分化のデメリットは企業のコスト負担を増加させることにある。市場細分化によって製品・サービスの種類が増えるため，生産工程や在庫の管理が複雑化する。また，必要となるプロモーションの数が増え，表現戦略や媒体管理のコストが増す。さらには，市場調査などの数も増加する。こうした負担の増大は，特にフルカバレッジを目指す場合に深刻な問題となることがある。

---

[2]　石井・栗木・嶋口・余田（2004: 226）を要約・加筆したものである。

以上,市場細分化の基本的概念について簡略に検討してみたが,以下においては,国際市場における細分化戦略に焦点を当てて論を展開する。

(2) 国際市場細分化戦略の概念および特徴
①国際市場細分化の概念

　国際マーケティング分野において市場細分化戦略が注目されはじめたのは,比較的最近のことである。とりわけ,1980年代に入り国際市場競争の激化に伴って企業間のコスト競争が熾烈になったこと,さらには各国の消費者や顧客の多様化したニーズとウォンツに対し,製品のみならず,サービス,デリバリーなどすべての面でよりきめ細かな対応がその競争を制す決め手となったことが背景としてあげられる(諸上,1997: 43)。国際マーケティングは,文化・社会・経済的に異なるさまざまな国や地域を対象にマーケティングを展開する。その際,企業はまず,どの国や地域を対象にマーケティングを展開するかについて考えるようになる。

　企業が国際市場を細分化し,対象となる市場を選定する際には,多様な要因を考慮しなければならない。具体的には地理的,文化的,政治・経済的要因のような一般的環境と,各業界の競争環境や国際化度,そして個別企業の経営資源・経営戦略・組織特性などの内部的要因と密接に関連している(諸上,1997: 44)。

　製品をあらゆる国の人々のニーズに合う形で提供できる企業は非常に少ない。多くの企業は全面的競争をする代わりに,製品を効果的に提供できる最も適切な市場セグメントを識別し,それを標的とすることが多い。

　国際マーケティングにおいて,海外市場の消費者ニーズやウォンツに大きな相違が生じている可能性があるため,市場細分化が非常に重要な戦略となる(Kotabe & Helsen, 2001＝2001: 79)。

　一般的に,国際市場細分化戦略は国ごとに,あるいは消費者のグループごとに似通った属性と購買行動を示す潜在的な顧客を把握するプロセスである[3](Keegan, 2002: 192)。こうした国際市場細分化を実行する理由として,Kotabe

---

[3] 彼はテキストの中で「国際」の代わりに「グローバル」という用語を使っているが,その意味は本章の「国際」と類似しているため,「国際」という単語を用いることにする。

& Helsen (2001) は以下のような5つの理由を取り上げている[4]。

第1は国単位の選別である。第2はグローバル・マーケティング・リサーチである。第3は，進出決定時における国際市場細分化の重要性である。第4はポジショニング戦略である。第5はマーケティング・ミックス政策である。

特に，ここで注目したいのは，彼らが市場セグメントとマーケティング4Pすべての関係化が非常に困難であると述べている点である。例えば，携帯電話の技術にとって最適な市場候補があった場合でも，それらの国々における価格反応が大きく異なる可能性も考えられる。つまり，1つのグループの候補としていた国々を価格戦略において同一グループとして扱うことに無理が生じるかもしれない。このように，国際市場細分化戦略を考える際，マーケティングの各要素（4P）を個別に考慮することも必要であると考えられる。

次に，国際市場は国内市場と同様，さまざまな基準によって細分化される。Keegan（2002: 192-199）は多国籍企業が世界市場を細分化する際に用いる主たる方法を以下のように要約している。

第1に，地理的細分化は，世界地図の中で同じ地域に属する国同士を1つのグループとしてとらえる方法である。例えば，ヨーロッパを1つのセグメントとしてとらえ，マーケティング活動を行う場合である。第2に，デモグラフィック細分化は，年齢，性別，収入，教育水準，職業などで顧客を分類する方法である。第3に，サイコグラフィック細分化は，消費者の態度（attitudes），価値観，ライフスタイルによって細分化する方法である。第4に，行動的細分化は，消費者が商品を購買または使用する頻度，そしてその量に焦点を当てる[5]。第5に，ベネフィット細分化は，顧客を彼らが求めている便益によってグループ分けするセグメンテーションである。ただし彼の研究は，多様な側面から国際市場細分化の変数を提示していることは評価できるが，動態的視点が欠如していることがわかる。

---

(4) ここは，Kotabe & Helsen（2001＝2001: 81-85）の要約である。
(5) 例えば，使用頻度からは消費者をヘビー，メディアム，ライト，そしてノンユーザーに分類できる。また，使用状態によって，潜在ユーザー，ノンユーザー，元ユーザー，レギュラーユーザー，ビギナー，そして競合社製品のユーザーに分類できる。

②国際市場細分化の変数

 ここでは，国際市場細分化における諸変数に焦点を当てながら詳細な検討を行う。

 一般的に最初の段階では，国際市場細分化を行うための基準を決定することになる。国内マーケティングの場合と同様に，マーケターは有り余るほどのデータに直面する。細分化が効果を発揮するためには，市場セグメントと企業が関心を持つ反応変数の間に何らかの関連を見つけなければならない。どの変数が細分化に有効かを熟考する必要がある。細分化の基準となる情報は，場合によっては存在しないこともあり，不正確なものであったり，あるいは時勢にそぐわないこともある（Kotabe & Helsen, 2001＝2001: 90）。

 まず，Helsen. et al.（1993: 60-71）は，表 7 - 1 のようにグローバルな市場を細分化する際に必要な変数を大きく 5 つの項目に集約して提示している。5 つの項目は，総生産と輸送関連，健康関連，貿易関連，ライフスタイル関連，コスモポリタニズム関連の要素に分類される。

 また，Lau & Lam（2002: 664-667）は，国際市場を細分化する変数として経済自由度指数を用いている。その指数は以下の10項目である。①貿易政策，②政府財政負担，③経済への政府介入，④金融政策，⑤資本流通と外国投資，⑥金融制度，⑦賃金と物価，⑧財産所有権，⑨規制，⑩不正取引である。彼らは，これらの項目を各分野ごとに点数化し，1（最上位）～5（最下位）点を付した上でランク付けを行っている。

 さらに，Zandpour & Harich（1996: 325）は，国際広告戦略を展開する上で国単位の細分化がどのように採用されるかを示している。彼らは文化的特徴と広告産業環境（例えば，政府の規制レベル，1人当たりの広告費，メディアの性格）の特徴を基に，特定の国が合理的思考（think）を選好するか，情緒的訴求（feel）を選好するかを予測したマトリックスを提示している。「思考」戦略は，標的市場に働きかける際，論理的なアプローチを行う。「情緒的訴求」は，心理的かつ感情的表現を使う。このように，彼らの研究は，産業的要因と文化的特徴に注目しながら，マーケティング要素の中でも広告戦略に焦点を当て，国際市場細分化戦略との関係を議論しているのが特徴である。

 一方，国際市場細分化と類似した概念として，国別ポートフォリオ分析とい

表7-1 マクロ・レベルの国の特性

1. 総生産と輸送（移動性）	航空機旅行者（人数／キロメートル） 空輸貨物（トン／キロメートル） 新聞の発行部数 人口 1人当たりの自動車台数 1人当たりの自動車ガソリン消費量 電力生産量
2. 健　　康	平均寿命 1人当たり医師の数 政治の安定性
3. 貿　　易	輸入額／GNP 輸出額／GNP
4. ライフスタイル	1人当たりGDP 電話普及率 1人当たり電気消費量
5. コスモポリタニズム	1人当たり海外渡航者 1人当たり旅行者の支出額 1人当たり観光収入
6. その他	消費者物価指数 病院のベッド数 教育支出／国家予算 人口1人当たりの大学院学生数

出所：Helsen et al. (1993: 64) を修正引用。

う概念が存在する。例えば，Harrell & Kiefer（1993）は国の魅力度と競争力に基づいた国別ポートフォリオを提示している。具体的にみると，国の魅力度としては市場規模，市場成長率，価格規制，ローカル・コンテンツ，インフレ率，貿易収支，政治的安定性が，また競争力としては市場地位，絶対的市場シェア，製品が市場ニーズを満足させている割合，1単位当たり利益などが含まれている。

この国別ポートフォリオ分析の特徴は，進出国の選定を単に対象国の外部環境分析によるものではなく，それら対象国の状況と進出する企業側の競争力との間の適合（fit）の問題として捉えている点である（三浦，2000: 325）。

また，Ghemawat（2001＝2002: 143-154）も海外市場のポートフォリオ分析について検討している。彼は，従来の国民所得と製品のパフォーマンス（普及率

や浸透率）で推定された海外市場のポートフォリオ分析を批判しながら，地理的な距離，文化的な距離，政治的な距離，経済的な距離の4つの次元を基準に海外市場を分類することの重要性を強調している。

国際市場細分化に関する研究の大半は，経済，文化，地理，技術といったマクロ的要因に焦点が当てられていた。しかし，今日においては，こうした消費者の反応が考慮されていない細分化は不十分であるという認識が一般化されつつあり（Hassan et al., 2003: 452），海外市場の消費者までを視野に入れて細分化することが注目されている。以下においては顧客も含んだミクロ的変数を取り入れた市場細分化について検討する。

まず，Kotabe & Helsen（2001）は，国際市場細分化に当たり，次のような変数を提示している。[6]①人口統計的変数（人口規模，都市化比率，民族構成，出生／死亡率など），②社会経済的変数（経済発展段階，購買力），③行動基準の細分化（ブランド忠誠心，1人当たりの消費量，製品浸透率），④ライフスタイル[7]（態度，意見，価値観）などである。

また，Hassan et al.（2003）は，マクロレベルとミクロレベルを調整するハイブリッドアプローチを提案している。このアプローチは，グローバル市場をより現実的に細分化するために顧客反応ベースと国ベースの両方を考慮したものである。マクロレベルとしては，経済，技術，人口統計などが，ミクロレベルとしては，ライフスタイル，嗜好などの項目が含まれている。

彼らのマクロおよびミクロレベルの細分化は，段階的細分化と類似している。例えば，Frank, et al.,（1972: 102-110）は，第1段階で国のマクロ・セグメントを識別し，第2段階で，各マクロ・セグメント内での消費者のミクロ・セグ

---

(6) また，このような変数に基づいて諸国を細分化する際には，クラスター分析と回帰分析を用いることが多い。その詳細は，Kotabe & Helsen（2001＝2001: 110-112）を参照。

(7) ライフスタイルの使用に対しては問題点も指摘されている。例えば，Sampson（1992）は，このような問題を4つにまとめて提示している。第1に，価値は，あまりにも漠然としているために，特定製品の消費パターンやブランドの選択行動に関連付けることができない。第2に，価値に基づいた細分化の方法は，その類型に多くの異なったタイプがあるため，「実用可能」とは限らない。第3に，価値セグメントは，価値が時間と共に変化するので，安定していない。第4に，ライフスタイルは同地域の中でさえ，しばしば国によって違うので価値セグメントの国際的な適用可能性はかなり限定されている。詳細は，Sampson（1992: 236-244）。

第Ⅱ部　実証研究

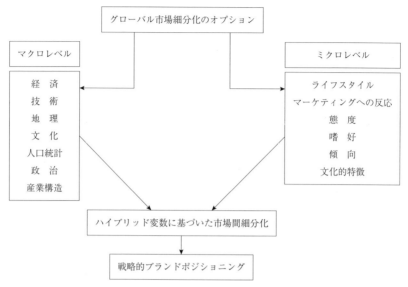

図7-2　グローバル細分化の理解のためのフレームワーク
出所：Hassan et al.（2003: 452）より筆者作成。

メントを抽出するという国際市場細分化の2段階（two-step process）モデルを提示している。具体的にみると，第1段階で特定の国家的特徴を基準に国家のグループ化が行われる。この段階での識別基準としては，各国の消費パターンと関連する国家の一般的な特徴と状況特定的な特徴があげられている[8]。第2段階では顧客の特徴を基準としてさらにセグメント化が進むが，その基準としては国内の細分化基準と基本的には類似したものと認識される[9]。今日では，このような国際市場細分化の2段階モデル（マクロとミクロレベル）が一般的である

---

[8] 国家の特徴としては，地理的ロケーション，デモグラフィックス，社会経済的な発展水準，文化的パターン，政治的諸要因が含まれており，状況特定的な特徴としては，経済的，法的制約，市場条件，特定製品に関連する文化，ライフスタイルの特徴などがあげられている。
[9] こうした2段階モデルに対し，三浦（2000: 324）は，国の選定の基礎としての「国の細分化」は当該企業の本社がリードすべきであり，「消費者の細分化」は各国現地法人がリードすべきである。また，各国で行われる市場細分化戦略の調整は，当該企業本社でなされるものであると指摘している。彼の研究は，国際市場細分化戦略研究が国や消費者の選定にのみ注目していることに対し，それを行う主体，つまり組織的問題までを喚起させたことで，この領域において一歩踏み込んだ考察をしているといえる。

第7章　国際市場細分化戦略と標準化・適応化戦略

といえる。
　しかし，こうした様々な変数による国際市場細分化は採用に当たってはいくつかの条件が必要とされる。市場細分化が効果的であるためには6つの条件が満たされていなければならない（Kotabe & Helsen, 2001）。具体的にみると，第1は測定可能性である。第2は十分な規模である。第3は接近可能性である。第4は実行可能性である。第5は競争密度である。第6は成長可能性をもっているかどうかである（Kotabe & Helsen, 2001 = 2001: 80-81）。
　こうした諸条件を十分に充たし，自社にとって満足できる市場機会を提供可能な市場セグメントであることを確認した上で，当該市場セグメントを自社の標的市場として選定することが必要とされる。

③動態的国際市場細分化戦略
　市場細分化戦略は当該企業のもつ経営資源，競争環境などによって動態的に変化すべきものである。したがって，国際マーケティング戦略および環境の変化に対応した市場細分化戦略の動態的モデルが必要であるといえる。
　諸上（1992）は，国際マーケティングの発展段階モデルとの関連で，市場細分化戦略の動態的モデルを提示している。具体的にみると，第1は，ドメスティック段階の市場細分化戦略である。この段階における細分化の基準としては，経済の発展段階，人口統計的要因，地理的要因が採用されることが多い。第2は，シンプル・グローバル戦略と市場細分化戦略である。この段階における細分化戦略は，標準化された同一製品ないし類似製品を世界の諸市場に販売することを主たる目的とする。第3は，マルチ・ドメスティック戦略と市場細分化戦略である。この段階では，地理的変数，人口統計学的変数のみならず，サイコグラフィック変数なども援用される。第4は，統合グローバル戦略と市場細分化戦略である。統合グローバル戦略は，標準化重視型と現地適応化重視型に二分できる。
　彼は，国際マーケティングの発展段階モデルをベースに，それぞれの段階に対応した市場細分化戦略の対象や方法を検討した。こうした動態的視点の市場細分化研究への適用は，Frank et al.（1972）の段階的モデルの重要性をより強く認識させた点と，各段階における注目すべき細分化変数を提示した点で示

第Ⅱ部　実証研究

唆に富んでいる。しかし，各段階における市場細分化は，従来の変数をそのまま用いており，新たな変数の導入や方法論の提示は行っていない。

以上，国際市場を細分化する際に用いられる多様な変数を検討すると共に，動態的視点が導入された国際市場細分化戦略についても検討した。次節においては，地域という地理的変数に注目しながら，地域市場の重要性について検討する。

3　国際市場細分化変数としての地域市場

（1）地域市場の重要性

まずRugman（2000）は，国際貿易機関，NGO，そして多国籍企業のそれぞれの役割について分析を行い，ビジネスのグローバル化は実際には根拠のない話であり，同質な世界規模のマーケットはフィクションの世界にしかないと主張した。[10]彼によると，国際的な経済活動は，北米，欧州，それにアジアの3大地域で事業を展開する多国籍企業わずか500社によって行われているにすぎない。しかも，これらの企業には世界的な共通性も政治力もなく，共通してみられるのは，競争のきわめて厳しい地域市場で製品を生産・販売している姿であるとしている。

また彼は，国際的企業を4つのタイプに分類している。第1に，ホーム・リージョン型：ホーム地域での販売が50％以上の企業，第2に，バイ・リージョン型：3大地域の中で2大地域の販売がいずれも20％以上の企業，第3に，ホスト・リージョン型：地元地域を除く2大地域での販売が50％以上の企業，第4に，グローバル型：3大地域それぞれにおける販売が20〜50％以内の企業である。さらに，彼は多国籍企業上位365社をこの4つのタイプに分類したが，その結果，グローバル型はわずか9社にすぎなかった。またホスト・リージョン型が11社，バイ・リージョン型が25社で，最後のホーム・リージョン型の企業が320社であることを明らかにした。

このように，ほとんどの多国籍企業は本国をベースとした地域市場の中で活

---

[10]　この内容は，洞口（2007: 74-75）を参考にしたものである。

第7章　国際市場細分化戦略と標準化・適応化戦略

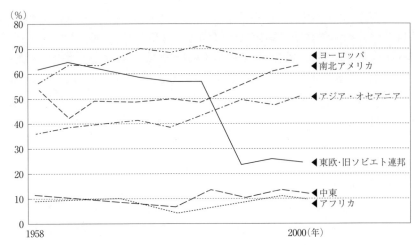

図7-3　貿易：地域か，グローバルか（貿易総額に占める地域内貿易の割合）
出所：国際連合『世界貿易統計年鑑』1958～2000年。（Ghemawat（2005: 101）を再引用。）

発に事業を展開しており，その地域市場が当該企業の国際ビジネスにおいて非常に重要である。

次に，Ghemawat（2005）も地域市場の拡大及び地域内での取引の増加に注目し，地域が地理的単位として重要である理由を3つ取り上げている。[11]

第1に，図7-3が示すように，20世紀後半にみられる貿易の拡大は，地域間の経済活動よりも，地域内の経済活動によって促されてきた。第2に，地域内の貿易が地域間のそれよりも低い水準にある地域，すなわちアフリカ，中東，および東欧諸国などにおける経済活動は，世界的に低水準にある。第3に，海外直接投資（FDI）も地域内で活発化している。このような現象は自由貿易協定，地域の貿易特恵，租税条約などによってますます強化されており，NAFTA（北米自由貿易協定）やEU（ヨーロッパ連合）がその好例といえる。特に彼は，貿易活動がますます地域化し，この傾向が継続すると予想されるのは，単に地理的に移動が容易になっているからではなく，文化的，政治的，経済的

---

[11] Ghemawat（2005: 101）は，地域内の貿易活動の推移を分析した結果，例えば，アジア・オセアニア圏の場合，1958年には貿易の35％が地域内も貿易だったことが，2000年には50％以上を占めていると指摘している。

においても距離の短縮が起こっているからであると指摘している。最後に，Ghemawat (2005) は地域市場に向けた5つの戦略タイプを提示している。すなわち，ホーム・ベース戦略，ポートフォリオ戦略，ハブ戦略，プラットフォーム戦略，マンデート戦略がそれである。ここでのホーム・ベース戦略は自国を拠点とする地域戦略であり，Rugman (2000) のホーム・リージョン型と類似した概念である。特にこの戦略は，海外進出の橋頭堡として重要な概念である。

地理的な距離は，輸送費と通信費に影響する。とりわけ，高重量商品やかさばる商品を扱う企業，あるいは従業員が広域に散在し，その活動を頻繁に調整しなくてはならない企業にとっては，地理的距離がことのほか重要になってくる（Ghemawat, 2001＝2002: 146）。具体的に，地理的な距離に影響される産業や商品としては，第1に，重量あるいは容積当たりの価値が低い商品（例えば，セメントなど），第2に，壊れやすい，あるいは腐敗する商品（例えば，ガラス，果物），第3に，コミュニケーションと通信手段が重要な産業（例えば，金融サービスなど），第4に，地元の規制・運営の基準が高い分野（例えば，多くのサービス）である。

このように，地域は重要な地理的変数の1つである。このことを市場細分化戦略の Frank et al. (1972) の段階的モデルと照らし合わせて考えた場合，1

---

(12) また彼は，地理的な距離だけでなく文化的，政治的，経済的にも距離が近い国を1つのクラスターされた地域として考えることも可能であるとしている。詳細は，Ghemawat (2001＝2002: 143-154)。

(13) 第1に，ホームベース戦略は自国を拠点とした戦略であり，集中の経済が分散の経済を上回る場合に効果的な戦略である。この戦略は海外進出の橋頭堡としてまた長期戦略としても選択されている。第2に，ポートフォリオ戦略は，本社の管轄の下，自国を中心とした経済圏以外で操業する，あるいは現地企業を買収する戦略である。第3に，ハブ戦略は，様々な資源やサービスを集中させた事業インフラ，すなわちハブを構築し，各国のローカル事業に提供するというものである。進出した地域で付加価値を創造したいと考える企業は，この戦略を採用することが多い。ハブ戦略の一環として典型的なのが，海外事業を独立事業部門へと変更するケースである。第4に，プラットフォーム戦略は，地域内で固定費を分散できるハブ戦略をさらに一歩進めて，固定費を地域間で分散させる戦略である。これによって後方支援事業において規模の経済と範囲の経済を実現できる。第5に，マンデート戦略は，プラットフォーム戦略と同じような戦略だが，規模の経済と同時に特化の経済に着目する。この戦略では，全社に向けて何らかの製品を提供したり，何らかの役割を果たしたりする広範なマンデート（使命）を特定地域に課す。

第7章　国際市場細分化戦略と標準化・適応化戦略

段階の国の選定に当たって，まず地域市場を1つの細分化市場の対象として認識することが可能となる。

近年，地域市場はその重要性を増しており，本国を含む地域市場を国際市場細分化戦略における重要な対象とすることは有効であると思われる。

(2) アジア地域市場の概況
①アジア市場の特徴

近年，EUの拡大（28ヶ国加盟）とNAFTAの動きなど，地域を中心とする経済の流れはASEANやNIEs，中国，日本などが属しているアジア地域においても見逃すことのできない現状である。アジア市場は世界経済を支える大きな柱に成長している。実際に，世界各地域の10年ごとの平均実質GDP成長率を比較してみると，70年代以降のいずれの10年間においても7％の成長を遂げるなど，世界でも際立った高成長を記録しており，今後も拡大が期待されている。[14]

先述したように，多くの多国籍企業は自国が属する地域市場の中で売上の大半を得ている（Ghemawat, 2005：100）。また，自国を含んだ地域市場を重視するホームベース戦略を考える際，アジア市場は韓国や日本にとって非常に重要な市場である。

アジア市場についてより詳細に検討すると，まずASEANは，インドネシア，マレーシア，フィリピン，シンガポール，タイの5カ国の参加を得て，1967年にタイのバンコクで発足した。当時，これらの原加盟国では共産主義の勢力拡大が懸念されており，反乱行為をコントロールし，平和と安定を促すための連帯組織として結成された。その後，1984年にブルネイ，1995年にベトナム，1997年ラオスとミャンマー，そして1999年にはカンボジアが，それぞれ新規加盟を果たしている。これらの加盟国により2006年には年次経済閣僚会議が開催され，2015年までに単一市場を形成することが大筋で合意された（Kotler

---

[14] 経済産業省『2001年度通商白書』の記録を見ると，70年代は7.77％，80年代は7.53％，90年代は6.91％ずつ成長していることがわかる。経済産業省「日本の選択」（2002年5月）では2000～10年まで6.8％成長を予測している。ここでアジア市場に含まれる国は，中国，香港，台湾，韓国，シンガポール，タイ，フィリピン，インドネシア，マレーシア，ベトナムの10ヶ国となっている。

et al., 2007＝2007: 88-89)。

　もともとASEAN各国は，ASEAN自由貿易地域（AFTA）の戦略構想を実現するために，共通有効特恵関税スキームに従って域内関税を順次引き下げてきた。ASEAN自由貿易地域構想は，域内の関税および非関税障壁を取り除いて生産効率と生産性を高め，この地域の一大生産拠点としての競争力を強化することに狙いを置いた戦略である。他方，海外からの直接投資（FDI）は，2003年の170億米ドルから2004年の260億米ドルへと増加した。1997年以降，ASEANが投資環境の改善に努力したことと，アジア経済全体が成長したことによるものである（Kotler et al., 2007＝2007: 95-96)。

　次に，ASEANとその他のアジア諸国との関係をみると，1997年日本，韓国，中国の首脳を加えた「ASEAN＋3」と呼ばれる東アジア首脳会議が開催された。1990年代後半頃から，ASEANは日本，韓国，中国と経済的相互依存関係を深めてきており，最近は，東アジア（ASEAN＋3）の枠組で急速に市場統合に向けた動きを加速化させている。また，FTA（自由貿易協定)，EPA（経済連携協定）を通じて貿易・投資面での連携が図られる一方で，通貨スワップ協定やアジア債券市場育成イニシアティブに代表される通貨・金融面での協力メカニズムが構築され，これらが市場統合への原動力となっている（藤田，2006: 2)。

　こうした日本，韓国，中国，ASEAN，NIEsを含む東アジアでのFTAを構築することで，東アジア全体の高成長を実現することが可能になるという見方も散見する（藤田，2006: 12)。

　実際，ASEAN＋3という東アジア経済圏が誕生すれば，人口おおよそ20億人，GDPではEUやNAFTAに及ばないものの，購買力評価（Purchasing Power Parity＝PPP）によるGNPで比較すれば，東アジア約11兆6000億ドル，NAFTA約1兆9000億ドル，EU約10兆3000億円とほぼ互角であることがわかる。[15]

　このように，アジア地域市場の成長可能性は今後も注目すべきところであるといえる。

---

[15]　数値は世界銀行World Development Report 2004から抜粋。詳細は，森（2005: 40）を参照。一方，アジア市場の域内における経済格差や貧困など克服すべき課題は実に大きい。

②アジア地域内の経済活動

　ここでは，アジア市場における域内貿易活動についてより詳細に検討したい。東アジア，とりわけ NIEs と ASEAN の貿易パターンは，1990年代から輸出入とも東アジア域内に大きくシフトした。東アジアの対域内輸出額は，1990年から2000年に NIEs で3.4倍，ASEAN で3.8倍，中国で2.4倍に増加し，対域内輸入額は NIEs で3.3倍，ASEAN で3.0倍，中国で3.9倍増加した。東アジアの対域内輸出比は1990年の32％から2000年の38％へ，対域内輸入比も同時期に31％から42％へ著しく上昇している。一方，東アジアの対域外輸入比は22％から19％へ低下した（山口，2003: 189-190）。

　2002年上半期の ASEAN 主要国の対中投資（実行額）は，マレーシアで前年同期比74.9％増，フィリピン30.4％増，シンガポール23.9％増，タイ17.3％増など高い伸びを示した。これは，中国市場に積極的に働きかけている ASEAN の企業が増えていることによる。中国と ASEAN は，2002年11月に自由貿易地域を2010年までに創設することに合意するなど，両者の経済は今後ますます緊密化していく見通しである。

　次に，台湾の輸出先にも変化がみられる。そもそも，台湾にとって最大の輸出先はアメリカであった。しかし，2001年末頃から中国向け輸出が米国向け輸出を上回り，今や台湾にとって中国は，最大の輸出先であると同時に最大の貿易黒字相手となっている。一方，中国にとって台湾は，第4位の貿易パートナーとなっている。

　さらに，韓国の対アジアへの輸出額を確認すると，2003年は993億1162万6000ドルで前年度比28.4％の増加，また2004年には30.4％の増加，2005年も13.4％の増加率を記録している。このことから，アジア地域市場に対して活発に輸出活動をしていることがうかがえる。

---

(16) また，企業レベルでは，タイを代表するチャルーン・ポカパン（CP）グループとマレーシアの国民車メーカーのプロトンが積極的に中国市場に参入している。詳細は，若松（2003: 88-89）。

(17) 2002年に台湾の香港への輸出は前年比14.5％増の309億ドル，中国向けは同109.8％増の99億6,000万ドルとなった。その中で香港向け輸出の約8割が中国本土向けであり，中国と香港を早稲他輸出の割合は31.2％である。詳細は，佐藤（2003: 94）。

(18) 韓国貿易協会ホームページ（http://www.kita.net）を参照（2006年5月15日アクセス）。

加えて，日系企業の東アジアでの現地販売額を分析すると，まず，在中国（香港含む）日系製造業の現地販売額は，2002年に前年比10.3％増の1兆2,000億円と2000年以降3年連続で伸びた。2003年第1,2四半期も前年同期比10.9％増，27.9％増と拡大が続いている。また，在ASEAN（タイ，マレーシア，インドネシア，フィリピン）日系製造業の現地販売額も，2002年に2兆5000億円と前年比20.4％増加した（吉田真治，2004: 14）。

日本は，2008年4月14日ASEANと経済連携協定（EPA）を採決した。日本が複数国の地域連合と結ぶのは初めてである。日本側は10年以内に輸入額の約93％，ASEAN側も全体で約91％の関税を無税にする[19]。これにより，ASEAN内での複数国にまたがった流通および生産などが容易になると予想される。

このように，アジア地域市場の諸国は地域内の経済活動に積極的であり，今後も地域内の経済活動はその重要性を増すと思われる。

③消費側面

消費側面からみると，まず，NIEs（韓国，台湾，シンガポール，香港），ASEAN4（タイ，マレーシア，インドネシア，フィリピン），そして中国を含んだ東アジアの民間消費支出額は，2002年に1兆4610億ドルと91年の7040億ドルからほぼ倍増している（大木，2004: 8）。

こうした消費の増加は，今後，特に高所得層で顕著であると思われる。この高所得層を人口で考えると，まず，ASEAN4（タイ，インドネシア，マレーシア，フィリピン）の高所得層は，少なく見積もっても1800万人以上に達している。時期的に比較すると，まず，タイでは全世帯に占める割合で96年の5.4％から2001年に7.7％，マレーシアでは95年の17.5％から99年に24.9％，フィリピンでは94年の1.5％から2000年には6.0％に上昇している[20]。

また，中国の場合，7段階に区分された家計所得統計によれば，90年における上位10％の所得階層は863万世帯で，人口に直すと2,476万人であったが，

---

[19] 2008年4月22日のニュース「ASEANとの経済連携協定，著名が完了」(http://www.nikkei.co.jp) を参照。
[20] 高所得層を分類する判断基準としては，各々の国において自動車を購入できる層の所得水準を目安として推計された。詳細は，大木（2004: 11-12）を参照。

2001年には世帯数にして1,550万世帯，人口では4,090万人で，大きく拡大している（大木，2004: 12）。

このように，アジア市場の諸国は，生活水準の向上に伴い需要の拡大が予想されている。特に，各国における高所得層の増加は，これからもその勢いが増し，消費に対するさらなる拡大が見込まれるといえる。

一方，アジア市場は競争面においても加速化が予想される。例えば，経済産業省の第29回「我が国企業の海外事業活動」によると，アジアの日系企業で近年顕在しつつある問題点として，「販売競争の激化」で，全業種の企業の21.2％（うち製造業20.2％）がトップにあげていた（高野，2003: 11）。その競争相手としては，現地企業，韓国および台湾企業，そして日系企業など多様な国の企業であると予想される。

このように，ASEAN，NIEs，日本，韓国，中国などを中心とするアジア市場は，今後もさらなる経済的発展が予想されると同時に，生産拠点のみならず販売市場としてもその重要性が高まると予想される。このことは，国際市場細分化の変数としての地域市場，とりわけアジア市場に注目する必要があることを意味する。また，アジア市場は，先述のKotabe & Helsen（2001）が提示した項目の中でも，規模および成長可能性など，細分化変数としての条件も充たしている。

4　市場細分化戦略と標準化・適応化戦略の連結への試み

(1) 細分化戦略と標準化・適応化戦略に関する先行研究

国際マーケティング戦略に関する既存研究においては，国際市場細分化戦略と標準化・適応化戦略との関係が十分に議論されていない。以下においては，国際市場細分化と標準化・適応化戦略の関係を分析した研究について検討する。

まず，Majaro（1977: 53-61）は，世界市場に対する国際市場細分化の3つのアプローチを提示している。すなわち，無差別マーケティング，差別化マーケティング，集中マーケティングをあげている。まず，無差別マーケティングは，世界の各市場の異質性を無視し，全世界を対象に1つの標準的マーケティング・ミックスを展開するアプローチである。次に，差別化マーケティングは，

複数の異質なセグメントに対し，製品，販売促進，価格戦略，流通戦略といったマーケティング・ミックスを現地に適応させようとするアプローチである。最後に集中マーケティングは，自社の競争力がすでに認識されている少数の市場に自社の経営資源を集中させ，強い競争ポジションを獲得しようとするアプローチである。

　これをさらに発展させた研究として，Takeuchi & Porter (1986) の研究があげられる。彼らは，製品を標準化することによって得られる競争優位の確保手段として，市場細分化戦略における3つの方式を提示している。すなわち，各国共通セグメント方式，国別多様セグメント方式，類似国セグメント方式である。具体的内容を検討すると (Porter, 1986＝1989: 144-148)，まず各国共通セグメント方式は，それぞれの国に同一のニーズを持つセグメントが存在するという判断から，そのセグメントに対し標準化製品を販売する方式である。このセグメントの場合には，富裕層向けの製品が考えられる。次に，国別多様セグメント方式は，標準化製品を国別に異なる顧客セグメントを標的にして販売する方式である。各々の国で，この製品のターゲット・セグメントはそれぞれ異なっているが，全体としてみれば，企業は標準化された製品を別々の国で販売できるのである。この方式では，標準化された製品を求めるセグメントが国によって異なるため，広告のキャッチフレーズやセールス活動などを国別に適応化することが必要とされる。最後に，類似国グループ方式は，言語，宗教，気候，経済発展の程度などが類似している国々を一つの地域グループとしてまとめる方式である。この方式の場合，マーケティングを同一の地域グループへ移転することにより，計画的にマーケティングを進めることが可能となる。

　Takeuchi & Porter (1986) 研究は，標準化された製品を可能な限り多くの国に展開しようという試みから，国ごとに異なるセグメントを探索するという有効な視点を提示した。彼らの研究は，標準化戦略と細分化戦略の関係が深く検討されていないこの研究領域において非常に有効な視点を示したといえる。しかし，彼らはマーケティング要素の中で主に製品の標準化だけに注目しており，他の4P要素の標準化に関してはそれほど言及していない。

　また，彼らの研究は，動態的な視点から細分化市場を提示するまでには及ば

第 7 章　国際市場細分化戦略と標準化・適応化戦略

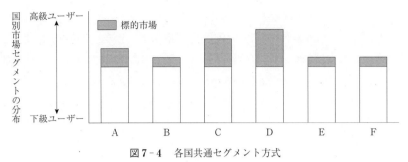

図7-4　各国共通セグメント方式

出所：Porter（1986＝1989: 144-145）を引用。

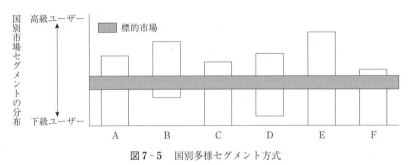

図7-5　国別多様セグメント方式

出所：Porter（1986＝1989: 144-145）を引用。

なかった。主要拠点への進出をすでに終えている多国籍企業にとっては，現在の進出先市場の環境変化に注目し，その諸進出先市場をいかに効率的に細分化しマーケティングを展開するかが重要である。

（2）新たな視点の提示

①クロスマーケット標準化

　Chung（2005）はEU地域市場において，2つ以上の国に進出しているニュージーランド企業を対象にマーケティング戦略を分析した。その中でも，一番重要としている市場と二番目に重要視している市場の間で標準化程度を調査している。彼は，EU地域市場におけるマーケティング環境はまだ完全に類似しているわけではないが，いくつかのクロスマーケット（2つの進出市場間）においては類似したマーケティング戦略が共有できると言及している。その市場としては，イギリスとフランス，イギリスとドイツ，イギリスとアイルランド，

ドイツとフランス,ドイツとイタリア,ドイツとスウェーデンがあげられている。このような組み合わせ市場においては標準化マーケティングを展開することが可能であるとしている。しかしながら,彼のEU市場における標準化可能なクロスマーケットの提示は具体性が足りないと言わざるを得ない。つまり,彼はイギリスとフランス,ドイツとイタリアといったクロスマーケットで標準化が可能であると述べているが,マーケティングのどの要素がどのクロスマーケットで展開できるかに関する提示までは至らなかった。

本章では,こうしたクロスマーケットの細分化市場をより具体的なものにする。すなわち,クロスマーケットにおける標準化程度を製品,価格,流通チャネル,販売促進といったマーケティング要素別に検証する。これによって,マーケティングの要素別細分化市場が提示でき,クロスマーケット標準化がより実践的なものになると思われる。具体的には,マーケティング要素別に標準化程度が高いクロスマーケット(2つの進出市場)を1つの細分化市場として提案することができる。このことは,これまで検討されてこなかったマーケティング要素別細分化市場を新たに提示することを意味する。それと同時に,従来の市場変数中心の細分化とは異なり,海外におけるマーケティング展開後の細分化変数の提示という点で注目に値する。

②調査概要

本章は,国際市場細分化戦略と標準化・適応化戦略との関係を明らかにすることを目的としている。そのため,アジア市場に進出している韓国企業の国際マーケティング戦略に関する実証分析の結果に基づいて展開していく。調査の概要は第3章を参照されたい。本章では,アンケート調査の結果を統計的に検証するのではなく,各クロスマーケットにおける平均値を分析していく。

③分析結果

表7-2はアジア市場において2ヵ国以上の国に進出している韓国企業が一番重要な市場と二番目に重要として回答した市場の組み合わせ(クロスマーケット)の結果である。まず,中国とベトナムクロスマーケットにおいては,製品が2.35で標準化程度が最も高く,価格とプロセスもそれぞれ2.70でやや標準

第7章　国際市場細分化戦略と標準化・適応化戦略

表7-2　回答企業のクロスマーケットの実態

クロスマーケット	企業数
中国―ベトナム	15社
中国―日本	13社
中国―インド	6社
中国―台湾	6社
中国―インドネシア	4社
中国―マレーシア	4社
そ の 他	21社

注：「その他」の企業についてはクロスマーケットのサンプルが少ないため省略した。

化されたマーケティングを展開していることが明らかになった。

　次に，中国と日本のクロスマーケットでは，価格において3.21というやや適応化がみられた。この結果には，やはり中国と日本における物価などの違いがそのまま反映されていることが予想される。しかし，販売促進関連要素においては2.42というやや標準化された数値が出ている。これはおそらく，昔から文化的に影響し合っていることから，広告などにおいても標準化しやすい環境になっていることが推定できる。もちろん，ここでは中国の中でも上海や北京のように消費者間の類似性が比較的高い大都市に進出している企業が対象になっているかもしれない。

　さらに，中国とインドの組み合わせの場合，製品においては2.62というどちらかといえば標準化が展開されていることがみられる。その一方で，価格戦略においては，本研究でもっとも高い4.16という高いレベルで適応化されていることが確認できた。販売促進は3.40，流通チャネルは3.26であり，製品を除いては全体的に適応化程度が高いという結果が出ている。中国とインドは文化的環境や消費環境，そして法的な規制などが異なっており，そのため適応化戦略を展開していることが考えられる。

　加えて，中国と台湾の標準化程度を検討すると，まず，流通チャネル要素において標準化程度がもっとも高く（2.26），販売促進においては3.25でやや適応化傾向があることがみられた。価格とプロセスの要素は，それぞれ2.87と2.50で，販売促進戦略以外の要素からは標準化傾向が確認された。ここで販売

189

促進要素に適応化がみられたことは意外な結果であった。一般的に中国と台湾市場は，他の市場に比べると，文化などの外部環境が少なからず類似していると思われるため，販売促進においても標準化が予測される。しかし，このような結果が出ているのは外部要因のみならず，当該企業の国際経験などの内部要因が影響を与えていることが予想できる。一方，流通チャネル要素においては，両国市場で標準化できる要素が多いことがうかがえる。

続いて，中国とインドネシアの場合は，まず，製品が1.95で本章においてもっとも高い標準化程度を記録した。また，販売促進においても2.33でやや標準化されていることがわかる。しかし，価格と流通チャネルそしてプロセスがそれぞれ3.43，3.25，3.00で全体的に適応化していることが確認された。

最後に，中国とマレーシアのクロスマーケットでは，製品と販売促進要素では標準化傾向がみられたが（2.70，2.75），価格では3.25でやや適応化されていることが明らかになった。

以下においては，クロスマーケットにおける標準化程度の分析結果を要約しながら検討する。上記の6つのクロスマーケットにおける製品戦略の標準化程度をみてみると，6組平均2.50で（全クロスマーケットでは2.80）標準化傾向であることが明らかになった。つまり，製品類型の違いはあるものの，中国とベトナム，中国とインド，中国とインドネシア，中国と台湾，中国とマレーシア，中国と日本の組み合わせで製品の標準化が可能であることを意味する。

次に，価格に関して，適応化の程度が高く，特に中国とインド，中国とインドネシア，中国とマレーシア，中国と日本のクロスマーケットで適応化傾向が確認され，これらの市場間では適応化戦略が望ましいことが予測できる。販売促進は，中国と日本，中国とインドネシアが標準化されていることが明らかになった。製品の類型別に違いはあると思われるが，今後のこのクロスマーケットにおいて販売促進戦略を展開するに当たってこの結果は1つの判断材料になるかもしれない。特に，日本と中国のように経済発展段階が異なるクロスマーケットにおいても標準化がみられたことは意外な結果である。これはおそらく，両国が地理的に近い国で文化的にも影響を与え合っており，近年ITや交通機関などの発達によって製品や広告などに対する嗜好が同質化しつつあることが背景にあると思われる。流通チャネルの場合，中国と台湾においては2.26とい

う標準化傾向がみられ，両国における標準化の可能性を示している。もちろん，中国のような広い国を想定する際は，進出地域（都市）の考慮も必要とされる。最後にプロセスについて確認すると，中国と台湾，中国とベトナムで標準化されていることが明らかになった。

本章では，日本と台湾（2社），中国とタイ（2社），シンガポールとマレーシア（2社），また，その他のクロスマーケットにおいてはサンプルが少ないため分析は省略した。

国際市場細分化を考える際にクロスマーケット標準化は有効な視点を提示できる。例えば，多様な製品を取り扱う多国籍企業が進出している，2つの進出国間（クロスマーケット）に特定の製品が標準化されている場合，次の販売を検討中の新製品もそのクロスマーケットにおいては標準化を展開することが可能となる。要するに，現在展開している製品のみならず，他の製品または新製品の展開を考える際，クロスマーケットを細分化市場として認識できるということである。また，重複されているクロスマーケットを活用し，標準化されたマーケティング要素を他の国に移転することも考えられる。つまり，日本―中国，中国―台湾といったクロスマーケットで標準化がみられた場合，日本から台湾へ標準化されたマーケティングを展開できるということである。

一方，クロスマーケットにおいてマーケティング要素の適応化程度が高かった場合，当該企業はそのクロスマーケットにおいてマーケティング要素の適応化に積極的に取り組む必要があるかもしれない。

5 クロスマーケット標準化の活用の可能性

本章は2つの目的を取りあげた。第1は，地理的変数として地域市場の重要性を示すことであり，第2は，標準化・適応化と細分化戦略の連結を試みながら，マーケティング戦略展開後の細分化変数およびマーケティング要素別細分化における新たな視点を提示することであった。

そのため，まず，第2節では国際市場細分化の特徴と諸変数に対する検討を行った。また，第3節では細分化変数の中で地理的変数として分類される地域市場に焦点を当て，自国が属する地域市場の重要性について考察した。その後，

韓国と日本が属しているアジア市場に注目し，その特徴を簡略に検討した。第4節では，細分化戦略と標準化・適応化戦略の連結を試みながら，クロスマーケット標準化の概念を用いてマーケティング戦略展開後の細分化，およびマーケティング要素別細分化について実証的検討を行った。

具体的には，Chung (2005) のクロスマーケット標準化の精度を高めるため，マーケティングの各要素別細分化市場の提示を試みた。実証分析の結果をまとめると次のようである。まず，中国とベトナムのクロスマーケット市場では製品の標準化が，また，中国と日本の間では販売促進の標準化，そして中国と台湾市場では流通チャネルの標準化，最後に中国とインドネシアのクロスマーケットでは製品において標準化がみられた。このように組合せ市場においては，上述したマーケティング要素を標準化することができる。

こうした国際市場細分化と標準化・適応化戦略の関係について検証することによって，以下のような視点が新たに提示された。第1に，一般的に市場細分化はマーケティング要素を海外に展開する前の段階として認識されているが，本研究を通して，現在の進出国間におけるマーケティング標準化程度が市場細分化の1つの変数となりうるという視点を提示することができた。

第2に，従来，マーケティング4P全体を対象に提示されてきた国際市場細分化が，本研究の試みによってマーケティング要素（4P）別細分化市場を提示することができた。つまり，クロスマーケットの概念により国際市場における各マーケティング要素の移転先市場を提示することができた。

第3に，マーケティング要素の標準化程度は時間の経過と共に変化するものであり，その変化に応じて細分化市場（クロスマーケット）を変える必要があるという。動態的視点を提示することができた。

近年，標準化・適応化戦略の対象が拡張されており，それらとの関係の重要性は高まっているに違いない。一方，標準化・適応化戦略と他の国際マーケティング戦略（参入戦略，市場細分化）との関係についてはそれほど深く検討されていないのが事実である。こうした観点から本章で試みた市場細分化戦略と標準化程度に対する分析は，この領域において1つの方向性が提示できたといえる。

しかし，本章は解決しなければならない課題が残る。まず，各クロスマーケ

ットのサンプルとなった企業の数が十分ではないため，これを一般化することには限界がある。また，本章は実証分析を通してアジアにおけるクロスマーケット市場を提示してはいるが，細分化されたクロスマーケットに対するマーケティング標準化の事例を取り上げることまでは及ばなかった。本章で提示された組み合せ市場（クロスマーケット）において，企業が実際にどのようなマーケティング戦略を展開しているかに関する事例研究を行うことは今後の課題にしておきたい。

第8章
国際マーケティング戦略の成功要因

1 成功要因検討の必要性

　近年,アジア市場の重要性は拡大しており,その成長の成り行きは他の市場を上回っている。そのような状況の中,アジア市場で成功する企業の戦略を分析し,その成功要因を探ることは,国際マーケティング領域に有用な視点を提示できると思われる。

　しかし,既存研究は,成果の指標となる経営成果の測定において,売上高,シェアといった客観的変数のみで分析しており,マネージャーの主観的な側面を考慮していないのが現状である。経営成果は客観的な変数のみで判断すべきものではなく,主観的な側面をも考慮することで,包括的な測定が可能になると考える。したがって,成功しているかどうかを判断する経営成果の測定には客観的および主観的側面から変数を導入することが必要であろう。

　また,既存研究においては,成功要因として企業の内部要因についてはほとんど検証されていない。近年,国際マーケティング関連領域においては,企業の内部特性が実際に経営成果に正の影響を与えるという結果が報告されているいる。したがって,多様な企業の内部要因を取り入れながら成功要因を検討することが必要であると判断される。

　最後に,国際マーケティング領域において成功要因を考える際,海外進出戦略について検討した研究は皆無である。進出戦略は,海外市場に進出する際の進出形態を決定することでその役割が終わるわけではない。進出形態は進出後に変更されることもあり,動態的視点を持って検討する必要がある。このように,進出先市場における進出形態の変更は,企業の成果にも重要な役割を果たすと予想されるため,成功要因の検証にも導入する必要があると考えられる。

すべての企業に求められる成功要因が同一であるとはいえない。しかし，成功している企業が展開している成功要因を学習することは有効であると思われる。すなわち，成功している企業にみられる共通した国際マーケティング戦略を探り，そこから成功要因を析出することで，今後の国際マーケティングのあるべき姿を考える際に有用なヒントが得られるであろう。

そこで本章は，国際マーケティング戦略の中から成功要因を析出することを目的とする。具体的には，アジア市場に進出している韓国企業を成功している企業群と成功していない企業群に分類し，両者の戦略的相違点を比較しながら実証的に成功要因を析出する。

分析方法としては，まず，国際マーケティング領域の中で成功要因を検証した代表的な研究を検討する。次に，それを踏まえ，先行研究の中で経営成果に影響を与える諸要因を，企業の内部要因と戦略的要因に分類して考察する。そして，アジア市場に進出している韓国企業を対象に行ったアンケート調査の結果を用いながら，国際マーケティング戦略の成功要因を探る。

本章の構成は次のとおりである。第2節では，国際マーケティングにおける成功要因を企業内部要因と戦略的要因に分けてレビューする。第3節では，研究課題を提示し，韓国企業を対象に行った調査の概要を述べる。第4節では，成功要因に関する分析の結果を検討する。第5節では，分析結果をまとめながら理論的含意を考察するすると共に，限界と今後の課題を示す。

2 国際マーケティングにおける成功要因に関する先行研究

(1) 先行研究に関する検討

まず諸上（1990: 65-88）は，日本市場において成功する外資系企業の対日マーケティング戦略の識別を試みた。[1] 彼は，市場シェア，売上高，売上高成長率といった成果に基づいて在日外資系企業を高業績群と低業績群に分け，両者の

---

[1] サンプルとなった企業はアメリカ，ドイツ，フランス，イギリス，スウェーデン，オランダ，スイス，カナダ，イタリアの107社である。また，高業績群と低業績群はそれぞれの項目別に該当企業の数が異なるが，大体高業績群の企業は平均32～35社，そして低業績群の企業としては50～55社が対象となっている。

マーケティング戦略を比較した。その結果，マーケティング戦略においては，高業績企業がアフターサービス，販売員活動において現地適応化を図っていることが判明した。また，高業績企業は，低業績企業と比べ，日本市場での製品販売価格を相対的に高く設定していること，広告・販売促進支出がより多いことが明確になった。最後に，日本においてよい販売パートナーを持つことが重要であることを明らかにした。彼の研究は，日本市場に対する外資企業の取り組み方を明確にしたが，経営成果としては客観的な変数のみで測定している。

次に吉原（1994）は[2]，利益率と売上高成長率といった財務的な成果と日本的経営のノウハウの蓄積，日本的生産技術の習得，アジアへの進出拠点の確立，日本に精通した人材の育成といった非財務的な成果で経営成果を測定した。その中で，成功している企業299社の成功要因を分析している。成功している外資系企業の特徴としては，第1に，日本の競争企業を上回る優れた製品やサービス，第2に，日本人による経営，第3に，日本的経営（現地的経営），第4に，日本子会社への権限委譲，第5に，日本の異質な経営環境に適応する過程でイノベーションが生まれたこと，第6に，イノベーションの逆移転をあげている。また，成功している企業は合弁会社に多く，成功していない企業は完全子会社に多いと述べている。さらに，最高経営責任者との関係においては，成功企業では日本人の最高責任者が起用され，成功していない企業では外国人（本国の人）の最高経営責任者が起用されていることが多いことを明確にした。

加えて吉原（1994）と共同調査を行った黄（1994）は，日本市場におけるアメリカおよび欧州系子会社436社のマーケティング戦略に焦点を当てて分析している。その中で成功している子会社の特徴としては，第1に，高い企業イメージ・ブランドの知名度と優れた製品，第2に，低いマーケティング・プログラムの標準化，第3に，日本子会社の高い自主性と日本人への権限委譲をあげている。

さらに沼野（1997: 91-98）は，売上高，市場シェア，収益性を基準に好調企業（成功している企業）と不調企業（成功していない企業）に分類し，戦略的相違を検討した。対象となったのは外資系流通企業であり，マーケティング・プロ

---

[2] 主にアメリカとヨーロッパ企業を対象に行ったアンケート調査は436社の回答を得て実施された。

グラムおよびプロセスが測定された。彼は3つの経営成果の要素が平均3.0以下を好調企業とし，3.1以上を不調企業として分類した（5段尺度：1＝大幅な達成〜5＝未達成）。対象企業76社の中で39社が好調企業に，また37社が不調企業に分類された。その結果，好調企業の1番の特徴は，「競争力優位性」にあることが明らかになった。ここでの競争力優位性には，ブランド優位力，品質優位力，経路優位力，広告優位力などが含まれる。その他にも促進活動の適応化，品質，包装やラベルの標準化，そして親子会社間のコミュニケーション，統制，活発な提言などが業績に影響を与えることが判明した。最後に好調企業の方が不調企業よりも標準化程度が高いことが明確になった。

一方，欧米市場における成功要因を分析したShaw（2000: 91-106）は，イギリス市場におけるドイツ企業186社について検証を行っている。具体的にみると，成功戦略の変数としては，戦略の目標とフォーカス（シェア，短期間の利益など），マーケティング・ミックス，親会社との関係（コントロール程度など）などがあげられている。成果測定の項目は売上高，市場シェア，ROIなどである。分析には5段尺度を用いているが，3.5以上を成功企業として分類している。結果をみると，まず成功している企業は市場志向性が高い。つまり，新たな市場セグメントの発見と製品およびサービスの差別化に力を入れている。また，マーケティング意思決定において子会社の自立性が高いことが判明した。

次に，Chen & Wong（2003）は，ヨーロッパ市場におけるアジア系企業（台湾，香港，シンガポール，韓国の企業合計34社）の成功戦略を分析している。これらの企業を対象に戦略的変数と構造的変数に大別して検証を行った。まず，戦略的変数としては，マーケットシェアー戦略，企業家の志向性，標準化・適応化戦略があげられている。また，構造的変数としては，子会社の組織的構造，親子会社の関係，意思決定権を提示している。成果の測定においては，客観的変数と主観的変数に分類して検討しているが，客観的変数としては3年間のROI，売上高，市場シェアを，そして主観的変数としては事業拡張可能性，進出当時と現在の成果などを用いて分析している。彼らもShaw（2000）の研究と同様に，5段尺度を用いて3.5以上を成功企業として分類して展開している。分析の結果，まず，成功している企業はマーケットシェアー獲得に積極的である。また，成長の機会を探索する傾向が強い。そして，親会社と子会社の頻繁

なコミュニケーションも1つの成功要因であることがわかった。加えて,成功を収めている企業は現地子会社の権限が高いことも発見された。最後に,成功している企業は製品を標準化していることが明らかになった。

しかし,こうした成功要因に対する既存研究にはいくつか課題が残されている。まず,成果の測定において,客観的(財務的)部分だけで測定されているのが大半である。一部主観的(非財務的)側面を取り入れて分析した研究(吉原,1994)も存在するが,その変数は成果というより,今まで蓄積された企業の内部的特徴に近いことがわかる。その一方で,Chen & Wong (2003) の経営成果に対する測定変数には客観的側面と主観的側面が用いられており,成果に対し多面的な指標が採択されているといえる。

次に,成功要因の識別において,マーケティング変数が含まれている研究はいくつか存在するが,その他の国際マーケティング戦略(例えば,進出戦略)に関する内容に対しては検討されていないことが確認された。企業の成功に影響を与える要因はマーケティング要素のみならず,いつ,どのような形態で海外に進出しているかという点も影響を及ぼすと推定されるため,本章においては進出戦略に関する変数も検討対象として認識していく。

最後に,成功要因として,企業の内部的要因の導入が不十分であることがあげられる。もちろん,複数の研究において意思決定権に対する分析は行われているが,その他の企業要因に対する研究はほとんど見受けられない。現地に対する知識や国際経験などを含んだ企業の内部的要因は,企業の成功に必要な重要要素の1つであると予想できる。したがって,成功要因の識別にはこのような内部要因の検討も必要であると思われる。以下においては,まず企業の内部要因について検討する。

(2) 企業内部要因
①海外市場志向性

海外市場志向性(以下,市場志向性)とは,経営者が海外市場に対し企業の参加を試み,かつ拡張するために資源を投資しようとする考え方であり,経営者が海外市場で起きている重要な事象を認知して受け入れる程度を指す(Talaat, 1978: 25)。

市場志向性と経営成果に関しては，高い市場志向性は経営成果に正の影響を与えるという実証結果が出ている。例えば，市場志向性と輸出成果との関係を分析した Rose & Shoham（2002: 217-225）は，イスラエル企業を対象に市場志向の程度は利益と利益の変化に影響を与えるという結果を出している。また，タイ企業を対象に市場志向性と経営成果との関係を分析した Tantong（2003）の研究でも，市場志向性は経営成果に正の影響を与えるということが明らかにされた。

そして Gray（1997）は，マネージメントの特徴と経営成果の間に正の関係があることを主張している。マネージメントの特徴としては，成長と利益に対する熱意，市場開発期待への行動，マネージャーの市場志向性などが含まれており，これらが経営成果に重要な影響を及ぼすとしている。さらに Francis & Collins-Dodd（2000）も，ハイテク関連の中小企業の輸出成果に企業の輸出志向性が影響を与えるとの実証結果を出している。

最後にキム（2004）[3]は，市場志向性は標準化・適応化戦略と成果との関係を調整する役割を果たすと予測しながら韓国市場における外資系企業を対象に実証研究を行った。その結果，市場志向性は成果に正の影響を与えることが明らかになった。

以上のように，市場志向性は経営成果に影響を与えることが判明されており，海外市場における成功要因の1つとして考えられよう。

②国際経験

企業が持つ内部的の特徴は，マーケティング戦略の選択時と，選択された戦略を実行する際に重要な役割を果たす。輸出マーケティングにおいては特に，国際経験，国際ビジネス関与の程度などが重要であると考えられる。このような特徴を有することは，進出市場の特異性を識別すること，適切なマーケティング戦略を開発すること，またそれらを効果的に遂行することを可能にする。

Cavusgil & Zou（1994）は，国際経験と経営成果の関係を分析している。そ

---

[3] 彼は，Narver & Slater（1990: 20-35）の理論をベースに研究したが，そこでの市場志向性は顧客志向性，競争者志向性，部署間協力から構成される。これは標準化・適応化の程度を決める際の要因の一つである市場要因に近い概念であると考えられる。

の結果,国際経験は企業の成果に正の影響を与えるという実証的支持が得られた。この結果はAaby & Slater (1989) の結果とも一致する。

このように,国際経験は急速に変化する経済や競争環境の舞台であるグローバル市場において,組織のグローバル戦略の遂行に必要な要素であることは事実であろう。したがって,国際経験は国際マーケティング戦略における成功要因の1つであると考えられる。

③現地の知識

Solberg (2000; 2002) は,本社の現地市場に対する知識と現地マーケティング活動の統制を軸としながら4つの組織形態を提示している。彼の研究における成果に対する仮説は,現地の知識が高い組織の成果が一番高いということであった。分析の結果,この仮説は支持され,知識と経営成果には正の関係があることが確認できた。このように,現地の知識は国際経験と同様に企業が持つ独特な資源となり,経営成果にも影響を与え,国際マーケティングの成功要因となることが予測される。

④意思決定権限

意思決定権が現地に委任されていると,子会社のマネージャーは現地環境に対し自由に対応することができる。それはまた,モチベーションを高め,経営成果にも影響を与えると想定される。例えば,吉原 (1994) が行った調査によると,日本市場で成功している外資系企業の特徴の1つとして,子会社への意思決定権限の委譲があげられている。

また,Chen & Wong (2003) も,意思決定権の分散化,すなわち現地子会社に権限を委任することは企業の成果に影響を与えると述べている。このことは,意思決定権限が企業の成功に重要な役割を果たす要因の1つであることを意味する。

(3) 戦略的要因
①適切なマーケティング標準化程度

企業が海外に進出してマーケティング活動を行う場合,製品,販売促進,価

格,流通チャネルといったマーケティングの4Pを標準化するか,あるいは現地市場に合わせて適応化するかの問題は,国際マーケティング戦略の中で長年論争が続いているテーマである。

　同一のマーケティング戦略を世界市場に展開する標準化戦略のメリットは,規模の経済性によるコスト削減である。また,それによってもたらされる利益向上にある。標準化戦略の利点を具体的にまとめると次のようである。第1に,標準化の重要な利点は,生産,研究開発,マーケティング要素の規模の経済とコスト削減である。マーケティング要素の標準化を通した規模の経済の可能性を十分利用することによって,企業は高品質の製品を低価格で販売することができ,競争他社より利益を獲得することができる。第2に,国際市場に製品を迅速に提供できる。第3に,国を越えて一貫したイメージを与えることができる。第4に,優れたアイディアの世界的な活用の可能性も考えられる。第5に,国際業務の調整や管理の容易さもあげられる(Theodosiou & Katsikeas, 2001)。

　しかしながら,このような標準化戦略に対しては,実際に世界市場が同質化されているかという問題と,世界の異質なニーズに対応することが困難であるという理由で批判する見解もある。

　他方,適応化戦略は,標準化戦略とは逆に各国の特性や嗜好を考慮してマーケティングの要素(4P)を修正することである。基本的に,適応化戦略は標準化戦略では得られない利点を持っている。その1つは,各国の相違に対応できるという点である。こうした対応能力は,現地顧客に対する俊敏な対応を可能にするため,標準化戦略では決して達成できないところである。このような適応化戦略の利点をまとめると次のとおりである。第1に,現地の顧客嗜好の変化に対し俊敏な反応が可能となる。第2に,現地市場をより深く理解し分析することで,企業能力を高めることができる。第3に,適応化は現地市場の市場シェアと売上高と関係があると考えられる。第4に,現地市場を上手くモニタリングすることで,今後の市場開発の糧とすることができる。第5に,現地マネージャーのモチベーションを向上させることができる(Theodosiou & Katsikeas, 2001)。

　しかし,彼らが主張する国家的環境の差異は,近年,技術,情報通信,交通の発達により縮まりつつあり,実際に適応化戦略が標準化に比べて相対的な利

益をもたらすかは立証できず，解決すべき問題が残されている。

近年は，上記のように，極端な標準化と適応化戦略とは異なり，標準化と適応化を程度（degree）の問題として捉えているのが通事である。つまり，標準化・適応化の意思決定は完全な標準化と完全な適応化といった二者択一的なものではなく（Jain, 1989），1つの連続体の両極端として見なすことである（Cavusgil. et al., 1993: 483）。換言すれば，標準化の程度が高ければ適応化の程度は低くなるということであり，現時点ではこの「程度」が問題になる。このような考え方は，当該企業の内部要因と進出国の外部環境要因を十分に考慮して適切な標準化程度を展開することが重要であることを示している。

②進出動機と進出形態の変更
(i)進出動機

Dunning（1980）の折衷理論とRugman（1986）の内部化理論のような従来の海外進出（特に直接投資）に関する理論においては，投資対象国は開発途上国であり，その進出先国より発展した国の企業が海外投資を行うという考え方を持っていた。しかしながら，これらの企業優位要素の概念は，ある特定地域で行われている海外直接投資の動機に対する説明を明確にすることはできない（ムン，2002）。

このような問題を克服するため，ムン（2002）は，学習メカニズム，追撃メカニズム，規制回避のメカニズム，資源調達のメカニズムをとりあげている。

他方，現在の進出先市場の中でどの市場が一番重要であるか，またその理由は何であるかに関する分析も必要であると思われる。なぜなら，進出先市場の重要性を問うことは，現在の進出先市場の特徴を顕在化することができ，今後の進出に手がかりを提供する可能性があるからである。

(ii)進出形態の変更

現地市場の進出形態は，進出初期のものと異なる場合もあり得る。つまり，進出形態は時間の経過と共に変化するものとしても認識される。企業の海外市場進出を国際化のプロセスで説明しようとするこのアプローチは，企業が経験を積み，また危機に対する認識が変化するにつれ海外市場への介入が徐々に増

加していくという考え方である。Root（1982）は，国際化プロセスを提示し，間接輸出や技術供与から直接投資，また合弁事業から完全所有子会社へ変化するプロセスをコントロール，リスク，時間という3つの次元で説明している。[4]

一方，予測困難でかつ環境変化の激しい今日においては，この国際化プロセスの概念においても限界があることがみられる。例えば，輸出からそのまま直接投資へと進出形態が変化することも，また逆に直接投資からライセンスや輸出などへと進出形態が変化することも考えられる。このような進出形態の変化は，国際化プロセスで述べられているリスクの低い進出形態が段階別に高い方に変化していくという考え方では十分に説明できない。

しかしながら，この国際化プロセスの動態的な視点は，海外進出戦略研究のみならず，国際マーケティング戦略全体にも重要なポイントとなる。なぜなら，今日における先進企業はそのほとんどが世界の主要国への進出を終えており，その進出国における進出形態を含んだ国際マーケティング戦略をいかに展開していくかが関心の標的になっているからである。したがって，外部環境と内部要因の変化に応じて進出形態を変更していくことは非常に重要な戦略となりうる。

③革新的適応化の活用

黄（1993）は，日本市場への革新的な適応化とグローバル標準化戦略は，海外子会社のマーケティング戦略として同時に要求されるものであるとしている。特に経営成果との関係において，革新的適応化と標準化を同時に追及する企業が最もよい経営成果を示していると指摘している。また彼は，グローバル・マーケティングとは，親会社と海外子会社を1つの経営システムに統合した多国籍企業が各国の多様な市場環境に適応し，世界規模の効率性およびイノベーションの推進と普及を追及しながら競争優位を創造・維持する企業の行動であるとしている。[5]ここでは，現地子会社が単なる実行者ではなく，イノベーション

---

(4) また，彼は企業の国際化プロセスの4つの段階を提示している。4つの段階としては，第1段階：間接輸出，場当たり的輸出，第2段階：積極的な輸出とライセンシング，またはそのいずれか，第3段階：積極的な輸出とライセンシング，海外生産へ株式投資，第4段階：完全な多国籍的マーケティング生産となっている。また，この国際化プロセスで示されている時間という動態的な視点は，その後，進出戦略研究の中でほとんど無視されていた。

を起こし，それを世界的なネットワークを通して活用する立場にあるという考え方に注目したい。

加えて，黄（1994）は，海外子会社が生み出した市場革新は，現地市場のみならず，本国や他の市場にその革新的適応化（マーケティング資源）が移転されることが重要であると主張している。彼によると，多くの企業は海外子会社が生み出したマーケティング・イノベーションをその市場のみで展開していた。しかし，日本に進出している企業は，そのイノベーションを親会社や他の海外子会社に移転しており，このことが世界的な競争力の源泉になりうると主張している。具体的にみると，日本市場における外資系企業の26％が，日本市場で成功したマーケティング・イノベーション（革新的適応化）の結果を親会社や他の海外子会社に逆移転したことがあるという結果を出している。このように，革新的適応化（イノベーション）とその普及および活用は，グローバル・マーケティング戦略において重要な要素であることがうかがえる。

3　研究課題と調査の概要

（1）研究課題

上述のように国際マーケティング研究領域の成功要因に関する先行研究を検討したが，本研究では，企業内部要因と戦略的要因に大別して成功要因を析出することにする。まず，企業内部要因としては，海外市場志向性，国際経験，現地の知識，そして意思決定権限があげられる。また，戦略的要因としては，適切なマーケティング標準化程度，進出動機と進出形態の変更，そして革新的適応化の活用が含まれる。このことから次のような研究課題が設定できる。

研究課題：企業の内部要因と戦略的要因の中から成功要因を析出する。

こうした課題を検証するため，アジア地域市場に進出している韓国企業を対象に成功要因を分析する。また，対象企業を成功している企業と成功していない企業に分類し，その相違点を比較分析しながら論を展開する。

---

(5) 彼の提示するマーケティング・イノベーションは，新製品，新技術や新しい販売方法の開発などの企業活動を指す。

(2) 調査の概要

　本章の目的は，成功している企業の成功要因を検討することである。そのため，2つの重要な進出市場における企業の内部的要因および戦略的要因と経営成果との関係を分析する。調査に対する詳細は第3章および第5章の調査概要を参照されたい。当初，アンケート調査を行って回収したサンプルの数は69社であったが，成果に対するサンプルはそのうち44社のみが分析の対象となった。本章では，44社のサンプルに基づいて成功要因に対する分析を行う。

　また，本研究は1つの国ではなく，アジアの複数国で成功する企業の共通戦略を分析しており，より一般性を導き出せると考えられる。

4　成功している企業と成功していない企業の実態比較

　本研究の成功している企業と成功していない企業の分類方法において，5段尺度で測定した変数に関しては，Shaw (2000) と Chen & Wong (2003) と同様に3.5以上を，また7段尺度で測定された変数は4.5以上を，そして10段尺度で測定した事業拡張可能性は7以上を成功している企業として分類した。こうした分類を行った結果，成功している企業群としては18社が，そして成功していない企業群としては26社が対象となった。回答企業のプロフィールは表8-1のとおりである。ここでは基本的項目について簡単に検討していきたい。まず，従業員数は企業の規模として考えることができる。成功している企業は従業員数が50人未満の企業が5社しかないが，成功していない企業は10社みられた。また，500名以上の従業員を持っている企業が，成功していない企業には4社のみであったのに対し，成功している企業には8社も確認された。次に，進出形態をみると，成功している企業と成功していない企業両方とも，直接輸出を展開している企業が最も多いことがわかる。この点では大きな相違はみられなかったが，成功している企業の方が輸出以外のジョイントベンチャーや完全所有子会で進出している割合が高いことが明らかになった。加えて，取り扱っている製品の形態を確認すると，両者ともに産業財が最も多いことが見て取れる。ただし，成功している企業群には消費財を扱う企業の数も多かった。

　さらに，進出国数の場合，2—6ヶ国に進出している企業の数が成功してい

表8-1　回答企業の概要

	成功していない企業群(26社)	成功している企業群（18社）
アジアにおける事業年数		
1―4年	7	1
5―9年	5	7
10―19年	8	3
20―24年	4	1
25年以上	2	5
無回答	―	1
進出形態		
間接輸出	5	3
直接輸出	18	10
ジョイントベンチャー	1	3
完全所有子会社	2	2
製品の種類		
非耐久消費財	1	5
耐久消費財	9	4
産業財	14	8
サービス	2	1
進出国数		
2―6ヶ国	22	13
7―13ヶ国	2	3
14ヶ国以上	2	2
従業員数		
1―49名	10	5
50―99名	7	4
100―499名	5	1
500名以上	4	8

る企業と成功していない企業両方で最も多かった。割合的には，7ヶ国以上の国に進出している企業の数は成功している企業群の方に多いことが確認された。

これらの企業が進出している市場は表8-2のとおりである。成果を測定した市場として日本，中国，ベトナムが半分以上を占めていることがわかる。このことは，本研究が中国，日本，ベトナム，インドなどの市場における成功要因を探ることを意味するともいえる。

以上，成功している企業と成功していない企業の基本的なプロフィールと成果を測定した進出市場について検討した。以下においては，企業の内部要因と

第8章　国際マーケティング戦略の成功要因

表8-2　進出先市場の一覧

	成功していない企業(26社)	成功している企業(18社)	合計
日　　本	6社	3社	9社
中　　国	5社	3社	8社
ベトナム	5社	3社	8社
台　　湾	3社	2社	5社
インド	―	3社	3社
タ　　イ	2社	―	2社
シンガポール	2社	―	2社
その他	3社	4社	7社

注：成功している企業のその他の市場はマレーシア1社，インドネシア1社，バングラデシュ1社，香港1社であり，成功していない企業のその他の市場はフィリピン1社，カンボジア1社，スリランカ1社である。

戦略的要因の結果から国際マーケティングの成功要因を分析する。

(1) 企業内部要因に関する検討

　ここでは，成功している企業と成功していない企業の戦略を比較するため，t検定を用いながら分析していく。

　まず，表8-3のように海外市場志向性，現地知識，意思決定権に関しては統計的な有意差は確認されなかった。意思決定権に関してみると，平均値からも成功している企業と成功していない企業の間の相違点はみられない。しかしながら，この結果は，成功要因としての意思決定権の重要性を否定するものではない。もちろん，成功している企業と成功していない企業の中に差はみられなかったが，両者とも意思決定権が現地事業部に多く委任されている事実から，現地への権限委譲の増加およびその重要性が予想される。

　次に，国際経験は国際事業年数で測定された（表8-1参照）。結果をみると，国際経験が1年から4年の企業を比較した場合，成功している企業が1社のみ含まれているのに対し，成功していない企業は7社も含まれている。一方で，国際経験が25年以上の企業を検討すると，成功している企業では5社が該当するが，成功していない企業では2社のみが対象となっていることがわかる。少ないサンプルではあるが，成功している企業の方が成功していない企業より国際経験豊富であることがわかる。

表8-3 内部要因に関する結果

	成功していない企業	成功している企業	P値
海外志向性	3.50	3.61	.713
	成功していない企業	成功している企業	P値
現地知識	2.73	2.50	.239
	成功していない企業	成功している企業	P値
意思決定権	2.50	2.50	.203

5点尺度：国内志向(1)―海外志向(5)
現地知識：多い(1)―少ない(5)
意思決定権：子会社が多い(1)―本社が多い(5)
*** $p<0.01$, ** $p<0.05$, * $p<0.1$

（2）戦略的要因に関する検討

①マーケティング標準化程度

　まず，製品戦略においては，ポジショニングの項目で統計的有意差がみられた。この結果から，製品のポジショニングを標準化することが成功要因の1つであることが認識できる。また，製品に関する全項目の平均値において，成功している企業の標準化程度が成功していない企業よりやや高いという結果がみられる。とりわけ，成功している企業は製品の特徴において1.67という最も高い標準化戦略を展開していることが明らかになった。

　次に，価格戦略の結果をみると，全項目において統計的有意差は確認されなかった。しかし，平均値の場合，成功している企業が成功していない企業より全項目において適応化傾向が強いことが見て取れる。特に，成功している企業は小売価格の方で適応化を展開していることが確認できた。

　そして，プロモーション戦略と流通チャネル戦略から統計的に有意差は確認できなかった。

　最後に，プロセスに関する結果からは2つの項目で統計的有意差が確認できた。それは，予算編成とマーケティング目標である。平均値においては大きな差はみられないが，予算編成において，成功している企業が成功していない企業より適応化を展開していることが判明した。この結果は，マーケティング目標においても同様である。このことは，マーケティングの予算編成と目標設定を現地市場の状況に合わせて適応化することが重要であることを表している。

第8章　国際マーケティング戦略の成功要因

表8-4　製品戦略に関する結果

製品関連	成功していない企業	成功している企業	P値
製品特徴	2.42	1.67	.664
包　装	2.42	2.00	.404
デザイン	2.27	2.06	.242
Positioning	2.77	2.39	.044**
BrandName	2.58	2.24	.225
サービス	2.77	2.53	.244

5点尺度：非常に類似している(1)—非常に異なる(5)
*** $p<0.01$, ** $p<0.05$, * $p<0.1$

表8-5　価格と販売促進戦略に関する結果

価格関連	成功していない企業	成功している企業	P値
卸価格	3.00	3.28	.216
小売価格	3.08	3.56	.997
価格決定	2.85	3.06	.861
割引価格	2.88	3.24	.516

販促関連	成功していない企業	成功している企業	P値
広告テーマ	2.69	2.53	.196
コピー	2.62	2.41	.707
表現	2.73	2.41	.645
メディア	2.72	2.29	.921
広告役割	2.73	2.18	.624
SP役割	2.77	2.59	.947

注：5点尺度：非常に類似している(1)—非常に異なる(5)
*** $p<0.01$, ** $p<0.05$, * $p<0.1$

②進出動機と進出形態の変更

　まず，本研究における進出動機は，調査対象企業が二番目に重要であると答えた市場がどのような理由で重要であるかを探ることで検討する。

　生産ネットワークとして重要であると応えた企業の中では，成功していない企業が4社で，成功している企業は1社しかないことが確認された。また，売上高は，割合的に成功している企業の方が成功していない企業より重要視する項目であることがわかる。このことは，成功している企業は進出先市場を生産拠点としてではなく，販売を目的とする1つの主要市場として認識していると解釈することができる。

表8-6　流通チャネルプロセスに関する結果

流通関連	成功していない企業	成功している企業	P値
小売タイプ	2.88	2.71	.133
販売経路	2.77	2.83	.352
営業管理	2.69	2.56	.287
営業役割	2.62	2.44	.575
中間商役割	2.54	3.00	.140
プロセス	成功していない企業	成功している企業	P値
計画設計	2.88	3.00	.484
予算編成	2.85	2.94	.050*
Mar-目標	2.65	2.67	.021**

5点尺度：非常に類似している(1)― 非常に異なる(5)
***$p<0.01$, **$p<0.05$, *$p<0.1$

表8-7　現在の進出市場が重要な理由

理由	成功していない企業(26社)	成功している企業(18社)
売上高が高いため	5社	5社
将来性が高いため	14社	10社
生産ネットワークとして重要であるため	4社	1社
競合他社との競争上重要であるため	4社	2社
地理的位置が有利であるため	2社	1社

注：回答に関しては複数回答も含まれている。

　次に，進出形態の変更に関して検討すると，両者とも進出当時と同じ進出形態を採用している企業が過半数であるという結果が出た。これは，最初の進出形態が大きな変化を加えられないままに，長年にわたって維持されていることを意味する。言い換えれば，このことは，最初の進出形態の選択が企業にどれだけ重要であるかを表しているともいえる。もちろん，進出形態が変化している企業も確認された。成功していない企業においては，間接輸出から直接輸出へ移行した企業が3社みられた。一方，成功している企業からは，間接輸出から直接輸出へ移行した企業が2社あり，直接輸出から完全子会社へと進出形態が変化した企業と，ジョイントベンチャーから完全子会社へと変化した企業がそれぞれ1社ずつみられた。このことから，実際に国際化プロセスに従って企業の進出形態が変化していくことが確認された。しかし，成功している企業の

第8章　国際マーケティング戦略の成功要因

表8-8　進出形態の変化

	成功していない企業（26社）	成功している企業（18社）
進出当時と同じ	22社	13社
進出当時と異なる	3社	5社
無回答	1社	―

表8-9　現地子会社のアイディア活用有無

	成功していない企業（26社）	成功している企業（18社）
活用したことがない	14社	7社
活用したことがある	12社	11社

中には，直接輸出から間接輸出へと逆戻りしている企業も1社みられた。これは，国際化プロセスはその段階をそのまま踏んでいくことではなく，状況によって進出形態が変更されるという特異な例として認識できよう。いずれにしても，成功している企業の方が成功していない企業より進出形態を柔軟に変更している割合が高いことが平均値で明らかになった。

③革新的適応化の活用

　先述したように，進出先市場で革新的適応化を通して生み出された新製品および新しいアイディアを本国および第3国に活用することは，国際マーケティングの成功戦略の1つであると認識されている。

　本研究の結果をみると，成功している企業は成功していない企業に比べ，現地子会社が開発した製品やアイディアなどを活用した経験が多いことが判明した。サンプル数は少ないが，現地で創造されたマーケティング資源を本国および第3国に活用しようとする姿勢は，国際事業で重要な1つのポイントであることが考えられる。

5　アジア市場で有効な国際マーケティング戦略は何か

　本研究は，国際マーケティング戦略の成功要因を提示することを目的とした。

第Ⅱ部　実証研究

　そのため，成功要因を企業の内部要因と戦略的要因に大別し，アジア市場に進出している韓国企業を成功している企業群と成功していない企業群に分類したうえで，両者の戦略の相違点を比較しながら成功要因を析出した。

　実証分析の結果は以下のようである。まず，企業の内部的要因においては，成功している企業が成功していない企業より国際経験が豊富であることが確認できた。

　次に，戦略的要因について検討する。まず，マーケティング戦略について確認すると，第1に，成功している企業は製品のポジショニングを標準化していることが統計的に明らかになった。もちろん，製品の類型（産業）にもよるが，一部製品に対するアジア各国の消費者ニーズが類似化しつつあることから，標準化を展開する企業が増加しているとみられる。第2に，価格について成功している企業が成功していない企業より平均値で適応化していることが確認された。第3に，プロセス（予算編成とマーケティング目標）においては，成功している企業が成功していない企業より適応化を展開していることが統計的に判明した。ほとんどの既存研究において，プロセスは標準化傾向が強い項目として認識されてきたが，本研究ではマーケティング政策のプロセスをアジア各国の状況に合わせ，適応化することが重要であるという見解を示すことができた。

　さらに，進出戦略関連の結果からは，第1に，成功している企業は進出先市場を生産ネットワークとしてみなすというより，1つの販売市場として認識していること，第2に，現在，進出当時とは異なる進出形態を展開している企業が多いことが明らかになった。これは，柔軟性を持って進出形態を的確に変更できる意思決定力が重要であることを示す。

　最後に，成功している企業からは，現地市場で生み出した新たな製品あるいはアイディアを本国や第3国へ積極的に活用する傾向が強いことが確認された。

　本研究の意義は，まず，成功しているかどうかを判断する経営成果の測定に客観的変数のみならず，主観的側面からの変数までを導入したことである。これにより，分析対象の中で成功している企業群を規定する際，包括的な観点からの選別することができたと考えられる。また，本研究は成功要因の検出において，多様な企業内部要因を取り入れながら検討を行った。つまり，海外市場志向性，国際経験，現地の知識，そして意思決定権限など，国際マーケティン

グの成功要因に関する既存研究ではほとんど検討されてこなかった要因を新たに取り入れることによって，多方面から成功要因を検討することができた。さらに，戦略的要因として，従来のマーケティング標準化・適応化のみならず，進出戦略や革新的適応化の活用といった要素を導入し，総合的な検証を実施することができた。こうした統合的な視点からの成功要因の分析は，今後アジア市場への進出を考えている企業にとって実践的にも有効な視点を提示できたと思われる。

　しかし，本研究はいくつかの限界と課題を持つ。まず，本研究で取り上げた国際マーケティングの成功要因が，すべての国際マーケティング戦略における成功要因を網羅しているわけではない。中心となったのは，企業の内部要因，マーケティングの標準化・適応化戦略，そして進出戦略である。国際市場細分化戦略との関係や組織的な構造などを分析の対象とした統合的な側面からの実証研究も必要であろう。

　また，本研究は，企業の経営成果に基づいて対象企業を成功している企業と成功していない企業に分類して検証した。しかし，対象企業を2つに分類してその相違を分析する方法以外に，より説得力のある統計的手法を用いて成功要因を析出することも必要かもしれない。さらに，成功の判断基準となる要素を増やすことも，より客観的な検証のため必要であろう。最後に，本研究においては成功している企業の具体的な事例を取り入れることができなかったが，個別事例研究を通じて精度の高い成功要因を析出することも重要な意味を持つと考える。したがって，事例を導入しながら成功要因を分析することも今後の課題にしたい。

第Ⅲ部

事例研究

第9章
携帯電話端末企業の国際マーケティング戦略

1 携帯電話産業における国際マーケティング研究

　IT関連の専門調査機関であるGartnerの報告によると,2010年の1年間に世界で販売された携帯電話端末は約16億台で,前年比31.8％の増加となった。リーマンショックなどの影響により,2009年の販売台数は前年度をやや下回る水準であったが,その後,先進国における携帯電話端末の買い替えや新興国市場における新規加入の増加によって,例年並みの成長を取り戻しているのである。特に近年は,スマートフォンの出荷量や,新興市場での出荷量が急速に増加していることが特徴としてあげられる。
　このような状況の中,スマートフォンや新興市場への対応に遅れを取った携帯電話端末企業は業績を落とし,回復に苦戦している。その一方で,スマートフォンをメインに扱う企業は売上と利益の両方を順調に拡大しており,同業界ではますます激しい競争が繰り広げられているといえる。
　このような,携帯電話産業を対象とする既存研究は,携帯電話端末機の産業的特徴を明らかにした研究が大半で,携帯電話端末機を生産及び販売するメーカーに関する研究は非常に少ない。また,携帯電話の生産及び販売をテーマとした数少ない既存研究では,プラットフォームや製品開発といった側面に焦点が当てられており,携帯電話端末企業のグローバル競争力を十分に説明しているとはいいがたい。とりわけ,携帯電話メーカーがいかなる方法でグローバル市場に対応しているかという,マーケティングの視点に立った研究はほとんど見受けられないのが現状である。
　一方,標準化・適応化戦略は,国際マーケティングの中心課題として多方面から研究が進められている。近年は,主に標準化・適応化に影響を与える要因,

標準化の程度,そして経営成果との関係に焦点が当てられてきた。しかしながら,既存研究では,分析対象の範囲や経営成果との関係などにおいて未だ一定の結論が出ておらず,その有効性が問われている。また,標準化と適応化の同時達成(バランス)に対する重要性が認識される中,マーケティングのどの要素をどの程度標準化(あるいは適応化)すべきかに関するロジックも存在しないのが現状である。

そこで,本研究は,携帯電話端末企業のグローバル競争力を国際マーケティングの標準化・適応化戦略の側面から検討し,その特徴を明らかにすることを目的とする。具体的には,標準化・適応化戦略論のこれまでの議論に加え,市場細分化の視点を取り入れながら議論を深めることによって,標準化・適応化戦略論における新たな方向性を提示する。そのため,近年,目覚ましい成長を遂げているサムスン電子の携帯電話事業の事例を中心に議論していく。

本研究の構成は,第2節では標準化・適応化戦略に関する既存研究をレビューし,本研究の分析視点について述べる。第3節では,携帯電話端末業界の概況を検討した上で,第4節ではサムスン電子の携帯電話端末機事業部門の事例分析を行う。第5節では本研究を通じて明らかにされた部分をまとめると同時に,限界と課題を示す。

2 既存研究の検討および本研究の分析視点

標準化・適応化戦略に関する既存研究は,1980年代までは概念的研究が主流であったが,2000年代からはその大半が実証研究である(Waheeduzzaman & Dube, 2004)。ただし,そのほとんどが定量分析によるものであり,企業の事例を深く分析した既存研究は非常に少ない。

定量分析を用いた従来の実証研究は,3つに焦点が当てられている(金,2007)。第1に,マーケティングの標準化・適応化の決定にどのような要因が影響を与えているかである。代表的な研究としてはAkaah (1991) やOzsomer, et al. (1991) 等があげられるが,競争,消費者,法的環境等の外部要因と経営方針,意思決定権等の企業内部要因が標準化程度の決定に影響を与えることを明確にした。第2に,マーケティングのどの要素がどの程度標準化

（適応化）されているかである。その例として Sorenson & Wiechmann（1975）や Picard, et al.（1988）の研究があげられるが，標準化の程度は非耐久消費財，耐久消費財，生産財の順で高くなることや，製品のブランド名や包装は標準化が高いが，小売価格や広告メディアは適応化が高いこと等が判明した。第3に，標準化・適応化がどのような経営成果に影響を及ぼすかである。代表的研究には Shoham（1996）や O'Donnell & Jeong（2000）等の研究があるが，標準化（適応化）は経営成果（売上高，利益等）に影響を与えていることを明らかにした。

しかし，既存研究は，標準化・適応化の分析対象の範囲が異なることや経営成果との関係において一定した結論が出ていないこと，そして同時達成のロジックが存在しないこと等（Shoham, 1995; Theodosiou & Leonidou, 2003; 馬場 2004），多くの問題が指摘されている。また，国際市場細分化戦略など他の国際マーケティング戦略との関連性について議論した研究はほとんど存在しておらず（金，2008），標準化・適応化戦略の有効的な活用が求められている。

そこで本章は，こうした問題を踏まえつつ，次の3つに焦点を当てて論を展開する。第1に，標準化・適応化のバランス（同時達成等）の実態について焦点を当てる。現在，標準化・適応化戦略の同時達成やバランスに関するロジックは存在しない（大石，1997；馬場，2004）。つまり，マーケティング戦略のどの部分をどの程度標準化（適応化）すべきかに関する答えは未だに存在しないのである。この問題を解決する方法として，大石（2009）は個別企業の実態を深く観察し，何を標準化し何を適応化していく必要があるかについて分析する必要があるとしている。本研究では，事例研究の重要性を意識しながら，マーケティングのどの要素が標準化（適応化）されているかを分析すると共に，どの市場間で標準化（適応化）されているかを検討する。つまり，国際市場細分化との連結を念頭に置きながら，標準化の実態を分析する。

第2に，適応化とその移転活動に注目する。進出先の状況に合わせマーケティングを適応化する場合，一般的にはコストがかかることが想定される。しかし，適応化戦略を長期的観点からとらえると，こうした問題を克服できる（黄，1993；馬場，2004）。つまり，現地向けに開発されたマーケティングを本国や第3国に移転することにより，規模の経済を達成できる。例えば熊倉（2009）は，こうした視点をもってキッコーマンの事例を通じ，知識獲得と移転を媒介とし

ながら、標準化・適応化のスパイラル的発展による同時達成メカニズムを分析している。つまり、米国市場向けに適応化した醤油をヨーロッパやオーストラリアに移転することで、両戦略のメリットを同時に達成していることを明らかにした。ただし、ほとんどの既存研究では適応化によって生み出されたマーケティングを他の国に移転する際、移転先市場の選択に関しては具体的に検討されていない。現地で開発されたマーケティングを他の国に移転する際、どのような基準で移転先市場（標準化できる市場）を選択するかは非常に重要な問題となりうる。したがって、本研究では、進出先市場で生み出されたマーケティングをどの市場にどのような基準（市場細分化変数）をもって移転するかにも注目する。

第3に、市場グループ化（国際市場細分化）に関しても焦点を当てる。市場グループ化に関しては、Takeuchi & Porter（1986）の研究が先駆的である。彼らは、世界共通製品（標準化製品）の販売を可能にする方法として類似国グループ化方式をあげている。この方式は、標準化製品を販売するためにグローバル市場を地域的にグループ化し、そのグループの内に標準化製品を販売することにより規模の経済を達成できるという概念である。しかし、このグループ化方式にはいくつかの疑問が残る。まず、標準化された製品のみを対象としていることである。マーケティングのグローバル展開は製品戦略だけではなく、広告やプロモーション等多様な活動に至る。次に、グローバル市場を地域的な基準のみでグループ化していることである。グローバル市場をグループ化する方法は、他にもいくつか存在する。例えば、同じ言語圏の国をグループ化し、同一の広告を展開することも可能であろう。また、Ghemawat（2007）が提示しているように、地域をベースにする市場グループ化に加え、文化、制度、そして経済的変数でグローバル市場をグループ化することができる。もちろん、彼は市場グループ化ではなく、集約（Aggregation）という用語を用いているが、その意味は Takeuchi & Porter（1986）のそれと類似しており、国別適応化と世界的標準化の中間レベルでの戦略展開を強調している。つまり、グローバル市場の中で類似性の高い市場群をグループ化し、そのグループ内の国々に同一の戦略（標準化）を展開することで、市場への対応や規模の経済を達成するということである。標準化・適応化に関する既存研究の中ではこうした市場グル

ープ化との関係について議論した研究はほとんど見受けられない。本研究では，企業がマーケティング活動をグローバルに展開するに当たり，グローバル市場をどのような方法でグループ化（市場細分化）し，標準化しているかにも注目する。

このように，本研究では，既存研究の中で議論されてきた標準化・適応化の研究課題に市場細分化との関係を新たな分析視点に取り入れながら論を展開する。

3　携帯電話端末機業界の概況

本研究の対象となる携帯電話端末機業界を簡単に概観する。近年，世界中に販売されている携帯電話は，2002年の4億2,737万台から2009年の12億1,100万台に約3倍近く増加している。また，世界の携帯電話加入者数は2009年6月末時点で約43億人で普及率は64％となっている。2000年時点での普及率は15％であったが，約10年間で4倍以上増加している（日本機械工業連合会，2010）。

地域別には，西欧と東欧がそれぞれ122.7％，112.5％と高く，低い地域としてはアフリカが39.2％，アジア・太平洋が47.5％，中東が68.3％，中国が48.3％であり，今後も先進国市場における携帯電話の買い替えや新興国市場における新規加入の増加等が期待される。

表9-1は携帯電話端末機の出荷量を先進国と新興市場を含むその他の地域に分類して示したものである。2003年には約5億台出荷されていたが，2006年にはほぼ2倍の10億台を越えており，産業全体が順調に成長してきていることがうかがえる。ここでの特徴としては，新興市場を含むその他地域が急速に成長していることである。2004年から新興市場を中心とする非先進国への出荷台数が先進国市場を上回っていることが見て取れる。

このように新興市場を中心に携帯電話市場の成長が進む中，端末メーカーにおいては寡占化が進んできた。表9-2は主要携帯電話端末メーカーの販売台数および市場シェアの推移を表したものである。2003年には上位5社だけで全世界の出荷量の70％を，2006年には80％程度を占めている。その中で，堅調に販売量を拡大してきているのは，ノキアとサムスン，そしてLGである。また，

表9-1　地域別携帯電話端末機の出荷量の推移

(単位：百万台)

	2003年	2004年	2005年	2006年	2007年	2008年	2009年(予)
先進国 (北米，西欧，日韓)	288	330	368	402	436	402	330
その他地域	211	331	466	624	806	969	896
合　計	499	661	834	1,026	1,241	1,371	1,226

出所：CTIA, Gartner, IDCなどの発表資料を参考に，矢野経済研究所（2009）のデータを修正引用。

　表9-2には表記されていないが，2007年以降，アップルのiPhoneの登場により，一般向けのスマートフォン市場が生成され，RIM（Research in Motion）などのスマートフォンメーカーも出荷台数を急速に拡大している。例えば，アップルは2009年の出荷台数が2490万台だったが，2010年には4660万台に増加し，グローバル市場で2.9％のシェアを獲得した。RIMも，2009年の3445万台から2010年の4745万台に拡大し，3.0％までにシェアを伸ばしている（Gartner, 2011.2）。

　こうしたスマートフォンの普及拡大により，携帯電話業界は益々再編が加速化されている。とりわけ，業界4位と5位を維持していたソニー・エリクソンとモトローラが2010年度の販売台数において，RIMとAppleにその座をとられるなど，激しい競争が繰り広げられている。従来の端末機を中心とする競争からスマートフォンのアプリケーション（OS）の競争へ，また先進諸国市場から新興国市場へと，競争の側面が多様化しているといえよう。

　このような携帯電話の競争の側面は，技術と市場の2つの側面に分類できるが，[1] 市場側面では，まず，主力市場が先進国市場から新興国市場へシフトしていること，また，一般携帯電話は停滞しているのに対し，スマートフォンは高成長を続けていること，そして，多様なモバイルサービス市場が浮上していることがあげられる。

　実際，こうした市場の変化に上手く対応できず，業績悪化に苦しんでいるの

---

[1] 技術側面には，まず，コンテンツ・ソフトウェアがあげられるが，従来の閉鎖型から開放型ブラウザー・運営体系へ変化している。また端末機器を保有する目的も通信機器から情報機器へ，そして生活機器へ変わっている。詳細は，サムスン経済研究所（2008）「携帯電話産業の進化と競争構図の変化」『CEO Information』第670号を参照（韓国語）。

第 9 章 携帯電話端末企業の国際マーケティング戦略

表 9-2 主要携帯電話端末機企業の販売台数と世界市場シェアの推移

(単位:百万台)

	2010年	2009年	2008年	2007年	2006年	2005年	2004年	2003年
ノキア	461.3 (28.9%)	441 (36.4%)	472 (38.6%)	435.5 (37.8%)	344.9 (34.8%)	265.7 (32.5%)	204 (30.7%)	181 (34.8%)
サムスン	281 (17.6%)	235.7 (19.5%)	199.1 (16.3%)	154.5 (13.4%)	116.4 (11.8%)	103.8 (12.7%)	85 (12.7%)	54 (10.5%)
LG	114.1 (7.1%)	122.1 (10.1%)	102.5 (8.4%)	78.6 (6.8%)	61.9 (6.3%)	54.9 (6.7%)	42 (6.3%)	26 (5.0%)
モトローラ	38.5 (2.4%)	58.5 (4.8%)	106.6 (8.7%)	164.3 (14.3%)	209.2 (21.1%)	144.9 (17.7%)	104 (15.4%)	75 (14.5%)
ソニー・エリクソン	41.8 (2.6%)	54.9 (4.5%)	93.4 (7.6%)	101.4 (8.8%)	73.6 (7.4%)	51.7 (6.3%)	42 (6.2%)	27 (5.1%)

出所:Gartner,Dataquest を基に作成。

表 9-3 主要企業の携帯電話端末機部門の利益率の推移

	2010年	2009年	2008年	2007年	2006年	2005年	2004年
ノキア	10.9%	12.5%	16.8%	20.2%	15.3%	15.1%	16.3%
サムスン	13 %	10.4%	9.5%	11.7%	10.6%	13.1%	16.1%
LG	−5.1%	7.3%	11.0%	8.5%	0.9%	4.5%	6.3%
モトローラ	−0.7%	−14 %	−18.2%	−6.3%	9.4%	10.3%	10.1%
ソニー・エリクソン	3 %	−15 %	−1.0%	11.9%	11.4%	7.1%	7.4%

出所:各社の業績発表資料を参考に筆者作成。

がモトローラとソニー・エリクソンである。両社は端末機のデザインなどは他社に比べそれほど劣らないが,新興市場に対する低価格携帯電話開発の対応とスマートフォンの対応が遅かったことが現在の状況をもたらした原因の1つであると指摘されている(イ,2009:1)。

次は,主要携帯電話メーカーの収益性について検討する。表9-3のように,2007年以降モトローラやソニー・エリクソン,そしてLGが赤字転換しており,サムスンを除けば全体的に収益性が低下傾向にあることが確認できる。主要メーカーの5社の中で収益性をある程度維持できているのはノキアとサムスンの2社のみで,出荷量と収益の面においてある程度安定的であることがわかる。

携帯電話端末産業では,全体的に端末の価格低下が進んでおり,収益性を維持することが困難になっている。表9-4が示しているように主要メーカーの

表9-4 主要携帯電話メーカーの平均出荷価格（ASP）の推移

(単位：USドル)

	2003年	2004年	2005年	2006年	2007年	2008年	2009年
ノキア	194	162	153	122	119	111	87
サムスン	194	180	171	160	151	135	137
LG	164	162	133	134	142	133	122
モトローラ	146	162	148	132	120	120	129
ソニー・エリクソン	248	224	206	184	172	172	166
5社平均	189	178	162	146	140	134	128

注：(注) 元がユーロであるノキアとソニー・エリクソン，元が韓国ウォンであるLGについては，各年の平均的レートを用いて換算。
出所：矢野経済研究所（2009）などの調査会社発表資料のデータを参考に算出。

平均出荷価格は低下している。こうした傾向は，部材価格の低下などでは十分に説明できず，新興市場の成長と共に中低価格端末の出荷が増えたことで全体的に低価格化が進んでいると予測される。実際，中低価格端末であるのローエンド製品（2万円以下）とフィーチャーフォン（2～3万円）の出荷量は，2006年の4億4千万台（ローエンド）と3億3千万台（フィーチャー）から2008年にはそれぞれ4億8千万台と3億8千万台に増加している（矢野経済研究所，2009）。

このように，新興市場向けの低価格製品を生産および販売しながら，一定の収益を確保することは容易ではないことが考えられる。同様に，先進国を中心とする高機能携帯電話を継続的に開発することも簡単ではない。

一方，現在サムスンは，世界の携帯電話市場でノキアに次ぐ第2位のシェアを有している。しかし，表9-2のように，最初から高いシェアを獲得していたわけではない。毎年約1％から2％程度のシェアを伸ばしながら，2002年にはジーメンズを抜き第3位に，また2008年にはモトローラを抜き第2位にのぼった。この間の携帯電話の市場規模の成長率を考えると，シェアの拡大以上に大幅な数量を販売したことが見て取れる。

地域別占有率の変化をみると，同社は中東アフリカ地域での占有率が2006年の6.0％から2008年の17.2％へと拡大しており，アジア太平洋地域では，2006年の11.1％から2008年の13.1％に，そしてロシアと東ヨーロッパでは2006年の12.2％から25.5％へと，ほとんどの新興国市場において大幅にシェアを増大している（Strategy Analytics, 2009. 2.）。また先進国市場である北米市場において

は，2008年第1四半期の22.1％から2010年第1四半期の29.0％に，西ヨーロッパでも2008年第1四半期の21.1％から2009年第2四半期には25.3％にシェアを拡大している。Nokiaが独走していた新興国市場のシェアを奪いつつ，先進国市場での占有率も徐々に伸ばしている。

同時にサムスンは，営業利益率においても，2008年9.5％，2009年に10.4％，2010年13％と，平均して約10％以上の利益率を維持している。モトローラ，ソニー・エリクソンの赤字転換やノキアの利益低下の状況に比べると安定した経営成果を出しているといえる。このような業績に伴い，サムスンは各国の消費者満足度においても好ましい成果を出している。例をあげると，国内では韓国能率協会コンサルティングが主催する顧客満足度調査の携帯電話部門で2009年まで12年連続1位を達成した。また，海外では米国のBrand Keysの調査で，2002年から2010年まで9年連続一般携帯電話部門で顧客忠誠度1位を記録するなど[2]，多くの国で消費者満足度を上げている。

このように，サムスンは主要携帯電話端末機製造企業に比べ，標準化・適応化戦略の成果項目の売上，シェア，利益，そして消費者満足度において好ましい業績をあげており，標準化と適応化戦略の両方のメリットを達成していると推定されるため，本研究が意図する分析の対象として適していると思われる。以下，サムスンがどのような方法でマーケティングの標準化・適応化戦略を展開しているかについて探る。

4 サムスン電子の国際マーケティング戦略

（1）サムスン電子の概要及び携帯電話事業の歴史

①サムスン電子の概要

1969年設立されたサムスン電子は韓国のスウォン市に本社を置いており，各種電子製品と通信機器，そして半導体などを生産販売している。2010年現在，

---

[2] Brand keys『Customer Loyalty Engagement Index』2002年から2010年を参照。他にもデザイン性や利便性等を測定するイギリスのAuraリサーチの調査結果では2005年から2年連続1位を，また機能や通話品質等を評価するドイツのdpm-teamの調査では2005年に1位を達成した。詳細はアイニュース（2006. 7. 6.）「サムスン携帯電話消費者満足度最高，英アウラリサーチ」及びハン（2005）を参照。

表9-5 サムスン電子の事業別売上高と利益の推移

(単位:兆ウォン)

	2006年		2007年		2008年		2009	
	売上高	利益	売上高	利益	売上高	利益	売上高	利益
デジタルメディア	24.1	0.7	30.5	1.1	42.2	0.40	48.9	2.9
情報通信	22.7	1.9	26.7	2.9	34.6	3.00	42.1	4.2
半導体	22.8	5.1	22.3	2.3	22.4	0.00	26.9	2.4
LCD	13.9	0.8	17.1	2.1	21.5	2.40	22.3	1.5

出所:サムスン電子アニュアルレポートを参考に作成。

映像ディスプレイ事業 (TV, モニターなど), IT ソリューション事業 (レーザープリンターやPC), 生活家電事業 (冷蔵庫, 洗濯機など), 無線事業 (携帯電話など), ネットワーク事業 (衛星ケーブルなど), デジタルイメージング事業 (カメラなど), 半導体事業 (DRAMなど), LCD事業 (LCDパネル) の8つの事業を運営している。また, 2010年1月基準で, 全世界に生産法人・販売法人・物流法人, 研究所など, 合計196拠点を保有しており, 韓国, 北米 (米国), 欧州 (英国), 中国 (北京), 東南亜 (シンガポール), 西南亜 (インド), 中南米 (ブラジル), CIS (ロシア), 中東 (UAE), アフリカ地域 (南アフリカ共和国) の10か所で地域別総括体制を備えている。

売上をみると, 2009年度の売上は139兆ウォン (約11兆円) で, 営業利益は11.6兆ウォンを達成した。地域別には, 国内が24.6兆ウォン, 米州が33.7兆ウォン, 欧州が36.2兆ウォン, 亜州が20.7兆ウォン, そして中国が23.8兆ウォンを記録した。また, 事業部門別売上をみると, デジタルメディア部門は48.9兆ウォン (33%), 情報通信部門は42.1兆ウォン (28%), 半導体は26.9兆ウォン (18%), LCD部門は22.3兆ウォン (15%), その他の部門で9.0兆ウォンを記録した。特に, 携帯電話端末機を主な事業とする情報通信事業分野は表9-5のように売上高, 利益ともに年々成長している。

②サムスン電子の携帯電話事業の歴史

サムスン電子は東芝の技術を導入し, 1984年から移動電話市場 (当時自動車電話) に参加した。その後, 1989年5月自社技術で開発した携帯用電話機SH-100を発売し, 国内の移動通信市場に進出した。

第9章 携帯電話端末企業の国際マーケティング戦略

　当時，韓国国内の携帯電話端末市場は米国のモトローラが約50%のシェアを占めており，国内メーカーは残りの半分を争う状況であった。サムスンはモトローラの端末を徹底的に研究し端末の小型と軽量化を推し進め，1993年には国内製品では初めて100グラム台の端末SH-700を，1994年にはさらに薄型に改良したSH-770を投入した。

　また，サムスンは1994年エニコール（Anycall）という携帯電話の製品ブランドを開発し，1995年からは「韓国地形に強い携帯電話，エニコール」という通話成功率をコンセプトにしたマーケティング活動を展開した。その後，同年7月には11年間韓国携帯電話端末市場を独占していたモトローラを抜き，51.5%のシェアを獲得し，現在まで約50%台のシェアを維持している。

　韓国では，早い時期から政府，端末メーカー，通信事業者が国を挙げてCDMA方式の商用化に取り組んできた。サムスンとLGはその開発に成功し，北米，南米などの諸国がCDMA方式を採用することに歩調を合わせ，徐々に成長することになる。そして，1998年にはこの方式の端末機分野で世界シェア28.5%を占め世界1位となる。

　しかし，世界の携帯電話市場においては，GSM方式が全体の70%を占めていたため，同社の市場拡大には限界があった。サムスンは1997年にGSM方式の端末SGH-200を開発し発売したが失敗に終わった。GSM市場はノキアやエリクソンなどの先発企業が確固たる市場地位を占め，ヨーロッパを中心にその勢力を広げていた。製品技術，ブランド認知度など，後発のサムスンが真正面から競争するには厳しい状況であった。その後，サムスンはヨーロッパ市場において，高品質高機能の新製品を高価格で販売する戦略を展開し，少しずつ現地市場を拡大することとなった。

　2010年現在現在，情報通信総括（無線事業部）の生産拠点は韓国，中国，スロバキア，メキシコ，ブラジル，ベトナム，インド，インドネシアの8カ国に展開されている。また，研究開発拠点はアメリカ，イギリス，ポーランド，韓国，中国，イスラエル，インドの7カ国に配置されている。

　同社の無線事業部は，2007年の組織改編以降，既存の事業部長直属の商品企画チーム，デザインチーム，戦略マーケティングチームを戦略マーケティングチームの1つに統合し，運営している。また，開発部門は商品化開発組織を南

北アメリカ・ヨーロッパ・中国・日本など，地域顧客別の対応組織に改編した。そして，製造部門は，既存の3つの製造チームとグローバル運営チームをグローバル製造チームに統合し，製造と供給の管理を強化した（サムスン電子40年史）。このように，サムスンは市場と顧客の要求を把握し，より積極的な製品開発やビジネスを展開するため，スピードと効率を考慮した組織を運営している。

同社が販売する携帯電話の地域別販売割合（2008年第2四半期）は，アジア太平洋が35％，アフリカが11％，中南アメリカが8％，ヨーロッパが28％，北アメリカが18％で（デイコ産業研究所，2009年），バランスよくグローバル市場に対応しているいえる。

（2）標準化・適応化の実態

本研究の分析範囲としては，既存研究で用いられてきたマーケティング4Pの各項目（ブランド名，品質，広告テーマ等）に加え，近年，ますます重要度を増している文化及び社会貢献活動関連のソーシャル・マーケティング活動にも注目する。分析に当っては，サムスン電子に関する新聞及び各種文献，サムスン電子の広報担当者との電話インタビュー（2011年1月31日，2月28日，3月2日），そしてサムスン電子の公開資料等から得られた資料を用いる。

①製品関連要素

サムスンは，携帯電話の製品ブランドにおいて2つのブランド名を採択している。韓国国内と中華圏ではAnycallという製品ブランドを使っており，それ以外の国においては企業名であるSamsungを使用している。国内で初めて使われたAnycallは，いつでも（anytime），どこでも（anywhere）通話が可能であるという意味から名付けられたが，欧米等では否定的なイメージを含んでいることを知り，企業ブランドであるSamsungをそのまま使うことにした。一方，中華圏ではAnycallが韓国国内と同様に肯定的印象を持つため，国内と同じブランド名で展開している。

また，サムスンは携帯電話の製品名をより覚えやすくするために，別称（Pet Name）を付ける戦略を採択している。サムスンはこの別称を付けるにあ

第9章 携帯電話端末企業の国際マーケティング戦略

たり,各市場の状況に合わせた適応化を採用している。例えば,携帯電話にMP3プレイヤー機能を搭載したSGH-F300は,端末機の正面は携帯電話で裏面はMP3というユニークなデザインの携帯である。機能やデザイン等ほとんどの製品要素が標準化されているこの製品は,ヨーロッパやアジア等ではUltra Music Phoneという別称で発売したが,アメリカではUp Stageという別称で発売している。[3]

同様に,厚さ10.9ミリのスライド型携帯電話のSGH-U600は,欧米市場ではUltra Edition IIという別称で発売したが,国内ではミニスカートフォンという別称で発売した。また,バッテリー機能やカメラの画素に関しても適応化している。サムスン関係者は,[4]海外ではUltra Edition IIで統一したが,国内ではスリムなデザインがコンセプトとしては魅力が少ないため,他のコンセプトとして現在流行しているミニスカートを取り入れたネーミングを展開したと言及している。この製品は発売2カ月で100万台以上販売される等シェア拡大にも貢献した。

さらに,ヒットモデルの1つであるSGH-T100は,メインディスプレイや音声認識等基本的機能に関しては世界的に標準化しているが,着信メロディ(国内:40和音,海外:16和音),カラー(国内:5色,海外:2色),内臓ゲーム(国内:1種類,海外:3種類)等は韓国国内用と海外用で異なる(ROA Group, 2003)。これは,当時,韓国内で着信メロディがどのくらいきれいに聞こえるかが消費者の間で最も注目される点であったことを充分に反映した戦略として認識できよう。こうした製品機能の適応化により,国内はもちろん,グローバル市場においても人気を集め,発売後18カ月で1000万台以上を販売し,サムスン電子の端末機の中で初めてテンミリオンを記録した。

このように,サムスンはグローバルに展開される製品の場合,製品の基本的部分においては標準化を採択しながら,製品のブランド名(別称)や付随的機能(和音,バッテリー,カメラの画素)においては,各国の文化的要因を考慮し

---

(3) 毎日経済新聞(2007. 3. 27.)「サムスン電子ビヨンセのミュージック・フォーン米上陸」また,類似した例としてJet Phone(S8000)は韓国国内ではHaptic AMOREDという別称で発売されている。詳細はヘラルド経済新聞(2010. 3. 31.)「サムスンJet内需モデルはHaptic AMORED」を参照。
(4) 電子新聞(2007. 6. 1.)「ウルトラエディションII韓国ではミニスカートフォーン」

一部市場で適応化していることが明らかになった。

　一方，サムスンは新興市場を中心に積極的な製品の適応化を展開している。例えば，中東地域においては，宗教という環境的要因を考慮してイスラム経典コーランをMP3ファイルとして内蔵し，いつでも再生できるようにした。同時に，1日5回メッカの方向に祈るイスラム教徒たちの慣習を配慮し，羅針盤機能と祈る時刻を知らせるアラーム機能も搭載した。また，アフリカでは，電力の供給が不十分で停電が頻繁に起きることに着眼して非常用懐中電灯を装着し，大容量バッテリーを備えた携帯を発売した。バー（Bar）タイプのこの携帯電話は，数十種類のアフリカ言語まで搭載している。こうした現地のニーズを考慮した積極的な製品の適応化は，中東アフリカ地域での市場シェアを2006年6.0％から2008年17.2％まで増加させる等（Strategy Analytics, 2009. 2.），売上とシェアの拡大に寄与した。このように，サムスンは適応化すべきマーケティング要素の選択のみならず，どの国で適応化すべきかという市場の選択にも優れていることがうかがえる。

②プロモーション関連要素

　先述したUltra Music Phoneは，広告戦略においても適応化している。アメリカとヨーロッパでは，アメリカの女性歌手ビヨンセ（Beyonce）をモデルとした標準化広告を採択し，Ultra Music Phoneの最大の特徴であるデュアルフェイス（Dual Face）を強調しながら2つの魅力を表現した。具体的には，軽快にMP3を楽しむビヨンセとスーツ姿で仕事の電話をしているビヨンセが遭遇し，2人のビヨンセが合体して表面はMP3で裏面は携帯電話であるUltra Music Phoneとなる場面を演出している。一方メキシコでは，ビヨンセの代わりにメキシコ国内の有名歌手パウリナ・ルビオ（Paulina Rubio）を起用し広告活動を行った。ここでの広告内容も，ビヨンセが出演した広告とコンセプトや表現等において標準化されており，同じくMP3と携帯電話の機能を1つにしたことを強調している。このように，サムスンはグローバル広告の場合，ほとんどの地域で同一の広告を展開しながらも，一部の国においては現地の有名

---

(5) ノーカットニュース（2009. 4. 27.）「韓国携帯電話活躍の裏には顕微鏡がある」及びサムスン電子への電話インタビューによる。

第９章　携帯電話端末企業の国際マーケティング戦略

表9-6　Jet Phone の市場別発売イベントのコンセプト

	重点キーワード	コンセプト色	発表場所
イギリス	マルチメディア支援機能	ブルー	テムズ川周辺
Ｕ　Ａ　Ｅ	ディスプレイの優れた画質	グリーン	パムジュメイラのホテル
シンガポール	早い反応速度	パープル	飛行機格納庫周辺

出所：各種新聞および電話インタビューをもとに筆者作成。

　タレントを起用する等，部分的適応化戦略を展開している。この Ultra Music Phone は発売8カ月で150万台以上販売され，サムスン携帯の Music Phone としてのイメージ向上に貢献した。

　また，同社は国別の相違に対応するため，Samsung Mobile Live という戦略を2009年から導入している。この戦略は，グローバル製品の発売イベントを各国の文化やニーズを考慮し，適応化するプログラムである。2009年6月15日，イギリス，シンガポール，UAE で同時開催されたフルタッチスクリーン携帯電話 Jet Phone（S8000）の発売イベント「Unpacked」は，こうした試みから実施されたものである。[6]

　グローバル市場向けに開発された Jet Phone の製品要素は，基本的にほとんどの国で標準化している。また，3カ国で同時に行われた新製品発売イベントのタイトルや現地消費者調査のための企画プロセスも標準化している。そして，3次元ホログラムを使ったプレゼンテーションのスタイルも標準化戦略で展開した。その一方で，表9-6のように，イベントでの重点キーワードやコンセプト色は，各国の消費者を考慮し適応化している。すなわち，イギリスの消費者はマルチメディア機能を，UAE の消費者はディスプレイの画質を，そしてシンガポールの消費者は操作時の反応速度を最も重視することに着目し，各国の発売イベントの際，各々のキーワードを強調しながら行事を展開した。また，各国の消費者の好む色が異なることにも注目し，イベントでのコンセプト色を国別に変えた。国別に適応化されたこのイベントは，各国の通信会社及

---

(6)　韓国経済新聞（2009. 6. 22.）「サムスン Jet Phone 注文200万台…サプライズマーケティングの力」とネイル新聞（2009. 6. 25.）「サムスン電子，プレミアムマーケティングで不況乗り越える」及びサムスン電子への電話インタビューによる。

231

び消費者に高い評価を得ることができ，発売後約1週間で200万台以上の注文契約成立という高い効果をもたらした。このように，サムスンは，製品やイベント企画のプロセス等は標準化しながら，一部のプロモーション要素においては現地の特性を反映した適応化戦略を採択することで，標準化と適応化の両方のメリットを同時に達成していることがわかる。

③流通チャネル及び価格関連要素

　続いて，流通活動を検討すると，ヨーロッパでは現地法人設立を通した販売が多い。特に現地法人は，各移動通信事業者が運営する代理店，デパート，小売店，インターネット等を通じて供給を展開した。一方，中国では，「代理店一元化」戦略を展開している。この戦略は，巨大代理店と契約し，その代理店を通じて下部の代理店までを利用できる方法である。同時に，中国市場では，代理店間の競争を防ぐため「モデル別総合販売流通」方式を実施した。これは，全国を掌握できる総代理店に1つのモデルの独占供給権を与え，価格を管理する方法である。モデル別に総代理店から地方代理店，そして売場に連結される単線流通体制を固め，価格が揺れないようにしたのである。これにより，1つのモデルで多数の代理店が価格を競争する弊害を防ぐことができた（イ＆オ，2002: 13-14）。

　最後に，価格戦略についてであるが，一般的に価格は販売方式や端末機補助金等が要因で国によって大きく異なる。それに加え，サムスンの場合，国内と海外の端末機価格が異なる理由として，アフターサービス費用の違いをあげている。[7] つまり，同一製品が国内市場で高く発売されることに対し，韓国国内のアフターサービス費用がアメリカやイギリス等と比べ非常に高いことをあげている。このように，流通チャネル及び価格決定に関しては，各国の移動通信会社との関係や制度的要因等が大きく影響するため，各国レベルで適応化している部分が多い。

---

[7] その他，サムスン電子のホン社長は，Omnia2の国内発売価格が欧米より高い理由としてDMBなど内部機能の差異と端末機の購入環境（通信会社との関係）の相違をあげている。国民日報（2010. 7. 22.）「海外・国内，同じ携帯で高い価格その理由が」

第 9 章　携帯電話端末企業の国際マーケティング戦略

（3）適応化と移転

　サムスンは新興国市場向け製品の適応化にとどまらず，現地適応化により開発された製品を他の市場に積極的に移転することが明らかになった。例えば，Duos（D880）は1つの端末で2つの加入者認証モジュール（SIM）カードが挿入でき，2つの電話番号を同時に使用できる携帯電話である。この製品は，ロシアのビジネスマンたちが会社用と個人用の両方を使用できるように2007年10月で発売したものである。同製品は，ロシアでは会社が支給するSIMと個人用SIMの両方を使用するビジネスマンが多く，料金を節約するためにSIMカードが2つ使える携帯電話を好むというニーズに着眼した製品である。同製品はその後，中国に移転した。[8] その理由は，国の面積が広いため，各地域で均一のサービスを受けられず，場合によっては国内の移動時にもローミングが必要であるため，2つの通信会社からのサービスを利用することでこうした問題を解消しようとするニーズが存在したからである。つまり，類似した消費者要因があったため移転に着手したのである。その後，若者とビジネスマンの間で人気を集め，1年で460万台の販売を突破した。

　また，インドではCrest Guru（E1107）という裏面に太陽光パネルがあり，1時間程度日光を照射させると10分程度の通話が可能となる端末機を開発した。通常はバッテリーを使用し，補助的手段として太陽光を利用する方式の携帯電話である。同製品は，日照量は豊富であるが，充電が容易ではないインドの環境的特性を考慮し適応化した製品である。その後，サムスンはインドと外部環境的に類似した中東及びアフリカにもこの端末機を移転し販売を拡大している。[9] このようにサムスンは，製品の現地適応化のため発生したコストを他の市場へその製品をそのまま移転（標準化）することによって相殺し，一定の規模の経済を実現していると予想できる。

　こうした移転活動は製品のみならず，プロモーション戦略にまで及ぶ。例えば，ハンガリーのサムスン法人の創立5周年記念イベントとして始まった「サ

---

(8)　電子新聞（2009. 3. 20.）「サムスン Dual SIM 携帯 Duos, 500万台販売直前」及びサムスン電子への電話インタビューによる。
(9)　この製品は2009年6月発売され，2カ月余りで20万台以上を売り上げた。アジア経済新聞（2009. 8. 28.）「太陽光携帯・ムスリム携帯…機能特化携帯全盛時代」

ムスン・ラーニングフェスティバル」は，8万人の市民が参加する大イベントとして成功裏に終わった。その後，中央ヨーロッパ9カ国，またアジア地域まで拡大され，十数万人が参加する大規模のイベントとして定着した（シン他, 2009）。また，携帯電話の移動通信会社と協力して募金活動を行い，関連団体に寄付する活動として2006年にオランダで始まった「乳がん防止キャンペーン」は，女性を中心に多くの人から呼応を得て，2008年にはヨーロッパ17カ国にまで拡大した（サムスン電子，2008）。そして，先述の3カ国で同時に行われたJet Phoneの新製品発売イベントは，それぞれの国と類似する国へ移転することで標準化のメリットを達成している。つまり，ドイツで開催された発売イベントは，イギリスで行われたイベントと同一のブルーをコンセプト色として行われており，中国で開かれたイベントは，シンガポールと同様にパープルがコンセプト色として展開された。特に，中国ではこのイベントがテレビに放映される等，多くの消費者から注目を集めた。

（4）市場グループ化（細分化）と標準化
①ソーシャル・マーケティング活動のグループ化

同社はグローバル市場を大きくヨーロッパ市場とアジア新興市場の2つにグループ化し，ソーシャル・マーケティング活動を展開している。例えば，ヨーロッパ地域のイギリスでは，文化芸術センターとローデン博物館のスポンサーとして館内にテレビ等を提供する等の活動を行っている。またフランスでも，ベルサイユ宮殿やルーヴル美術館等の文化空間を活用しながら，製品の提供等の活動を展開している。そしてドイツでは，ベルリンのCharlottenburgゲートを復元する事業のスポンサーを務めながら製品を宣伝している（サムスン電子 2007; 2008）。このように，同社はヨーロッパ人がもつ文化や芸術に対する興味という共通点を認識し，それに関連したマーケティング活動を展開している。

これに対し，アジア新興市場においては，主に教育に関連する活動を行っている。例えばベトナムでは，「夢の木の教室作り」活動を展開し，子供たちのための学校を設立いる。また中国では，45の小学校設立及びCCTVと共同で高校生クイズ大会「三星智力快車」の支援を行っている。さらに，タイでは奨学金制度を設立して学生たちの生活を支えており，インドネシアでは中高生を

対象にパソコン教育及びサムスンネットセンターの運営と奨学金の支給を行っている（サムスン電子，2008; 2009）。このように，同社はヨーロッパとアジア市場グループ内に各々の類似したソーシャル・マーケティング活動を展開することにより，各市場グループ内に一貫したイメージを定着させようとしていることがうかがえる。

②製品関連要素のグループ化

サムスンは，製品関連要素においても世界的標準化や国別適応化ではない市場グループ別の標準化を展開している。例えば，製品の品質において，対象市場に合わせた適応化を行っている。つまり，コストと品質のトレードオフ関係を意識し，過剰な品質等を削ぎ落としている。それは，各市場で求められる耐久品質が異なるからである（糸久他，2007）。同社は，必要以上の品質を備えた製品をグローバル市場全体に展開するのではなく，先進市場には高品質の製品を，また新興市場には普通の品質の製品を展開することで，世界的標準化でも国別適応化でもない中間レベルでの効率化，つまり市場グループ別標準化を図っている。

また，製品のラインナップに関して検討すると，ヨーロッパ・北米市場ではフルタッチスクリーン等の高価格携帯端末機を中心に攻略している。その例として，近年シェアを拡大している先進国市場におけるフルタッチスクリーン携帯電話のモデル数を比較すると，2009年7月基準でノキアは3個，サムスンは22個，LGは19個，ソニー・エリクソンは6個，モトローラは4個のモデルを販売している[10]。これに対し，新興国市場においては中低価携帯電話を集中的に発売する戦略を展開している。例えば，インド，東南アジア，アフリカ等に57ドルのバー型端末機SGH-C130を2007年1月から発売する等（朴他，2008），2007年以降100ドル以下の低価格製品の販売割合を40％に調整している[11]。つまり，新興国市場では低コストで普通の品質の製品を手頃な価格で提供すること

---

[10] また，パソコンのキーボードと配列が同一なQWERTYキーパッド採択端末機の数もサムスンは15個，ノキアは7個，LGは5個，ソニー・エリクソンは2個を発売している。詳細はNH投資証券（2009）「携帯電話産業分析」NHリサーチセンターを参照。

[11] 200ドル以上の高機能製品の比重は25％，100〜200ドルの製品は35％，低価格製品は40％に調整した。電子新聞（2008. 1. 17.）「サムスン今年高価携帯電話戦略に中心移動」

で，現地の消費者が携帯電話を購入し易くしているのである。このように，サムスンはグローバル市場を先進国と新興国市場にグループ化し，各グループ内に同一の製品ラインナップを展開している。

5 標準化・適応化戦略と市場選択の重要性

(1) 結果分析

　本章は，携帯電話端末企業のグローバル競争力を国際マーケティングの標準化・適応化戦略の側面から検討し，その特徴を明らかにすることを目的とする。そのため，サムスン電子の携帯電話端末機事業を対象に，国際市場細分化との関係を分析視点に加えながら標準化・適応化戦略を分析した。分析結果は次のようである。

　まず，標準化・適応化の実態について検討すると，サムスンは先進国を中心に標準化された製品を展開しながら，一部の市場では文化的要因を考慮しブランド名（別称），付随機能（和音，画素等）を部分的に適応化している。これに対し，新興市場では，コーランを内蔵した製品の開発や懐中電灯を装着した製品の開発等，積極的な現地適応化を実施している。一方，グローバル製品の広告においては，標準化されたコンセプトを世界中に展開しながら，一部の国では現地俳優を起用する適応化を展開している。また，新製品発売イベントに関しては，イベント名や企画プロセスは標準化し，キーワードやコンセプト色は国別に適応化していることが明らかにされた。このように，本研究ではマーケティングのどの要素がどの程度標準化（適応化）されているかという既存研究の議論を踏まえ，マーケティングのどの要素がどの市場で標準化（適応化）されているかという市場細分化との関係までを視野に入れ，標準化・適応化の実態を分析した。これにより，標準化（適応化）すべき市場の選択がの重要性を示すことができた。

　次に，適応化とその移転についてみると，同社は進出先市場で開発された製品及びプロモーション活動を他の市場へ積極的に移転していることが明確になった。つまり，製品の場合，ロシア向けに開発した製品の中国への移転，また，インドで開発した太陽光充電携帯の中東及びアフリカへの移転があげられる。

これは，外部環境的に類似している国への適応化製品を移転する活動として認識できる。また，スポーツイベントの場合，ハンガリーで展開したラーニングフェスティバルが中央ヨーロッパ諸国へ移転されているが，これは経済水準が比較的類似している国への移転として理解できる。さらに，オランダで始まった乳がん防止キャンペーンはヨーロッパ全体へ移転しているが，これは地理的に近い国への移転であるとみられる。続いて，シンガポールとイギリスでの新製品発売イベントのコンセプトは，それぞれ中国とドイツへ類似した形態で移転されているが，これは文化的類似性を考慮した移転として認識できる。サムスンはこうした現地適応化とその移転活動を通じて，各市場への対応のみならず，規模の経済をも達成していることが推定される。この結果から考えられる実践的含意は，適応化により生み出されたマーケティング要素を他の国に移転する際の具体的基準（細分化変数）を提示したことである。すなわち，適応化したマーケティングを他国に移転する場合，4P要素を個別の活動としてとらえながら，環境，経済，そして消費者要因等を基準に移転先市場を選択することが重要であろう。

最後に，市場グループ化（細分化）と標準化に関してはまず，ソーシャル・マーケティング活動の場合，グローバル市場をヨーロッパ地域とアジア地域にグループ化し，各々のグループ内に文化芸術に関わる活動と教育関連活動を行っていることが確認された。これは，地理的要因によってグローバル市場をグループ化していることを意味するであろう。また，製品の品質とラインナップでは，グローバル市場を先進国市場と新興国市場にグループ化し，各々の市場グループに合わせた製品の品質及びラインナップを展開していることがわかった。これは経済的要因による市場グループ化として理解できる。このように，サムスンは各市場で必要とされる共通項目を見出し，その項目をキーワードにグローバル市場をグループ化し，そのグループ化した市場の中では標準化を展開することでグローバル効率化を達成していることが推定できる。

（2）今後の課題

本章は，サムスン電子の事例分析を通じ，標準化・適応化戦略と市場細分化との関係の重要性を明らかにした。しかし，本研究はいくつかの限界と課題を

抱えている。まず，本研究は，広い範囲のマーケティング活動を分析したため，個別要素に関する深い分析までは至らなかった。今後は，対象をより狭めて詳細な分析を行う必要がある。また，本研究での発見事実は，あくまで情報通信機器産業の特定企業に対する事例分析の結果にすぎない。より一般化するためには，複数企業に対する比較研究が必要であろう。さらに，本研究では，標準化・適応化戦略の意思決定に関する具体的な解明はできなかった。既存研究では，標準化・適応化の意思決定に対する権限を本社と現地子会社のどちらがもっているかに関する若干の分析が行われている。実際，サムスンは携帯電話の生産量，価格は韓国の無線事業本部で決める方法を採択している（張，2009）。今後は，マーケティングを標準化・適応化する際やグローバル市場を細分化する際，どのような方法で本社と子会社が意思決定を行っているかに関する踏み込んだ分析が必要であろう。

第10章
食品企業の国際マーケティング戦略

1 食品産業と標準化・適応化戦略

　一般的に，食品は気候や文化などに大きく影響を受けるため，現地市場の嗜好に合わせて適応化される傾向が強く（Keegan & Green, 2008, p. 138），グローバル化が困難な製品カテゴリーの1つである（Martin, 2000）。しかし，近年，圧倒的な資本及びマーケティング力を持つ先進国の多国籍企業が食品のグローバル化を進めている。このような動きは，先進国企業にとどまらず，韓国等の後発企業にまで及んでおり，食品のグローバル化がますます加速化している。

　日本で誕生した即席麺は，いまや韓国や中国といったアジアの枠を越え，欧米や中東地域など世界中で発売されており，グローバル化が進んでいる食品の1つである。1年間全世界で消費された即席麺は約1,014億食であり，その約半分近くの440億食が中国・香港で消費されている（世界ラーメン協会）。後発企業として海外市場に進出した韓国の農心株式会社（以下，農心）は，近年独自のブランドイメージを構築しながらグローバル化に拍車をかけている。同社の主力製品である「辛ラーメン」は，同一の味や規格，そしてコンセプトで，世界80カ国以上で販売されている。競争の激しい中国においても高い選好度を獲得しており，売れ行きも好調である。

　近年，国際マーケティングの標準化・適応化戦略を分析する視点として動態的視点が強調されている（大石，2009）。しかし，既存研究においては，標準化・適応化戦略を動態的な視点から分析した研究は非常に少ないのが現状であり，なおかつ，1つの進出国の中でマーケティング要素（4P）全体を動態的視点から分析した研究はほとんど見受けられない。

　こうした問題を踏まえ，本章は食品企業の国際マーケティングにおける標準

化・適応化戦略の実態を動態的視点を取り入れながら明らかにすることを目的とする。そのため，中国の即席麺市場に焦点を当て，後発企業でありながら業績を伸ばしている農心を対象に事例分析を行う。

本研究の構成は，第2節では，既存研究の検討を通じて本研究の分析視点について述べる。その後，第3節では，即席麺業界の状況を簡単に触れ，第4節では，農心の国際マーケティング戦略，とりわけ中国市場における標準化・適応化の事例を紹介する。第5節では，動態的視点を用いて事例の分析を行う。最後の第6節では，本研究を通じて明らかにされた部分をまとめると同時に，今後の課題を示す。

2　既存研究の検討および本研究の分析視点

標準化・適応化戦略に関する既存研究は，1980年代までは概念的研究が主流であったが，2000年代からは実証研究が概念的研究を上回っている (Waheeduzzaman & Dube, 2004)。しかし，これらの実証研究はほとんどが定量分析によるものであり，個別企業の事例を詳細に分析した研究は非常に少ない。定量分析を用いた既存研究は，3つに焦点が当てられている（金，2007）。第1に，マーケティングの標準化・適応化の決定にどのような要因が影響を与えているかである。代表的な研究としては Akaah (1991) や Ozsomer, et al. (1991) 等があげられるが，競争，消費者，法的環境等の外部要因と経営方針，意思決定権等の企業内部要因が標準化程度の決定に影響を与えることを明確にした。第2に，マーケティングのどの要素（4P）が標準化（あるいは適応化）されているかである。その例として Sorenson & Wiechmann (1975) や Picard, et al. (1988) の研究があげられるが，製品のブランド名や包装は標準化が高いが，小売価格や広告メディアは適応化が高いこと等が判明した。こうした既存の実証研究の分析結果を整理した Theodosiou and Leonidou (2003) によると，一般的に，製品戦略はマーケティング・プログラムの諸要素の中で最も標準化度が高く，価格戦略においては製品より適応化程度が高い。また流通戦略はもっとも適応化程度が高く，販売促進関連は平均を上回る適応化レベルであることを明らかにした。第3に，標準化・適応化がどのような経営成果に影響を及ぼ

すかである。もちろん，標準化（あるいは適応化）が経営成果に何の影響も与えないという研究結果も報告されているが，O'Donnell & Jeong（2000）や Zou & Cavusgil（2002）等は，標準化が経営成果に影響を与えていることを明らかにした。

　以上のように，従来の実証研究は，主に影響要因，標準化（適応化）の程度，そして経営成果との関係に焦点が当てられてきた。しかしながら，このような既存研究は，標準化の対象範囲が異なることや標準化と経営成果との関係において一定した結論が出ていないこと，そして同時達成（バランス）のロジックが存在しない（Shoham, 1995; Theodosiou & Leonidou, 2003; 馬場，2004；金，2008）こと等，多くの問題が指摘されている。

　そこで本研究は，こうした既存研究の結果を踏まえつつ，標準化・適応化戦略の実態を把握するため，次の3つに注目していく。第1に，標準化・適応化のバランスの実態把握に焦点を当てる。同時達成（バランス）の概念が登場してから今日に至るまで，標準化・適応化戦略の同時達成やバランスに関するロジックは未だ存在しない（大石，1997, 2009; 馬場，2004）。つまり，マーケティング4Pのどの部分をどの程度標準化（あるいは適応化）すべきかに関する答えは未だに存在しないのである。したがって，こうした同時達成の問題は，個別企業の実態を深く観察し，何を標準化し何を適応化していく必要があるかについて，継続的に分析し（大石，2009），研究蓄積による一般化を図ることが必要だと考えられる。本研究では，このような個別企業に対する事例分析の重要性を意識しながら，マーケティング4Pの各要素がどのように標準化あるいは適応化されているかについて，影響要因との関係を考慮しながら分析する。

　第2に，動態的視点を取り入れながら分析を試みる。既存研究の中で標準化・適応化戦略を動態的視点から分析した研究は非常に少ない。本研究で取り入れる動態的視点はある特定市場の中でのマーケティングの変化に注目していることが既存研究と異なる。例えば，Cavusgil et al.（1993）は，製品戦略に影響を与える要因について進出当時と進出後に分類し，実証分析を行った。この研究は，初めて動態的視点から実証分析を行ったことは評価できるが，製品戦略のみを対象にしていることと，影響要因のみを分析していることは指摘せざるを得ない。また，天野（2002）と馬場（2007）は動態的視点を取り入れな

がら,標準化・適応化戦略論において1つの方法論を提示している。それは特定市場の状況に合わせて適応化した製品を,他国市場へそのまま移転することによって標準化と適応化のメリットを達成できるという考え方である。熊倉(2009)は[1],馬場(2007)の提示した分析枠組に基づき,知識獲得と移転を媒介としながら,標準化と適応化を動態的視点から検証している。ただし,これらの研究は,ネットワーク化したグローバル市場における同時達成の実現可能性を提示してはいるものの,1つの特定市場におけるマーケティングの同時達成については示されていない。大石(2009)も指摘するように,国際マーケティング戦略と競争優位との関係に焦点を当てる場合,静態的な分析のみでは不十分であるため,動態的観点から国際マーケティングのダイナミズムを捉えることが必要である。したがって,本章では動態的視点を取り入れながら,マーケティング標準化・適応化がなぜ,どのように変化してきたかについても注目する。

　第3に,食品産業と標準化・適応化の関係に焦点を当てる。Boddewyn & Grosse(1995)の研究は,対象企業の産業を非耐久消費財,耐久消費財と産業財に分類し実証研究を行った。その結果として注目されるのは,標準化の程度は非耐久消費財,耐久消費財そして生産財の順で高くなるということである。非耐久消費財の中でも,一般的に食品は国際化が困難な製品カテゴリーの1つである(Martin, 2000)。食品や飲料のように嗜好の地域性が強い製品は,グローバルブランドより地域ブランドが成功しやすい(Kotabe and Helsen, 2010, p. 368)。Keegan & Green(2008)は,各産業と適応化程度との関係を文化的感度というキーワードを用いて図10-1のように表している。集積回路のような産業財は文化的影響を受けにくいため,適応化程度が低い(標準化が高い)。パソコンのような製品の場合,電圧やソフトウェアの言語等については国別に適応化しなければならないが,食品は気候や文化等に大きく影響を受けるため最も適応化程度が高くなる。

　このように,既存研究では食品の場合,進出先市場の独特な食文化や習慣等が存在するため適応化が有効であるという考え方が支配的である。しかし,こ

---

[1] 彼は,キッコーマンが米国市場向けに適応化した醤油を欧州や豪州に移転することで,両戦略のメリットを同時に達成していることを明らかにした。

第10章　食品企業の国際マーケティング戦略

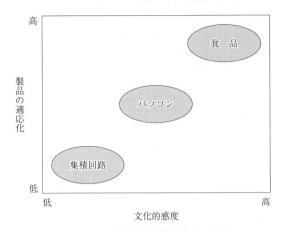

図10-1　文化的感度と適応化との関係
出所：Keegan & Green（2008），p.138．より筆者作成。

の通説が全ての企業に当てはまるかについては疑問の余地がある。

3　即席麺業界の概況

　即席麺が日本で発売されたのは，1958年のことである。大阪市の小さな町工場，サンシー殖産（現在の日清食品）田川工場で生産が開始された（大塚，1995：109）。その後，新規参入企業も相次ぎ，猛烈な勢いで生産量が増えていく。1958年の国内総生産量は1,300万食，59年度7,000万食，60年度1億5,000万食と爆発的に増加した。日本人の食生活の中に確固とした地歩を築くこととなる。1970年代から国内市場が成熟化してくると，海外現地生産という形で国際化が始まった。現在，即席麺は韓国，中国，香港などのアジアのみならず，北米や中南米などでも販売されている。即席麺を製造・販売する企業としては台湾系の康師傅，統一，日本の日清，東洋水産などがあり，韓国にも農心や三養食品などがある。即席麺製造企業においては，日本企業が台湾・中国系企業へ資本参加していることも特徴の1つである。

　表10-1は世界即席麺の総需要の推移を表している。世界ラーメン協会の推定によると，1年間全世界で消費されたインスタントラーメンは約1014億食で

243

第Ⅲ部　事例研究

表10-1　世界即席麺の需要量の推移

単位：億食（袋麺／カップ麺）

順位	国　名	2009	2010	2011	2012
1	中国・香港	408.6	423.0	424.7	440.3
2	インドネシア	139.3	144.0	145.3	147.5
3	日　本	53.4	52.9	55.1	54.1
4	ベトナム	43.0	48.2	49.0	50.6
5	インド	22.8	29.4	35.3	43.6
6	アメリカ	42.9	41.8	42.7	43.4
7	韓国	34.8	34.1	35.9	35.2
	⋮				
	合　計	922.2	958.2	981.7	1,014.7

出所：世界ラーメン協会（WINA）推定を基に修正引用。

ある（2012年末現在）。即席麺需要量の第1位は中国・香港で，年間約440億食を消費している。第2位はインドネシアで約147億食，第3位は日本で約54億食である。また，世界即席麺の総需要を世界人口で割ると，1人当りの年間消費量は約14食であり，今日において，即席麺は世界食といっても過言ではないであろう。ちなみに，1人当りの年間消費量が最も多い国は韓国で，1年間約74個，続く2位はインドネシアで約60個，3位はベトナムで約57個である（世界ラーメン協会）。日本と韓国における即席麺の需要量は若干減少しているが，中国を始めとする新興国を中心に，世界の即席麺の需要量は増加していることが明らかである。

中国は，多様な食品メーカーが世界各国から進出してしのぎを削っている市場である。13億の人口をもつ中国は，麺類を好む人が非常に多い。広大な国土を有し，地域別に独特の食文化が存在するため，即席麺の市場形成が他のアジア市場と比べて遅かったが，市場の成長可能性は大きい。1990年初めから本格的な即席麺類の市場が形成され，わずか20年で中国は世界最大の即席麺消費国に成長した。それと同時に，中国は現在世界最大の即席麺の生産国として2003年から2008年まで年平均約18％の成長を遂げ，2008年は数量基準で約532億食を生産し，前年比6.4％の増加を示した。市場シェアでは，世界即席麺市場のおよそ51％を占めている。金額基準では420億元，前年比16.5％成長し，世界

の約30％を占める。現在，中国の即席麺市場は康師傅，統一，白象，華龍等の台湾系企業と中国系企業が全体の75％以上を占めている。

4 農心（即席麺メーカー）の国際マーケティング戦略

本研究は，食品企業の国際マーケティングにおける標準化・適応化戦略の実態を動態的視点から検証することが目的である。そのため，1つのケースによる探索的な事例分析を行う。分析の対象は，韓国の代表的な食品企業の農心である。農心を分析対象とした理由は，後発食品（即席麺）企業の中でも，グローバル化が非常に進んでいるからである。また，競争が激しく，中国及び台湾系企業が主導権を握っている中国即席麺市場において独自のブランドを確立し，持続的に成長を成し遂げているからである。同社の事例は，既存の標準化・適応化戦略論に対する逸脱事例の性格を有しており，その事例を分析することで新たな知見の提示が期待されるからである。

一般的に，逸脱事例は統計分析に基づく定量研究を実施した場合，誤差として処理される可能性が高いため（田村，2006），本研究の対象である農心の場合も定性的な分析によるアプローチが有効であると思われる。本研究で用いたデータは，インタビューや公刊・内部資料から集めた。これは，多数のデータ元から事象を観察することで，事実の正確性を担保するためである（Yin, 1994）。インタビューは農心本社の国際戦略室の中国担当者に対して1時間半程度実施した（2011年8月18日）。さらに，後日，電話とE-mailによる確認と追加の質問を行った。資料に関しては，韓国語の新聞や業界専門誌の他，農心のアニュアルレポート，経営報告書，農心中国法人の報告書，及び社史『農心40年史』等の資料を利用した。

（1）農心の概要
①企業概要

1965年に設立された農心（株）は韓国の代表的な食品企業で，即席麺，スナック，飲料の製造販売，そして輸入食品の販売を主たる事業として展開している。2012年末基準で同社の国内の売上高は約2兆957億ウォン（約2,100億円），

第Ⅲ部　事例研究

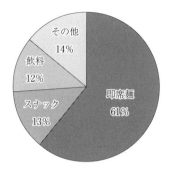

図10-2　農心の事業別売上高の割合（2012年末基準）
出所：農心経営報告書を元に筆者作成。

営業利益は1,018億ウォンを記録した。事業別売上高の比率をみると，即席麺事業の割合が約61％（1兆2,788億ウォン）で最も高く，スナック事業が約13％（2,765億ウォン），飲料事業が約12％（2,584億ウォン），そしてその他の事業が約14％（2,820億ウォン）を占めている（表10-2，図10-2）。農心は韓国ソウルに本社を置き，国内に6つの生産工場を持つ。(2)現在，国内をはじめ世界80カ国以上に各種製品を輸出しており，中国と米国では生産拠点をも運営している。特に国内では，2012年末基準で即席麺市場において65.4％，スナック菓子市場では30.8％のシェアを獲得している。また，国内企業としては唯一，3年連続ダウ・ジョーンズの持続可能経営指数（DJSI Korea）食品産業の首位企業として選定されるなど，即席麺とスナック事業では韓国トップの企業として位置づけられる。

②歴史・沿革

現在の農心は，ロッテグループ創設者の辛格浩（日本名は重光武雄）の弟である辛春浩が1965年に設立したロッテ工業株式会社が母体である。資本金500万ウォン（約50万円）で始まった同社は，翌年にロッテラーメンの生産を開始する。後発企業であった同社は，1971年に牛肉ラーメンをヒットさせ，23％の市場を獲得し，その翌年には「セウカン」という韓国初のスナックを開発して黒字経営を進めることとなる。1975年には新たに開発した「農心ラーメン」がヒ

⑵　具体的には安養工場，安城工場，牙山工場，亀尾工場，釜山工場，菉山工場である。

表10-2　農心の国内売上高の推移

(単位：億ウォン)

	2006年	2007年	2008年	2009年	2010年	2011年	2012年
総　売　上	15,838	16,002	17,764	19,541	20,086	20,934	20,957
内訳　即席麺	10,716	10,612	11,967	12,858	12,572	12,903	12,788
スナック	2,061	2,166	2,045	2,273	2,441	2,733	2,765
飲　　料	1,237	1,357	1,618	1,980	2,301	2,511	2,584
その他	1,267	1,292	1,343	1,439	2,772	2,787	2,820
営　業　利　益	1,491	1,138	1,012	1,051	1,072	982	1,018

出所：各年経営実績資料を参考に筆者作成。

ットし，1978年には社名を現在の「農心」に変更した。また，1981年には韓国初のカップ麺を開発して技術力を認められ，その後も多様な製品を継続的に発売するなどして，1985年には韓国国内でシェア1位を達成した。また，1986年に開発した「辛ラーメン」は同社の主力製品であり，現在，韓国国内で単一製品としての市場シェア1位を維持している。農心は，1986年のソウルアジア大会（Asian Games）及び1988年ソウルオリンピックの公式即席麺供給企業として指定されることにより，徐々にグローバル化を推し進めていった。さらに，1998年にはミネラルウォータを発売するなどして飲料事業を本格化する。2003年になると，農心グループは持株会社体制に転換し，株式会社農心ホールディングスを設立することになる。農心ホールディングスは農心をはじめ，他にも5つの子会社をもつ。同社の国内売上高の推移は表10-2のとおりである。

(2) 企業グローバル化の歩み

　農心の海外進出元年は1981年である。農心は同年，即席麺の発祥地ともいえる日本市場に，輸出拡大と先進技術に関する情報収集を目的として事務所を開設し，イトーヨーカドーとの合意のなか，本格的な輸出を開始することとなる。1984年には，ソウルオリンピックの公式供給企業に選定されたことから，同社の「キムチラーメン」などが日本のマスコミに紹介され，消費者や現地小売業

---

(3) 農心ホールディングスの子会社には栗村化学（株），泰耕農産（株），農心企画（株），農心開発（株），農心エンジニアリング（株）がある。他に，ホテル農心，MEGAマートなどの系列会社も運営している。

表10-3　海外法人の売上高推移

(単位：百万ドル，輸出を含まず)

	2009年	2010年	2011年	2012年
売 上 高	202.2	239.3	267.9	282.1

出所：各年アニュアルレポートを参考に筆者作成。

者から徐々に注目を集めることになる。

　一方同社は，1984年アメリカのサンフランシスコにも事務所を設立する。しかし，1987年に在米韓国人を対象に販売を拡大するため，在米韓国人市場が形成されていたLAに事務所を移転することとなる。当時，サンヨーの「サッポロ一番」がLAに在住する日本人をはじめアジア系の人々に人気が高かったが，農心の「ノグリ（日本語意味：タヌキ）」が発売されてからは，同製品が在米韓国人の間で人気を集め，急速に売上高が上昇した。

　次に，東南アジアの前哨基地として同社が選んだのは香港である。1987年に開設した香港事務所は，中国及び東南アジア市場進出に対する妥当性の調査およびマレーシアなど東南アジア地域のパーム油関連の情報収集の拠点として役割を果たした。また，中国市場の拡大のため，朝鮮族が多い東北3省（黒龍江省，吉林省，遼寧省）の販路開拓の必要性を認識し，香港事務所を拠点にこれらの地域を対象とした販売促進活動を強化した。

　海外市場では国内基盤ブランドである「辛ラーメン」を中心に，ヒット商品を積極的に導入した。韓国国内で培った独自の技術力・商品開発力，マーケティング力を最大限生かした付加価値の高い商品を展開することで，着実に事業を拡大している。「辛ラーメン」の輸出国数の推移をみると，1990年に38カ国，2000年に57カ国，2010年に71カ国，2013年には88カ国に達した（食品ジャーナル，2014.01.07）。

　農心は2008年1月14日，新たな飛躍のための「ビジョン2015年」を宣布し，グローバル食品企業としての目標を明確にした。具体的には，10個のパワーブランドを確保すること，また4兆ウォンの売上高と5千億ウォンの利益を達成すること，さらに売上高4兆ウォンのうち，1兆ウォンを海外事業で獲得することであった。こうした目標を実現させるため，東北アジア，南北アメリカ，東南アジア，ヨーロッパの4つの地域別生産及び販売体制を構築すると同時に，

表10-4 本社の輸出額の推移

(単位:億ウォン)

	2007	2008	2009	2010	2011	2012
輸出額	575	791	991	1,185	1,355	1,318

出所: 出所:各年経営実績報告書を参考に筆者作成。

　海外の生産拠点を4カ所から9カ所に拡大し,積極的に投資を推進していくという方針である。その一環として,2009年にはベトナムとロシアに現地事務所を設立した。また,2011年4月には釜山工場にイスラム圏消費者を意識したハラル(Halal)専用生産ラインを竣工し,「ハラル辛ラーメン」を発売した。この製品はインドネシア,サウジアラビア,U.A.Eなどに輸出している。

　同社の積極的な国際化により,海外法人の売上は(2012年末基準),前年より5.3%増加した2億8210万ドルを記録した(表10-3)。地域別には中国で18.4%,アメリカで4.6%の成長を遂げた。他に,ヨーロッパやオセアニア・太平洋地域など主要地域への輸出も拡大している。輸出は,前年に比べ,2.8%減少した1,318億ウォンを達成している(表10-4)。アメリカや東南アジアへの輸出はやや減少したが,中国やロシア,そして中東地域への輸出は2桁の増加率を記録した。

(3) 即席麺事業のグローバル化

①アメリカでの展開

　農心は140万人を超える在米韓国人市場をターゲットとし,1971年からLAに即席麺を輸出してきた。その後,現地事務所が1984年8月サンフランシスコに開設された。食品工業の先進国であるアメリカの技術及び経営情報の収集と,LAを中心とした在米韓国人市場への輸出を活性化するためであったが,在米韓国人向けの販売が好調であったため,1987年7月には事務所をLAに移転することとなる。その後,アメリカ向け輸出の持続的な増加に伴い,1994年11月には現地法人農心アメリカ(Nong Shim Ameriac, Inc.)を設立した。在米韓国人以外のアジア系及びヒスパニック系の購買割合が35%以上まで拡大するなど,アメリカでの売上高拡大による現地生産の必要性を認識した同社は,2003年3月カリフォルニア州のLA付近のRancho Cucamongaに農心フーズ(Nong

第Ⅲ部　事例研究

表10-5　農心の主な海外拠点

国　名	地域名	設立年	詳　　　細
アメリカ	LA	2005年	販売法人・生産法人（5種類の即席麺，粉末スープなど）
ロシア	ウラジオストク	2010年	事務所
ベトナム	ホーチミン	2010年	事務所
日　本	東京	2002年	販売法人（東京本社，大阪支社，3つの支店を運営）
中　国	上海	1996年	生産法人（4種類の即席麺）
	青島	1998年	生産法人（粉末スープ，スナック，エキスなど）
	瀋陽	2000年	生産法人（4種類の即席麺，スナック）

出所：アニュアルレポート2013年及びホームページをもとに筆者作成。

Shim Foods, Inc）を設立し，工場建設の準備に着手した。2004年に着工し，2005年6月にはCIM（Computer Intergrated Management）システムを備えた最新工場を竣工した。同工場は「辛ラーメン」などの即席麺を主に生産するが，年間約2億個の生産能力を持つ。2012年アメリカ現地法人による売上高は，前年比9.7％増加の1億3140万ドルであり，順調に成長しているといえる。

農心アメリカは，「辛ラーメン」などの消費が現地のアジア系やヒスパニック系の人々にまで拡大し，人気を集めると，アメリカ人に馴染みのあるチキン味のボウル麺「Spicy Chicken Bowl Noodle」を新しく開発し，現地市場の拡大に本格的に取り組んだ。こうした動きは最近まで継続的に行われている。[4]また，2011年にはLPGA KIA CLASSICとスポンサー契約を締結するなど，現地人向けのプロモーションにも力を入れている。

同社製品は現在，ウォルマート，コストコ，Sam's Clubなどのアメリカの大型マートでも販売されており，中でも，ウォールマートとは2013年1月から直接取引による製品供給が可能になった。それまでは現地ディーラーを通じた供給であったが，直接供給が可能になったことは同社のアメリカでのブランドイメージが向上したことを意味する。現在の農心の海外拠点は表10-5のとおりである。海外の生産拠点は，アメリカと中国に合計4カ所で稼働中である。

---

[4] 他にも「辛い豚骨ラーメン」とチリソースを使ったビビン麺「ハーモニー」を開発した。ニューヨーク中央日報（2014.5.29）「農心アメリカ新製品発売」。

②日本での展開

　即席麺の発祥地である日本は，製造技術，設備，海外進出などの面において韓国企業より先行していた。農心は，輸出および情報収集を目的に1981年に現地事務所を設立した。当初は，流通大手にOEM方式でスナックなどを販売したが，ソウルオリンピックを契機に韓国食品に対する認知度が向上し，日本市場に向けた農心の即席麺の輸出も拡大しはじめた。1990年代中盤からはコンビニ最大手であるセブンイレブンも同社の製品に関心を示した。1997年8月には東京地域の約250店舗で「辛ラーメン」のテスト販売を実施した。テスト販売の結果が好評だったため，セブンイレブンは関東地域の約2,800店舗で1997年11月から同製品の販売を開始した。翌年からは全国のセブンイレブンの店舗に拡大され，またミニストップなど他のコンビニでも販売されることになった。

　2000年には日本の加ト吉と業務提携を結んだが，その内容は両社の製品を各々の国で販売代行することであった。農心は，日本市場へより積極的な輸出活動を展開するため，2002年に農心ジャパン（Nong Shim Japan, Inc.）を設立した。これを機に，加ト吉とは，販売以外の技術などの提携事業だけを維持することとなる。日本市場での販売強化のために設立された農心ジャパンは，設立後，販売体制強化に総力をあげており，2003年の売上高は10億円，2004年には20億円を突破し，経常利益で黒字を実現した。

　「辛ラーメン」に関して言えば，ここ数年間の売上高は驚異的なものである。2003年の同製品の売上高は65万ドルに過ぎなかったが，2010年には2240万ドル，2012年には2950万ドルを記録した（東亜日報 2013. 4. 11）。日本でのプロモーション戦略としては，まず主に地下鉄を利用する都市部の日本人のライフスタイルを考慮し，地下鉄の中に「辛ラーメン」の広告を掲載した。また，東京の中心地である銀座や渋谷，新宿などの地域で「辛ラーメン」のパッケージをラッピングしたトレーラーを巡回させながら認知度を高めた。

③中国での展開

　中国の即席麺市場への進出を検討していた農心は，当時台湾の輸入パートナーであった旺旺から中国での合弁事業に関する提案を受けた。旺旺が農心に合弁事業を提案した背景としては，同社が中国での新事業を検討する中，即席麺

市場の成長可能性に気付いたことがあげられる。また，中国で即席麺事業を先に開始した台湾系企業の康師傅との直接対決を目的に，即席麺専門企業である農心に共同事業を依頼したとの見解もある。当時の旺旺は，1992年に中国製菓市場に進出して以来，中国全域に32の工場を保有し，6100万ドルの利益を出すほどの実力を有していた。特に，旺旺が全国的な流通網を保有していたことは農心にとっても魅力的であった。

1995年，旺旺は中国市場での販売を担当し，農心は即席麺の生産を担当するという形で各々50％の持ち分を出資し，上海に上海農心旺旺食品有限公司（Shanghai Nong Shim BOOM & BOOM Foods CO., Ltd.）を設立した。しかしながら，この合弁事業は長く続かなかった。その理由はまず，相互の目的が一致していなかったことである。つまり農心は，自社の主力製品である「辛ラーメン」を発売し，中国でのブランドの構築を期待していたが，旺旺は康師傅の容器麺に対抗する目的でカップラーメンの発売を要求したのである。また，旺旺の販売責任者が相対的にマージンの高い自社製品の販売に集中したあまり，合弁会社で生産した製品に関しては積極的に販売活動を行わなかったこともあげられる。これにより，両者の関係に亀裂が入り，農心は中国本場からの撤退までも考えるようになる。

このような理由から，農心は投資審議委員会を構成し，パートナーの持ち分50％を買収することで100％の所有権を確保し，1998年から本格的に中国事業を開始することとなった。その後，農心は，1998年には青島に主にスープを生産する工場を，2000年には瀋陽に即席麺とスナック生産工場を設立した。また2002年には，青島にスナックを生産する第2工場を竣工した。そして2008年には，既存の上海工場を拡張移転し，上海の郊外の金山工業地区に新たな工場を設立した。加えて同社は，グローバルQA（Quality Assurance）活動強化のため，中国の青島に「農心中国食品安全研究所」を設立し，添加物，微生物，農薬，放射線調査など食品安全性に対する検証活動を積極的に取り組んでいる。このように，同社の中国での事業拡大は，輸出から合弁会社，生産法人，そして研究所へと変化しており，段階的に推進されてきている。

さらに，農心は韓国の食品メーカーとしては初めて，世界最大の電子商取引企業であるアリババ（alibaba）グループのタオバオ（taobao）と直営販売契約を

締結した。この契約で農心は、タオバオ内のB2C専用モールで農心食品専門館を開設し、「辛ラーメン」をはじめとする多様な食品を販売することになった。

近年、中国では、韓流の影響で売上高が急激に拡大している。最近は、韓国ドラマ「星から来たあなた」の人気により、2014年度上半期の売上高が史上最大の9,100万ドルを達成した。これは前年度比約40％の成長を達成したことになる（韓国経済新聞、2014.09.05）。

(4) 中国におけるマーケティング戦略

農心は中国進出を検討していた際、どの製品を主力製品とするかを慎重に検討したという。中国人の嗜好に合う製品を新たに開発することも考えていたが、経営陣が農心の伝統的な味で勝負することを強く表明したため、韓国国内で単一製品として不動のシェア1位である「辛ラーメン」を前面に出すことにした。

中国市場には300以上の即席麺メーカーがあり、韓国メーカーのみならず、台湾や日本メーカーなど名だたる即席麺メーカーがしのぎを削る注目の市場である。当時、中国の即席麺市場は高価格市場と低価格市場に両極化されており、低価格市場では上位3社が熾烈な競争を繰り広げていた。その一方で、当時の中国は急速な経済成長により消費者の可処分所得が増加し、高品質高価格製品の需要が徐々に増加する状況であった。結局、農心は競争が激しく、コスト面で優位性のない低価格市場への進出を断念し、今後の成長が期待される高価格市場を目標市場に定めることにした。つまり、13億の人口中、約6％の7800万人の高所得層を狙い、大都市で1000元以上の所得がある中産層を対象にした。以下では「辛ラーメン」の4Pを中心に中国市場における国際マーケティングの現状を把握することにしたい。

①製品戦略

当初、農心は本格的な中国展開のため、「1市場に1製品」というスローガンのもと、全ての力量を「上海」と「辛ラーメン」に集中した。上海を注目し

---

(5) タオバオは中国のオンラインマーケット占有率が80％以上を占めている。

た理由は，中国の商業中心地であるため，上海での成功は中国全域への成功に繋がると判断したからである（韓国輸出入銀行海外経済研究所，2006）。一般的に，四川省，貴州省，湖南省などの地域では辛い料理が好まれるが，その他のほとんどの地域では好まれない。また，一部の中国人に好まれる辛い味は韓国のそれとは異なる。中国の辛さは「強く刺激的」というイメージであるが，韓国の辛さは「辛さの中にも甘さがある」というイメージである。

中間層をターゲットに高品質の製品を提供するため，品質や味を標準化している。ただし，中国でのブランドネームにおいて，「辛ラーメン」の「辛」は韓国と同一の漢字を使用しているが，ハングルで表記されている「ラーメン」の文字は，表記法の規定により中国語の「拉面」に置き換えて表記せざるを得なかった。また，パッケージングにおいて，煮込んで食べることを周知させるため，「煮面」という小さい文字も掲載しているが，その他の素材やレイアウトなどは標準化している。こうした標準化志向の製品戦略は進出当時も現在も変わっていない。

②価格戦略

価格面では，設備投資や事業の規模，そして人件費などを踏まえると，中国の現地メーカーよりも安く提供することは非常に難しい。そこで農心は，「辛ラーメン」を高品質高価格製品と位置づけ，価格競争に巻き込まれないような方針で展開した。当時，中国で販売されている即席麺の平均価格が中国元で1～2元であったが，「辛ラーメン」はその2倍水準の2.8元で販売した。これは韓国国内とほぼ同水準の価格設定であった。中国で販売されている同社の他製品も「辛ラーメン」とほぼ同じ価格か0.2元程安く設定しており（中国農心本部，2009），現地では最も高い価格帯に含まれる。同社は，韓国国内と同品質の製品を中国内の競合他社の製品より高い価格で販売することによって競争を避けると共に，プレミアムイメージの構築に成功した。その後も辛ラーメンは他製品より高い価格（現在約4.5元）を維持している。

③プロモーション戦略

「辛ラーメン」のプロモーションは，認知度の獲得と製品に対する理解促進

を目的にマス広告やセールスプロモーションなどで実施された。マスコミ広告は，テレビ広告とバスの車体広告での露出が主たる手段であり，セールスプロモーションは大型スーパーなどでの試食会で展開されている。さらに，製品名である「辛ラーメン」を使った国際イベントの開催も認知度向上に寄与した。以下，プロモーションについて詳しく見ていく。

同社が「辛ラーメン」を中国に発売した際，中国人は即席麺を「方便面」と認識したため，お湯を入れて蒸して食べる間食の1つとして考えていた。一方，韓国では袋麺を鍋に入れて煮込んで食べる方法が一般的であった。同社は，このような中国人の即席麺に対する意識を転換させるために現地向けの広告を開発した。テレビ広告では親子が登場し，父親が「ラーメンはどうやって食べたら美味しいか？」と聞くと，息子が「もちろん，煮込んで食べたほうが美味しいでしょう」と応える比較的シンプルな内容であった。このテレビ広告を展開しながら，ラーメンは鍋で煮込んで食べると，間食としてだけではなく，1回分の食事の代わりになり得るというコンセプトをアピールし続けた。また，韓国的な辛い味を中国人に知ってもらうため，湖南省出身の毛沢東が残した「万里の長城に登れないと男じゃない」という言葉をパロディにした「辛いものを食べられない男は男じゃない（吃了辣味非好漢）」という広告コピーを開発した。このようにして，上海と北京市内を中心にテレビを使った宣伝活動を展開し，韓国的な辛い味を積極的に宣伝した。

また，中国人が普段よく利用する交通手段がバスであることに着目し，上海と北京を中心にバス広告を展開した。バスの外側を「辛ラーメン」固有の赤い色でラッピングした「辛ラーメンバス」を巡回させたのである。バス広告は中国人が好む赤色を前面に出しており，親近感を感じさせることができた。

さらに，農心はこうした広告活動に加え，辛い食品を好む四川省，貴州省，湖南省などを中心に，流動人口が多い百貨店や大型スーパーで試食会を実施し，中国人の意識を変えるために努力した。

最後に，同社は中国で人気が高い囲碁に注目し，1999年から「農心辛ラーメン杯世界囲碁最強戦」を開催している。同大会は日本と韓国，そして中国のト

---

(6) 鍋文化が発達していない中国ではお茶を楽しむ文化のため，一般的にお湯は常に用意されており，簡単に方便面を食べられる文化であった。

ップの棋士たちが参加する国際イベントである。大会の名称を農心杯ではなく，「農心辛ラーメン杯」にした理由は，中国での「辛ラーメン」のブランドイメージを確立するためであった。このイベントは，中国現地のCCTVを通じて全国に放映され，高い広告効果を得た。たとえば，「辛ラーメン」の売上高も前年度の約40万箱から2000年には約200万箱まで拡大した。また同社の知名度が高まり，代理店や大型チェーン店など取引先の拡大にも繋がった。その後も毎年このイベントが開催されているが，イベント開催中には各店舗での試食会を同時に実施し，シナジー効果を図っている。

④流通チャネル戦略

　農心は，流通チャネルにおいて，現地では主流の売り掛けの取引方式ではなく，現金での取引方式を採択した。進出初期には製品の認知度が低く，代理店も農心製品の扱いに消極的であったため，代理店流通経路の構築が困難であった。しかし，「辛ラーメン」は他の製品より高価格ではあるが，流通マージンも高いというメリットを取引先に理解させることができたことと，「辛ラーメン杯世界囲碁大会」による知名度向上により，代理店組織が徐々に拡大した。

　中国の流通構造は，非常に複雑で政府の流通に対する支配力も強いといわれる。中国の流通経路は，直接販売経路（直営売場，直販店開設），間接販売経路（卸売段階の中間商，小売委託販売）に分類できる。こうした流通環境の中で，農心は当初，独自の物流体系を構築するのではなく，地域や省ごとに異なる流通経路を展開した。実際問題，中国全土を対象にすることは不可能であったため，1級都市である北京，上海，広州，瀋陽地域を拠点に東北沿岸の大都市および東北3省に営業力を集中した。特に主要都市では，大型小売業者やディスカウントストアを中心に積極的な流通活動を行った。その理由としては，小規模の現地業者と取り引きするより現代的流通管理システムを備える欧米系の業者と取り引きすることが安全性が高いと判断したからである。また，ウォルマートやカルフールのような欧米系小売業者は，比較的中産層以上の消費者が多く利

---

(7) 上海TVでは，上海での対戦期間中（4日間）は毎日約2時間半を中継したが，これを金額に換算すると約40億ウォンの広告効果になるという。
(8) 中国の都市は，直轄市や省都，人口や域内総生産等を基準に1級～4級都市に分類される。

用する場所であったためである。一方同社は、大都市以外の地域においては代理店を中心とする流通体系を構築しつつある。小売委託販売は、売り掛け取引の危険性が多いため、可能な限り排除してはいるが、自社の製品を多くの地域に宣伝するため、3カ月の売り掛け取引を一部のみ許容している。農心としてはやや危険性を伴う決定にはなるが、中長期的な観点からすると様々な地域の消費者が自社の製品に触れることができるため、このような判断を下した。中小都市は複数の代理店を置き、定期的に市場開拓活動を支援している。最近は営業組織の再編を通じて2・3級都市の流通組織を拡大すると同時に、大型流通業者との取引を強化するため、交渉専門家の育成と相談組織の新たに設置した。

⑤中国での経営成果

「辛ラーメン」が徐々に中国の消費者に受け入れられるようになると、多くの現地企業が高級袋麺製品を次々と発売しはじめ、知名度が低かった農心は苦戦を余儀なくされた。進出後の最初の約10年間は赤字経営であったが、継続的な原価削減と市場革新活動、そして徹底した高品質高価格のマーケティング戦略を展開し、「辛ラーメン」のブランドイメージを確立させた。当時、同製品は毎年30％以上の成長率を記録した。それにより、売上は継続的に拡大し、利益も2008年から黒字に転換している。中国市場においても、「辛ラーメン」は農心にとって最も重要なブランドとなり、2008年の売上高の約35％を同製品が占めている。農心の中国内の売上高は、進出当時の1996年には180万ドルであったが、2000年には1,300万ドル、2007年には5,210万ドル、2012年には1億95万ドルにまで成長した。各拠点別の売上高の推移は表10-6のとおりである。

中国人が好む即席麺ブランドの代表格は、牛肉ベースの多少刺激的な「紅焼牛肉」の味を最初に中国に導入した康師傅といわれ、中国国内の主要都市で選好度1位を獲得している。多様なブランドが激しい競争を繰り広げている中国市場において、農心「辛ラーメン」の選好度は上海で3位、東北の中心都市である瀋陽では5位にランクされている（中国農心本部、2009）。また、同社は2007年の時点で、中国プレミアム即席麺（袋麺1個2元以上）市場において42％のシェアを占めており、中国進出の成功例として評価されよう。さらに、一時

第Ⅲ部　事例研究

表10-6　中国における農心の売上高の推移

(単位：百万ドル)

	2004	2005	2006	2007	2008	2009	2010	2011	2012
売上高	38.0	46.4	47.5	52.1	68.0	70.7	84.8	92.6	109.5
内　瀋陽	11.7	15.6	16.5	18.2	26.7	24.7	29.8	30.5	36.7
青島	11.4	13.6	12.1	14.6	15.5	17.3	21.6	25.6	30.4
上海	14.9	17.2	18.6	19.3	25.8	28.7	33.4	36.4	42.5

出所：各年経営実績報告書を参考に作成。

期，中国内では現地企業による「辛ラーメン」の模倣製品が複数発売されるなど，その人気の高さを伺うことができる。現在は，現地のトップ企業も辛い味の高級袋麺を次々と発売しており，同社は高級袋麺という新たな市場を形成および拡大する牽引役となった。

(5)「辛ラーメン」の国際マーケティング戦略（補足）

農心のグローバル戦略製品である「辛ラーメン」（袋麺）の海外展開を標準化・適応化の視点から検討する。まず，標準化志向が強い項目としては，「辛ラーメン」の味及びブランドネーム（パッケージ），コンセプト（ポジショニング），そして価格帯があげられる。

第1に，「辛ラーメン」の価格は，ドルで換算した場合（2011年12月31日為替適用），韓国：0.68ドル，日本：1.39ドル，中国：0.59ドル，アメリカ：1ドル，ドイツ：1.54ドルである。このように各国での販売価格を1つの通貨で換算すると多少のバラツキが生じるが，各国の消費者の感覚で考えるとそれほどの価格差はない。「辛ラーメン」の価格は本社が各現地法人にガイドラインを提示し，その中で決まる。また輸出国の場合は本社が決定する。いずれにせよ，同製品の価格が現地の即席麺より高価格で設定されていることは標準化されている。第2に「辛ラーメン」の味だが，韓国的な辛い味は各国共通である。第3に，ブランドネーム（パッケージ）は基本的には標準化を志向しており，本社と各国の法人代表は「辛ラーメン」のブランドネーム（パッケージ）を統一させて販売している。韓国では，「辛ラーメン」の「辛」は漢字を使っており，「ラーメン」はハングルで表記されている。海外市場でも，基本的には，韓国

(9) Money Today「国内辛ラーメン価格，海外主要国物価水準対比低廉」2012.03.21.

第 10 章　食品企業の国際マーケティング戦略

写真10-1　「辛ラーメン」の世界各国のパッケージ
出所：農心提供

と同様に表記しているが，ハングルで書かれている「ラーメン」の下には各国の言語を併記して販売している。例えば写真10-1のように，日本では「ラーメン」，アメリカでは「RAMYUN」を記載している。ただし，中国では，先述したように表記法の規定のため，「辛ラーメン」の「ラーメン」の部分を中国語の「拉面」に修正して表記している。また，企業名は中国を除いて，英語で「NONG SHIM」と表記している。このように，輸出製品も現地生産の製品も基本的には同じパッケージで展開しているが，現地での理解水準を考慮し，現地の言語を併記している。第4に，製品のコンセプト（ポジショニング）だが，中・高価格の独特な韓国の辛い即席麺という共通のイメージを強調している。

一方，現地事情を考慮して，適応化しているマーケティング要素としては流通チャネルやプロモーションがあげられるが，特に，プロモーションは現地での認知度を向上させるため，現地市場の主たる交通手段を考慮した交通広告を展開している。

農心の関係者によると，一般的に，食品の味は各国固有の好みが存在するため，現地国向けに開発した製品は他の国に移転することは簡単ではないという。ただし，最近中国市場拡大を狙って開発した「上海湯麺」を，タイに移転していることが確認できた。

現在のところ，上述のケース以外に現地からのマーケティング関連資源移転の事例はほとんどないが，今後プロモーション分野でのノウハウの蓄積による資源移転が期待される。その理由の1つは，特定の新興国向けに開発されたプロモーションのノウハウは，市場の成熟度が類似した他の新興国でも通用する可能性が高いからである。

第Ⅲ部　事例研究

5　動態的視点を用いた標準化・適応化の実態分析

　本章は食品企業の標準化・適応化戦略の実態を動態的視点から明らかにすることを目的とした。そのため，即席麺業界において業績を伸ばしている農心を対象に中国でのマーケティング戦略について事例分析を行った。以下では，事例研究の結果をまとめながら検討する。第1に，製品戦略はほとんどの項目で標準化を展開していることが明らかにした。ブランドネーム（パッケージ）表記は，中国の法律により，「辛ラーメン」の「ラーメン」の部分をハングルで表記できず，中国語で「拉面」と表記しているが意味は同一である。その他の味や規格などは標準化している。ここで注目すべき点は，即席麺が「方便面」として認識されていた中国の市場状況の中で，同社は韓国での製品コンセプト，つまり「煮込んで食べる辛い味のラーメン」をそのまま標準化したことである。知名度も低く，流通チャネルも整っていない状況の中で標準化を志向したことは大変興味深い。

　農心が「辛ラーメン」の製品戦略に対し標準化を採択した要因には，次のようなことがあげられよう。まず，中国の領土が広大で，食品に対する地域ごとの嗜好が異なるため，各地域向けの適応化製品を提供することは困難だと判断したからである。[10] これは環境要因として理解できる。次に，中国市場には辛ラーメンのコンセプト「辛い味の高級袋麺」と類似した製品が存在しなかったが，これは競争要因として認識できる。さらに，進出タイミングも1つの要因としてあげられる。農心が中国に本格的に進出する約5年前に韓国の競合他社S社がすでに進出していた。しかしS社は，現地ニーズに合わせた製品の適応化を試みたものの，現地消費者に受け入れてもらえず，1999年に生産を中止，2002年には完全撤退を余儀なくされた。このことは農心にとっては反面教師となり，戦略方向性の決定に影響を与えたと考えられる。つまり，中国進出のタイミングが遅かった農心は先発企業の経験を間接的に学習することができたのである。これに関しては，競争要因として認識することもできるが，農心が中

---

[10]　現地トップ企業である康師傅は，中国国内の各地域のニーズに合わせ適応化した製品を数多く提供しており，同社はそれを強みの1つとしている。

第10章　食品企業の国際マーケティング戦略

国進出ラッシュという流行に左右されず進出タイミングを見極めていたことは事実であるため,進出戦略要因として理解することもできよう。最後に,経営者の意思もあげられる。同社の経営者は現地ニーズに合う味を開発することは現地企業にかなわないだろうと認識していた。一方,韓国国内で一番売れている「辛ラーメン」は中国や世界でも通用できるという自信を持っていた。これは企業の内部要因として認識できる。こうした影響要因により,同社は「辛ラーメン」を標準化した形で展開し,現在もその標準化戦略は変えていない。ただ,当初,大都市の高所得層を目標顧客としていたが,その後,徐々にターゲット層を全国の中間層にまで拡大している。

　第2に,プロモーション戦略については,ほとんどの項目で適応化を採択している。その要因としては,韓国国内とは異なる食文化が定着していたことがあげられる。これは市場要因として理解できる。つまり中国市場は,即席麺を鍋に入れて煮込んで食べる文化ではなく,方便面という麺にお湯を入れて間食として食べる文化が主流であった。同社は,鍋に入れて煮込んで食べる「辛ラーメン」(袋麺)の特徴をそのまま中国に移転したため,袋麺の良さをしっかりアピールする必要があった。いわゆる食べ方の提案である。そのために制作した広告コピーが「ラーメンは煮込んで食べるのが美味しい」なのである。また,高品質の辛い味をアピールするために,現地の有名な語録を活用する形で広告を適応化した。このように広告の基本テーマや表現が適応化された。その後の広告戦略も韓国国内とは異なる適応化が進められた。その1つは,韓国のアイドルグループH.O.T.を登場させた広告である。同社は,韓国国内ではスターを起用せず親近感のある芸能人を起用するという方針を取っている。しかし中国では,競合他社よりも注目を集め,ブランド認知度を高めるため,韓流スターをモデルに起用した。原産国効果(country of origin)の観点からすると,中国における韓国のイメージは比較的肯定的な部分が大きかったため,韓流を活用することが効果を発揮できたと思われる。このことは,競争環境が国内と異なることが影響を及ぼしたと考えられる。同社はテレビ広告以外に,試食イベントも積極的に実施したが,その理由もテレビ広告と同様,食べ方の提案や理解促進のためであった。

　第3に,価格は標準化で展開されていることが明らかになった。中国での価

格は韓国国内と同じ水準に設定されており，標準化志向といえる。辛ラーメンは他社製品より約2倍高く設定されており，高価格戦略で展開されている。こうした価格の標準化に影響を与えたのは，現地のハイエンドマーケットをターゲットにしたことが理由の1つである。その他に，製品を標準化したことも原因としてあげられる。すなわち，品質や味等を韓国国内と同一にしたために，価格も同じ水準に設定せざるを得なかったのである。つまり標準化・適応化の決定には，文化等の外部環境や経験等の内部要因だけではなく，他のマーケティング要素（4P）も影響を与えていることが確認された。この結果は，既存研究の中ではほとんど議論されていないが，どのマーケティング要素が他のどのマーケティング要素に影響を与えたかについて今後注目する必要があると考える。このように進出当初から高価格で販売されていた同製品は，現在も現地の他社製品の平均（2〜3元）より高い価格（約4.5元）で販売されている。

第4に，流通チャネルは適応化されていることが確認できた。中国の流通構造は複雑であるため，グローバル市場で知名度の低かった農心は必死にチャネルを構築しなければならなかった。流通環境が異なる中国において，同社は比較的都市化が進んでいる地域から段階的に攻略した。商慣行の違いや販売経路の違い等流通環境の違いに対応する形で適応化を推進したのである。現在も流通チャネルは基本的には現地に合わせた形で進められている。

こうしたマーケティング戦略を展開したことにより，農心は現地市場において新たな製品カテゴリーを創造すると同時に，独自のブランドイメージを構築することができた。

表10-7は，中国における「辛ラーメン」の標準化・適応化を動態的視点からまとめたものである。4Pの中でも，製品戦略と価格戦略の各要素はほとんど標準化されていることが見てとれる。その一方で，流通チャネルとプロモーション戦略は，適応化傾向が強い。この結果を既存の実証分析の結果と照らし合わせてみると，まず，製品の標準化・適応化の実態に関しては，Sorenson & Wiechmann（1975），Picard, et al.（1988），Theodosiou & Leonidou（2003）の分析結果と部分的に一致している。次に，価格関連要素は標準化傾向にあることを発見したが，この結果は，Akaah（1991）やOzsomer et al.（1991）等の実証分析での結果とは異なる。さらに，プロモーションに関しては適応化さ

第10章　食品企業の国際マーケティング戦略

表10-7　中国における「辛ラーメン」の標準化・適応化

	項　目	進出当初		現在
ターゲティング	ターゲティング	適応化志向	⇒	変化
ポジショニング	ポジショニング	適応化志向	⇒	同一
製品戦略	ブランドネーム	標準化志向	⇒	同一
	味	標準化志向	⇒	同一
	規格	標準化志向	⇒	同一
	包装	標準化志向	⇒	同一
	コンセプト	標準化志向	⇒	同一
価格戦略	小売価格	標準化志向	⇒	同一
	価格設定	標準化志向	⇒	同一
流通チャネル戦略	流通全般	適応化志向	⇒	同一
プロモーション戦略	広告の基本テーマ	適応化志向	⇒	同一
	広告表現	適応化志向	⇒	同一
	広告媒体	適応化志向	⇒	同一
	セールスプロモーション	適応化志向	⇒	同一

れていることが確認できるが，これはSorenson & Wiechmann（1975）の分析結果と部分的に類似している。彼らの研究結果では広告テーマは標準化，広告媒体は適応化されていたが，本研究では両方とも適応化されていた。続いて，流通チャネルにおいては，従来の研究と同様，適応化傾向が強いことが明確になった。最後に，動態的視点を取り入れて明らかになったことは，農心の場合，進出当初と現在のマーケティング標準化程度がほとんど変化していないことである。このことは，まず進出時のマーケティング標準化程度の選択が非常に重要であることを示している。また一定期間の赤字を覚悟しながらも，ブランドイメージを構築した同社のように，長期的戦略目標を持って事業活動を展開することの重要性をも表している。

6　動態的視点から標準化・適応化戦略をとらえることの意義

　本章は食品企業の国際マーケティングにおける標準化・適応化戦略の実態を動態的視点を取り入れながら明らかにした。ここでは，今までの議論を振り返

りながら，分析結果の含意について検討する。本研究の既存研究への貢献は，次の3点である。第1に，同時達成のロジックが不在する中，本研究は成功している食品企業の事例分析を通じ，食品企業にとって有効な標準化・適応化のロジックについて影響要因との関係を吟味しながら明らかにした。もちろん，本研究は後発食品企業1社に対する事例にすぎないが，大石（2009）がいうように，事例研究を積み重ねることによって一般性を見出すことができると考えられる。そういう意味で，個別企業の実態を観察した本研究は，今後の一般性追求の手がかりとなりうる。

第2に，本研究では動態的視点から分析を試みた。既存研究は静態的視点からの実証分析がほとんどである。ただし，天野（2002）と馬場（2004），そして熊倉（2008）は動態的視点を取り入れ，標準化・適応化戦略論に有効な知見を提示している。彼らは，特定の国で適応化したマーケティング要素を他の国へ移転するという意味での動態的視点を示したが，本研究は，1つの特定市場におけるマーケティング戦略を動態的視点から検討した。既存研究の限界を踏まえ，本研究では，分析対象をマーケティング4P全体にまで広げ，またその変化を分析しているのが特徴である。

第3に，本研究は既存研究の通説に対する逸脱事例としても位置づけられる。つまり，食品は適応化が有効であるという既存研究の命題に対し，いくつかの条件のもとでは，必ずしもそうではないという仮説を提示することができた。これは，実践的な含意として認識することができる。すなわち，多様なニーズが存在する巨大な新興国の食品産業に進出する際，自社製品の味や品質等において独自の優れた特徴を有し，なおかつ進出先市場に自社製品と類似したコンセプトの製品が存在しない場合，製品の標準化がより有効であるということである。

本研究には課題も残されている。本研究は韓国の食品企業1社だけを対象にしているため，追加的な事例分析が必要である。その際，韓国の他の食品企業に対する分析と，日本等の食品企業に対する分析の両方を行うことによって議論が深まると考えられる。これらに関しては今後の課題にしたい。

第 **10** 章　食品企業の国際マーケティング戦略

〈謝辞〉

　本章の執筆にあたり，農心（株）国際戦略室の Park Hwang-Gun 課長（当時）および広報室の Yoon Sung-Hak 課長（当時）に大変お世話になった。多忙な中，インタビューにご協力いただいたことを心から感謝いたします。

終　章
国際マーケティング戦略の新たな方向性

1　本研究の総括

（1）各章の要約

　本研究の目的は，従来の国際マーケティングにおける標準化・適応化戦略が持つ限界を克服するために標準化・適応化戦略の新たな分析枠組を提示すると共に，進出戦略および市場細分化戦略との関係を踏まえながら，国際マーケティング戦略の新たな理論的および実践的視点を提示することであった。そのため，アジア市場に進出している韓国企業を対象とした実証分析及び事例分析を行った。本研究で展開した理論と実証分析，そして事例分析を総括しながら，各章の要約と議論のポイントをまとめると以下のようである。

　第1章では，まず国際マーケティングの概念を明確にするために，国際マーケティングの生成と定義について検討した。特に，国際マーケティングとグローバル・マーケティングの概念の相違を発展段階論的アプローチを用いて確認した。すなわち，国境を越えて展開されるマーケティングの諸活動を広義の国際マーケティングとしてとらえ，その中に輸出，国際（狭義），多国籍，グローバル・マーケティングが含まれるということである。ここでいうグローバル・マーケティングは国際マーケティングの現代的形態であり，国際マーケティング発展段階の最終段階に位置づけられる。

　次に，国際マーケティングの標準化・適応化戦略論における問題点を明らかにするために，1960年代から2000年代に至るまでの変遷過程を検討した。歴史的考察を行うに当たり，標準化・適応化戦略の対象領域，標準化・適応化の傾向，そして研究形態といった分析視点を持って論を展開した。具体的にみると，第1に，標準化・適応化の対象は広告から始まり，マーケティングの4P（プ

ログラム），プログラムを開発するプロセス，そして他の経営活動および親子会社の組織的問題まで拡大されていることが明確になった。第2に，標準化・適応化の傾向は，1960年代には広告に対する論争が始まり，1970年代には適応化傾向が強くなる。また，1980年代になると再び標準化論争が展開されるが，1980年代の後半になると標準化の「程度」が重要であるという認識で落ち着く。第3に，研究の形態は，当初は概念的研究が主流であったが，2000年代に入ってからは実証研究の割合が概念的研究を上回っており，標準化・適応化戦略研究が国際マーケティング領域において今なお重要なテーマであることが明らかになった。第4に，実証研究の焦点は，標準化・適応化の実態を分析することから始まり，標準化程度に影響を与える要因の識別に拡大され，1990年代からは標準化・適応化戦略と経営成果との関係にまで及ぶ。その後，影響要因の識別，標準化程度と経営成果との関係，そして企業の内部要因と経営成果の関係を分析するまでに至る。こうした歴史的考察を通して，標準化・適応化戦略論にはいくつかの問題点が残されていることが明確になった。具体的には，第1に，従来の実証研究は主に欧米市場と欧米企業を対象とした研究がほとんどであり，その他の市場や企業を対象とした研究が不足している。第2に，分析方法において，従来の研究は本国と進出国のレベルでマーケティング戦略を分析した研究が大半であったが，ここには発想の転換が求められている。第3に，標準化・適応化戦略の対象が拡大されており，どこまでを標準化・適応化戦略として認識すべきかが困難である。第4に，標準化・適応化戦略と経営成果との関係が曖昧である。第5に，海外の動向からすると，標準化・適応化戦略に関する実証研究が大幅に増加しているが，日本における実証研究は非常に不足している。第6に，標準化と適応化の定義にコンセンサスがない。第7に，製品戦略と広告戦略に対する実証研究は数多く存在するが，価格戦略と流通チャネルに関する研究は非常に少ない。第8に，既存研究のほとんどが情態的視点から標準化・適応化を分析しており，動態的視点からの分析はされていない。第9に，従来の実証研究は標準化への影響要因，標準化の程度，そして経営成果との関係を中心に分析されてきたが，標準化の活用や他の国際マーケティング戦略との連結を試みた研究は見受けられない。このように，標準化・適応化戦略論には理論的・実証的課題が残されていることが明らかにされた。

終章　国際マーケティング戦略の新たな方向性

　第2章では，標準化・適応化戦略論の諸問題を解決する1つの方法として分析枠組に焦点を当て，新たな分析枠組を提示することを目的とした。そのため，まず，標準化・適応化戦略に影響を与えてきた理論的背景について検討した。具体的にみると，環境論は，進出国市場の外部環境要因に注目することが強調されている。コンティンジェンシー理論からすると，標準化と適応化は1つの連続体として考えられる。また極端な標準化や適応化ではなく標準化の程度が重要である。さらにその標準化程度は企業の内部要因と外部環境要因によって決まるという視点を与えた。産業組織論は，構造として考えられる外部環境が企業の行動，つまり標準化・適応化戦略に影響を与え，標準化・適応化戦略は成果に影響を与えるというフレームワークを提供した。最後に，資源ベース理論は，国際経験のような企業の内部特性が標準化・適応化戦略の決定および経営成果に影響を与えるという視点を提示した。

　次に，従来の代表的な分析枠組を取り上げながら，その共通点や相違点，そして限界点などを探ってみた。その結果，第1に，標準化・適応化戦略決定に影響を及ぼす要因を分析する際に統合的な視点が足りないこと，第2に，標準化・適応化戦略の対象が拡張しているなか，どこまでが対象として含まれるべきかという範囲の問題，第3に，分析枠組に動態的な視点が欠如していることなどが発見できた。本章では，こうした従来の分析枠組の限界を踏まえながら新たな分析枠組の提示を試みたが，その分析枠組の特徴は次のようである。第1に，統合的視点から影響要因の検討が必要であることを主張しながら，大きく2つの要因を提示した。内部要因としては製品要因，組織要因が，外部要因としては競争要因，市場要因，環境要因があげられる。第2に，標準化・適応化戦略の対象においては，国際マーケティングの標準化・適応化の独自領域といえるマーケティング4P（プログラム）とプロセスを示した。第3に，動態的観点からの導入を試みた。つまり，現在の実態のみに着目するのではなく，進出当時と進出後の戦略の変化にも注目し，フィードバックの重要性を強調した。

　第3章では，国際マーケティングの標準化・適応化戦略に影響を与える要因を明らかにすることを目的とした。そのため，アジア市場に進出している韓国企業を対象に実証分析を実施した。分析方法としては，本国と進出国を中心に検討されてきた従来の研究とは違って，対象企業がアジア市場の中で重要とし

ている2つの市場，つまりクロスマーケット（進出国間）における標準化・適応化戦略を分析した。最終的には69社のサンプルを用いて重回帰分析を行った。その結果，第1に，製品戦略には意思決定権限と現地に対する知識が影響を及ぼしている。つまり，強い意思決定権限を現地子会社（事務所）がもっている場合は適応化する傾向があり，また現地に対する熟知度が高いほど適応化戦略を展開するということが判明した。第2に，価格戦略に関しては消費者／文化要因，政治／経済要因，そして競争／マーケティング要因が影響を与えているという結果が出た。第3に，流通チャネル／プロセス戦略においては意思決定権限と消費者／文化要因が影響を及ぼしていることが判明した。本章では，外部環境要因のみならず，既存研究で見落としていた企業要因，すなわち現地知識，意思決定権限，市場志向性などを新たに取り入れることで，企業が標準化・適応化を展開する際に影響を与える要因を十分に考慮することができた。

第4章では，標準化・適応化の実態を明らかにすることを目的とし，アジア市場に進出している韓国企業を対象に実証分析を行った。具体的には，マーケティング要素の標準化程度を製品類型，企業の規模，国際経験といった3つの内部要因に分類し詳細に分析した。ここではt検定と分散分析を用いたがその結果，製品要素に関しては製品の種類（2項目）と国際経験（1項目）で有意差が認められた。販売促進要素では国際経験（1項目）において有意差がみられた。流通関連要素においては，企業の規模（全項目）と国際経験（1項目）で有意差が確認された。プロセス要素では企業の規模（1項目）で有意差が認められた。この分析を通じて標準化程度は企業内部要因から重要な影響を受けていることが明らかになった。

既在研究ではマーケティングの標準化程度に関する調査結果に特定の視点をもたず，実態をそのまま述べることにとどまっていたが，本章では，企業の内部要因を取り入れた分析を通して標準化程度の理解を深めることができた。

第5章では，国際マーケティングの標準化・適応化戦略と経営成果との関係を明らかにすることを目的とした。そのため，アジア市場に進出している韓国企業を対象に実証分析を行った。具体的には，企業の経営成果として主観的変数を加えた4つの変数（利益，市場シェア，売上高成長率，事業拡張可能性）を提示し，これらの経営成果に影響を与える変数を企業内部要因とマーケティング

終章　国際マーケティング戦略の新たな方向性

戦略要素から抽出して重回帰分析を行った。まず，マーケティング戦略要素からみていくと，流通／プロセスの標準化程度が経営成果（市場シェア）に影響を与えることが判明した。この結果は小売タイプ，販売経路，マーケティング目標などの要素が市場シェアの獲得に繋がることを意味する。次に，企業の内部要因と経営成果との関係を検討すると，現地に対する知識は利益と市場シェアに正の影響を与えることが明確になった。このことは，国際マーケターの進出先市場に対する知識が豊富である場合，利益と市場シェアの獲得が可能になることを意味する。さらに，内部要因として取り入れた製品の類型が経営成果に影響を与えることが明らかになった。つまり，利益と市場シェアには負の影響を，売上高成長率と市場拡張可能性には正の影響を与えることが確認された。本章では，客観的変数のみならず，主観的変数までを導入して標準化・適応化と経営成果を多面的に分析することができた。同時に，マーケティング戦略要素のみならず，企業の内部要因として新たな変数を導入することで，経営成果との関係を包括的に分析したことも特徴である。

　第6章では，海外進出戦略の中心テーマに対する理論と実際を把握すると共に，海外進出戦略と標準化・適応化戦略との関係について分析することが目的であった。実証分析の対象はアジアに進出している韓国企業69社であった。まず，海外進出戦略の理論と実際に関する分析の結果は以下のように要約できる。第1に，進出動機においては，現在進出している市場がなぜ重要であるかに注目し，その理由に関する回答を分析した。その結果，「将来性が高い」という項目がもっとも重要で，次に「売上高が高い」ことが重要な理由であった。この結果からは，韓国企業がアジア市場の将来性に注目し，生産拠点としてではなく，1つの販売市場として認識していることがうかがえる。第2に，国際化プロセスにおいては，進出当時と現在の進出形態に注目し，その変化を分析したが，結果をみると，進出当時と現在の進出形態が同一な企業は50社を超えている。この結果からは，進出形態を変えることが決して簡単ではないことが推定できる。それと同時に，最初の進出形態が企業にとって非常に重要であることを裏付ける部分でもある。一方，進出当時と現在の進出形態が異なる企業は約10社位であったが，それらの変化をみると，必ずしも進出形態が国際化プロセスを踏襲していないことが確認された。具体的には，完全所有子会社からジ

ョイントベンチャーへ変化した企業と直接輸出から間接輸出へ変化した企業が発見された。これは，既存の理論では現在の状況を十分に説明できないことを意味する。

次に，進出形態と標準化戦略との関係について分析した。その方法論としては，まずマーケティング4Pを各要素別に大別し，進出形態別を4つに分類して分散分析を行った。その結果，製品の標準化（一部），プロモーションの標準化，流通の標準化（一部），そしてプロセスの標準化（一部）が進出形態との関係において有意差が認められた。こうした分析により，進出形態がマーケティング標準化・適応化戦略に重要な影響を与えることが判明した。

第7章では，国際市場細分化戦略と標準化・適応化戦略との連結の可能性を試みた。そのため，まず地理的変数として地域市場（region）の重要性を示した。具体的には，第1に，地域市場は輸送費節減など多くのメリットを持っている。第2に，同一地域内の文化的類似性は他の地域より高い可能性がある。第3に，本国が属している地域市場が国際ビジネスにおいて非常に重要である。第4に，アジア市場は域内貿易の拡大および消費の増加など今後ますます成長が期待されていることを強調した。

次に，標準化戦略と細分化戦略の連結においては，クロスマーケット標準化に注目し，既存研究の限界を踏まえ，マーケティング4Pの各要素別に細分化市場の提示を試みた。その結果は次のようである。まず中国とベトナムのクロスマーケットでは製品の標準化が，また中国と日本の間では販売促進の標準化が，そして中国と台湾市場では流通チャネルの標準化が，最後に中国とインドネシアのクロスマーケットでは製品の標準化が確認された。第4章でも触れたように，これらの組み合わせ市場（クロスマーケット）は標準化が可能な細分化市場としても提示することができる。本章の分析により標準化・適応化戦略と市場細分化との連結の重要性を新たな観点から検討することができた。

第8章では，成功している企業群と成功していない企業群の戦略的相違を比較し，そこから国際マーケティングの成功要因を析出することを目的とした。そのため，先行研究の中で経営成果に影響を与えるとされた諸要因を企業の内部要因と戦略的要因に分類して考察した。企業内部要因として，海外市場志向性，国際経験，現地の知識，そして意思決定権限を提示し，戦略的要因として

は，適切なマーケティング標準化程度，柔軟な進出形態の変更，そして革新的適応化の移転といった要因を提示した。こうした要因を取り上げながら韓国企業を対象に行った実証分析の結果をみると，以下のとおりである。企業の内部要因においては，成功している企業が成功していない企業に比べ国際経験がより豊富であることがわかった。次に，戦略的要因においてはt検定を用いて分析したがまず，マーケティング戦略について確認すると，第1に，製品（ポジショニング）は成功している企業の標準化程度が高い。第2に，価格は成功している企業が成功していない企業より適応化している。第3に，プロセス（予算編成とマーケティング目標）においては適応化傾向があることが確認された。また，進出戦略関連からは，第1に，成功している企業は進出先市場を生産ネットワークとしてではなく，売上のための1つの市場として認識している。第2に，現在，進出当時と異なる進出形態を展開している企業が多いことが明らかにされた。最後に，成功している企業は，現地市場で生み出された新たな製品あるいはアイディアを本国や第3国へ活用している傾向が強いことが明確になった。こうした分析を通して，国際マーケティングにおいて重要な戦略的要因を提示することができた。

第9章では，携帯電話端末企業のグローバル競争力を国際マーケティングの標準化・適応化戦略の側面から検討し，その特徴を明らかにすることを目的とした。そのため，サムスン電子の携帯電話端末機事業を対象に，国際市場細分化との関係を分析視点に加えながら標準化・適応化戦略の実態を分析した。その結果は次のとおりである。

まず，標準化・適応化の実態について検討すると，サムスンは先進諸国においては，主に標準化された製品を展開し，新興市場では積極的な現地適応化を実施していることが確認できた。一方，広告においては，標準化されたコンセプトを世界中に展開しながら，一部の国では現地俳優を起用するなど部分的適応化を展開している。また，セールスプロモーションに関しては，イベント名や企画プロセスは標準化し，キーワードやコンセプト色は国別に適応化していることが明らかにされた。

次に，適応化とその移転において，同社は進出先市場に合わせ創造的に適応化した製品及びプロモーション活動を他の市場へ積極的に移転していることが

明確になった。移転先市場の選定基準としては，外部環境の類似度，経済水準の類似度，そして地理的近接さ，そして文化的類似性を考慮していることが明らかになった。サムスンはこうした現地適応化とその移転活動を通じて，各市場ニーズへの対応のみならず，規模の経済をも達成していると推定できる。ここでは，適応化によって生み出されたマーケティング要素を他の国に移転する際の具体的基準（細分化変数）を提示することができた。

最後に，市場グループ化（国際市場細分化）と標準化に関してみると，経済的要因及び地理的要因でグローバル市場をグループ化し，各々の市場グループ内ではソーシャル・マーケティング要素及び製品関連要素を標準化していることがわかった。このように，サムスンは世界各国で必要とされる共通項目を見出し，その項目をキーワードにグローバル市場をグループ化（細分化）し，そのグループ化した市場の中では標準化を展開することでグローバル効率化を達成していることが発見できた。

本章での試みにより，標準化（あるいは適応化）すべきマーケティング要素の選択のみならず，標準化（適応化）すべき市場選択や移転先市場の選択が国際マーケティングの標準化・適応化戦略において非常に重要であることが明らかになった。

第10章では，食品企業の標準化・適応化戦略の実態を明らかにすることを目的とした。そのため，即席麺業界で独自のブランドを構築している農心を対象に動態的視点を取り入れながら，事例分析を行った。その結果，第1に，同時達成のロジックが不在する中，本章は成長している食品企業の事例分析を通じ，食品企業にとって効果的な標準化・適応化のロジックについて影響要因との関係を吟味しながら明らかにした。農心の場合，中国市場において「辛ラーメン」を中心に製品と価格は標準化戦略を，プロモーションと流通チャネルは適応化戦略を展開していることが明確になった。標準化・適応化の事例分析が少ないなか，個別企業の実態を観察した本研究は，今後の一般性追求の手がかりとなると思われる。第2に，本研究では標準化・適応化の実態について動態的視点を取り入れた分析を試みた。つまり，1つの特定市場におけるマーケティングの標準化・適応化実態を，進出当時と現在という動態的視点から検討したのである。その結果，ターゲティング以外の要素はほとんど進出当時と同一の

終章　国際マーケティング戦略の新たな方向性

戦略を展開していることが明らかになった。このことから，進出当初の標準化程度の重要性および長期的目標設定の重要性を確認することができた。第3に，本研究は食品に対する既存研究の通説に対する逸脱事例としても位置づけられる。つまり，食品は適応化が有効であるというこれまでの考え方に対し，食品もある条件が整っている場合，標準化が有効であることを示した。その条件としては，多様なニーズが存在する巨大な新興国の食品産業に進出する際，自社製品の味や品質等において独自の優れた特徴を有し，なおかつ進出先市場に自社製品と類似したコンセプトの製品が存在しない場合，製品の標準化を採択する方がより有効であるということである。

（2）本研究の意義と限界

以上の研究結果から考えられる本研究の意義は3つに大別できる。第1に，国際マーケティングにおける標準化・適応化戦略論の理論的・実証的問題を明らかにし，新たな分析枠組を提示すると共に，実証分析を実施したことである。具体的にみると，まず，影響要因において進出先市場の外部環境要因のみならず，企業の内部的要因，すなわち現地知識，意思決定権限，海外市場志向性などの要因を新たに取り入れることで，企業が標準化・適応化戦略を展開する際に影響を与える要因を十分考慮することができた。次に，経営成果においては，従来の客観的変数のみを用いた経営成果の分析を踏まえ，事業拡張可能性といったマネージャーの主観的変数を導入することで多面的に経営成果を分析することができた。さらに，標準化・適応化戦略と経営成果との関係のみならず，企業の内部要因と経営成果との直接的関係を分析することによって経営成果に対する包括的な検証ができたと思われる。最後に，従来の影響要因→標準化・適応化戦略→経営成果という分析枠組にフィードバックという概念を取り入れ，動態的視点を提示することができた。しかしながら本研究は，こうした動態的視点を強調しながらも，これに関する統計的分析には至らなかった。この点は限界だと言わざるを得ない。ただし，動態的視点を取り入れながら，食品企業の標準化・適応化に対して事例分析を試みたこと，すなわち，標準化・適応化の変化に注目したことは本研究の特徴といえよう。

第2に，実証分析の分析方法において以下のような特徴をもつ。まず，従来

の欧米市場及び欧米企業中心の実証研究と異なり，近年ますます成長しているアジア市場に注目し，特に韓国企業を対象に実証分析を行った。これにより，アジア市場と韓国企業に対する理解がさらに深まったと思われる。また，従来のように本国と進出先国における標準化・適応化戦略に対する実態分析ではなく，クロスマーケット（2つの主要進出市場）の次元で実証分析を展開することで，標準化・適応化戦略分析に新たな視点が提示できたといえる。また，従来のクロスマーケット分析の限界を踏まえ，より有効なクロスマーケット標準化分析を実現させることができた。つまり，標準化可能な2つの進出国の提示にとどまらず，一歩踏み込んで各マーケティング要素別に標準化可能な2つの進出国を提示した。

　第3に，国際マーケティング戦略の中心戦略である海外進出戦略および国際市場細分化戦略との関係を新たな観点から接近し，それらの相互関係の重要性を強調した。まず，海外進出戦略に関しては，従来標準化・適応化戦略決定に影響を与える1つの要因としてしか認識してこなかった進出形態を，進出形態別マーケティング要素の分析によって両戦略の関係をより深く検証することができた。これにより進出形態は標準化・適応化に重要な影響を与えており，マーケティング要素別にその影響度も異なるという両戦略の関係分析のための1つの方向性を提示することができた。ただし，本研究の実証分析は，調査対象企業の進出形態が輸出に偏っていたことは限界といえる。次に，国際市場細分化戦略との関係においては，クロスマーケット分析を用いながら標準化・適応化戦略との関係を分析した。とりわけ，国際市場細分化戦略においてはマーケティング要素別細分化市場の提示を試みると同時に，マーケティング標準化程度の変化に応じて細分化市場（クロスマーケット）も変化していくという動態的視点を与えることができた。また携帯電話企業を対象とした事例研究においても，標準化・適応化戦略のみならず，国際市場細分化との関係を視野に入れながらその実態を分析したが，標準化・適応化の決定のみならず，移転先市場の決定や市場グループ化など市場選択の重要性を強調した。既存研究と本研究のイメージを比較すると図終-1のように表すことができる。海外進出戦略と標準化・適応化戦略，そして市場細分化戦略と標準化・適応化戦略との関連性について独自の方法論で実証的に分析したことが特徴である。

終章　国際マーケティング戦略の新たな方向性

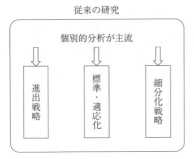
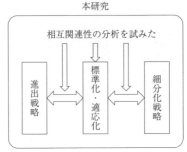

図終-1　本研究の特徴

2　今後の展望と課題

　製造業を中心として展開されてきた国際マーケティングの標準化・適応化戦略は，その研究対象がより広い分野に拡大されている。近年，大型小売業チェーンや外食サービス業の国際化など製造業以外の分野において活発に国際マーケティング戦略が展開されているのが現状である。とりわけ，この小売業及びサービスの研究領域においては，今後標準化・適応化を中心とする国際マーケティング戦略に関する研究がますます増えると思われる。

　また，第8章で簡単に触れた革新的適応化の移転という概念が，今後の国際マーケティング領域の中でさらに議論されると考えられる。つまり，海外現地子会社から新しく生成されたマーケティング要素を，本国および他の現地子会社にどのように移転していくかに関する研究が活発に行われると期待される。

　さらに，本研究は従来個別に検討されてきた国際市場細分化戦略と海外進出戦略を独自の方法を用いて分析し，標準化・適応化戦略との関係性について議論した。今後はおそらく，こうした3つの国際マーケティング戦略の各々の関係に対する研究も増加すると予想される。なぜなら，ますます複雑化していく国際マーケティング業務を遂行するに当たり，市場細分化戦略，進出戦略，そして標準化・適応化戦略は，もはや切り離して考えられるものではなくなっているからである。従来の国際マーケティング戦略においては細分化市場の選定→進出形態の選択→標準化・適応化戦略の決定といったプロセスが主流であっ

277

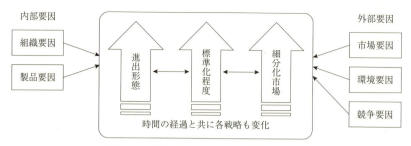

図終-2　国際マーケティング戦略の分析枠組

た。しかし，本研究を通して，これらの3つの戦略は非常に密接で互い影響し合っていることが明確となった。このことは，国際マーケティングの意思決定において，ある1つの戦略を優先的に認識するのではなく，3つの戦略を同時に考慮することの重要性を示している。また，これらの戦略は時間の経過と共に変化するものであり，その変化に応じて各々の戦略も変化していくということが推定できる。こうした本研究の検討結果と今後の方向性を考慮し，国際マーケティング戦略の新たな分析枠組を表すと図終-2のようである。

　上記の分析枠組を踏まえながら今後の研究課題をより具体的に提示すると以下のように要約できる。第1に，標準化・適応化戦略に対する動態的分析を追加的に行うことである。本研究の事例研究では，主に標準化程度の変化にのみ焦点を当てたが，今後は影響要因と標準化程度，そして経営成果をも含んだ分析が必要であろう。こうした動態的分析によって，当該企業が進出している市場環境と企業内部要因がどのように標準化程度の決定に影響を与えているかが把握できる。

　第2に，進出戦略決定に影響を与える要因に対する分析を行うことである。これに関しては，進出形態の変化に影響を与える要因を進出当時と現在に分類し検証することが考えられる。また，マーケティングの標準化・適応化戦略が進出形態の決定に影響を与えているかどうかに関する分析を行い，両戦略の関係をより明確にすることも今後の課題にしておきたい。

　第3に，本研究は経営成果に関する調査を本社レベルで測定しているが，今後は現地の拠点，つまり現地子会社（事務所）と本社を同時に分析することも必要とされる。なぜなら，現地子会社と本社の観点はみえないところからギャ

ップが生じる可能性があり，成果に対する認識の差異が両者の間に存在するかもしれないからである。

　第4に，本研究はアジア地域市場という大まかに分類した市場に進出している韓国企業を対象にした。今後は，ASEANやNIEsのように，より限定した地域市場を対象に分析することにより，外部的環境要因において類似性がみられ，市場細分化戦略を考えるに当たってより好ましい組み合わせの市場（クロスマーケット）が提案できると思われる。

　第5に，定量的分析にとどまったクロスマーケット分析と成功要因に対する分析において，事例研究を追加的に行うことも今後の課題である。ことによりクロスマーケット分析法のさらなる発展が可能になると考えられる。

　以上のように，本研究は多くの課題が残されている。今後は本研究を国際マーケティング戦略研究の出発点とし，さらなる研究を進めていきたい。

参考文献

【英語文献】

Aaby, Nils-Erik & Slater, Stanley F., "Management Influences on Export Performance: A review of the Empirical Literature 1978-88," *International Marketing Review*, Vol. 6(4), pp. 7-26.

Aaker, D., *Strategic Market Management*, John Wiley & Sons, Inc., 1984. (野中郁次郎・北洞忠宏・嶋口充輝・石井淳蔵訳『戦略市場経営』ダイヤモンド社, 1986年)

Agarwal, M., "Review of a 40-year debate in international advertising," *International Marketing Review*, Vol. 12, No. 1, 1995, pp. 26-48.

Agrawal, S. & Ramaswami, S., "Choice of Foreign Market Entry Mode: Impact of Ownership, Location, and Internalization Factors," *Journal of International Business Studies*, Vol. 23, Spring, 1992, pp. 1-27.

Akaah, Ishmael P., "Strategy Standardization in International Marketing: An Empirical Investigation of Its Degree of Use and Correlates," *Journal of Global Marketing*, 4(2), 1991, pp. 39-62.

Alashban, Aref A., Hayes, Linda A., Zinkhan, George M., & Balazs, Anne L., "International Brand-Name Standardization/Adaptation: Antecedents and Consequences," *Journal of International Marketing*, Vol. 10(3), 2002, pp. 22-48.

Albaum, G. & Tse, D. K., "Adaptation of International Marketing Strategy Components, Competitive Advantage, and Firm Performance: a Study of Hong Kong Exporters," *Journal of International Marketing*, Vol. 9(4), 2001, pp. 59-81.

Anderson, E. & Gatignon, H., "Mode of Foreign Entry: A Transaction Cost Analysis and Propositions," *Journal of International Business Studies*, Vol. 17, Fall, 1986, pp. 1-26.

Armstrong, Robert W. & Sweeney, Jill, "Industry Type, Culture, Mode of Entry and Perceptions of International Marketing Ethics Problems: A Cross-Cultural Comparison," *Journal of Business Ethics*, Vol. 13(10), 1994, pp. 775-785.

Aurifeille, J.-M., Quester, P. G. & Spawton, L. Lockshin, "Global vs International Involvement-based Segmentation," *International Marketing Review*, Vol. 19 (4), 2002, pp. 369-386.

Baalbaki, Imad B. & Malhotra, Naresh K., "Marketing Management Bases for International Market Segmentation: An Alternate Look at the Standardization/Customization Debate," *International Marketing Review*, Vol. 10(1), 1993, pp. 19-44.

Baalbaki, Imad B. & Malhotra, Naresh K., "Standardization versus Customization in International Marketing: an Investigation Using Bridging Conjoint Analysis," *Journal of Academy of Marketing Science*, Vol. 23(3), 1995, pp. 182-194.

Backhaus, Klaus, Muhlfeld, Kartin & Van Doorn, Jenny, "Consumer Perspectives on Standardization in International Advertising: A Student Sample," *Journal of Advertising Research*, Vol. 41(5), 2001, pp. 53-61.

Bain, J. S., *Barriers to New Competition*, Cambridge, MA: Harvard University Press, 1956.

Balabanis, G., Theodosiou, M. & Katsikea, E. S., "Exporting Marketing: developments and a research agenda," *International Marketing Review*, Vol. 21 (4/5), 2004, pp. 353-377.

Barney, J. B., "Firm Resources and Sustained Competitive Advantage," *Journal of Management*, Vol. 17(1), 1991, pp. 99-120.

Bartels, R., "Are Domestic and International Marketing Dissimilar?," *Journal of Marketing*, Vol. 32, 1968, pp. 56-61.

Bartlett, C. A. & Ghoshal, S., "Organizing for Worldwide Effectiveness: the Transnational solution," *California management Review*, Autumn, 1988, pp. 54-74.

Bartlett, C. A. & Ghoshal, S., *Managing Across Borders: The Transnational Solution*, Harvard Business School Press, 1989.（吉原英樹監訳『地球市場時代の企業戦略』日本経済新聞社，1990年）

Bartlett, C. A. & Ghoshal, S., "Global Strategic Management: Impact on the New Frontiers of Strategy Research," *Strategic Management Journal*, Vol. 12, 1991, pp. 5-16.

Beger, Suzanne & MIT Industrial Performance Center, *How We Compete:*

What Companies Around The World are Doing to Make it in Today's Global Economy, Random House, Inc., 2005.（楡井浩一訳『グローバル企業の成功戦略』草思社，2006年）

Boddewyn, J. J., Soehl, R.,& Picard, J., "Standardization in International Marketing: Is Ted Levitt in Fact Right ?," *Business Horizons,* 29, 1986, 69-75.

Boddewyn, J. J., & Grosse, R., "American Marketing in European Union," *European Journal of Marketing,* Vol. 29(12), 1995, pp. 23-42.

Brett, Jeanne, Behfar, Kristin & Kern, Mary C. "Managing Multicultural Teams," *Harvard Business Review,* November, 2006, pp. 84-91.

Britt, H., "Standardizing Marketing for the International Market," *Columbia Journal of World Business,* Vol. 9, Winter, 1974, pp. 39-45.

Buzzell, R. D., "Can You Standardize Multinational Marketing ?" *Harvard Business Review,* Nov.-Dec. 1968, pp. 102-113.（藤井健訳「多国籍マーケティングは標準化できるか」中島潤・首藤信彦・鈴木典比古・江夏健一監訳，『国際ビジネス・クラシックス』文眞堂，1990年，372-394ページ）

Buzzell, R. D., Quelch, Joan A. & Bartlet, C. A., *Global Marketing Management,* Addison Wesley Longman Publishing Co., 3rd Edition, 1991.

Cateora, P. R. & Hess, J. M., *International Marketing,* Richard D. Irwin, Inc., 3rd Edition, 1975.（角松正雄・江夏健一・竹田志郎監訳『国際マーケティング管理』ミネルヴァ書房，1979年）

Cateora, P. R. & Kevency, S., *Marketing: An International Perspective,* Richard D. Irwin Inc., 1987.（角松正雄監訳『マーケティングの国際化——グローバルな視野での行動』文眞堂，1989年）

Cateora, P. R. & Graham, John L., *International Marketing,* McGraw-Hill Irwin, Twelfth Edition, 2005.

Cavusgil, S. Tamer, Zou, Shaoming & Naidu, G. M., "Product and Promotion Adaptation in Export Ventures: An Emprical Investigation," *Journal of International Business Studies,* Vol. 24, No. 3, 1993, pp. 479-506.

Cavusgil, S. T., & Zou, Shaoming, "Marketing Strategy-Performance Relationship: An Investigation of Empirical Link in Export Market Ventures," *Journal of Marketing,* Vol. 58, January, 1994, pp. 1-21.

Chanda, Nayan, *Bound Together: How Traders, Preachers, Adventurers, and Warriors Shaped Globalization,* Yale University Press, 2007.

Chao, Paul, Samiee Saeed & Yip, Leslie Sai-Chung, "International marketing and the Asia-Pacific Region: Developments, Opportunities, and Research issues," *International Marketing Review*, Vol. 20(5), 2003, pp. 480-492.

Chen, I. S. N. & Wong, V., "Successful strategies of newly industrialized east Asian firms in Europe," *European Journal of Marketing*, Vol. 37(1/2), 2003, pp. 275-297.

Chhabra, S. S., "Marketing Adaptations by American Multinational Corporations in South America," *Journal of Global Marketing*, Vol. 9(4), pp. 57-74.

Chung, H. F. L., "An Empirical Investigation of Marketing Programme and Process Elements in the Home-Host Scenario, *Journal of Global Marketing*, Vol. 16(1,2), 2002, pp. 141-186.

Chung, H. F. L., "International Standardization Strategies: The Experiences of Australian and New Zealand Firms Operating in the Greater China Market," *Journal of International Marketing*, Vol. 11(3), 2003, pp. 48-82.

Chung, H. F. L., "An Investigation of Crossmarket Standardization Strategies-Experiences in the European Union," *European Journal of Marketing*, Vol. 39(11/12), 2005, pp. 1345-1371.

Collis, D. J., "A Resource-based Analysis of Global Competition: the Case of the Gearings Industry," *Strategic Management Journal*, Vol. 12, 1991, pp. 49-68.

Craig, C. Samuel & Douglas, S. P., "Developing Strategies for Global Markets: an Evolutionary Perspective," *Columbia Journal of World Business*, Vol. 31, 1996, pp. 70-81.

Craig, C. Samuel & Douglas, S. P., "Configural Advantage in Global Markets," *Journal of International Marketing*, Vol. 8(1), 2000, pp. 6-26.

Dichter, E., "The World Customer," *Harvard Business Review*, July-August, 40(4), 1962, pp. 113-122.

Douglas, S. P. & Craig, C. S., "Evolution of Global Marketing Strategy: Scale, Scope, and Synergy," *Columbia Journal of World Business*, Autumn, 1989, pp. 47-58.

Douglas, S. P. & Craig, C. S., "Advances in International Marketing," *International Journal of Research in Marketing*, Vol. 9(4), 1992, pp. 291-318.

Douglas, S. P. & Craig, C. S. *Global Marketing Strategy*, McGraw-Hill, Inc., 1995.

Douglas, S. P. & Wind, Y., "The Myth of Globalization," *Columbia Journal of*

World Business, Winter, 1987, pp. 19-29.

Dunning, J. H., Toward an Eclectic Theory of International Production: Some Empirical Tests, *Journal of International Business Studies,* Vol. 11, Spring, 1980, pp. 9-31.

Dunning, J. H., "The Electric Paradigm of International Production: A Restatement and Some Possible Extensions," *Journal of International Business Studies,* Vol. 19, Spring, 1988, pp. 1-31.

Ekeledo, Ikechi & Sivakumar, K., "Foreign Market Entry Mode Choice of Service Firms: A Contingency Perspective," *Journal of the Academy of Marketing Science,* Vol. 26(4), 1998, pp. 274-292.

Elinder, E., "How international can advertising be?," *The International Advertiser,* December, 1961, pp. 12-16.

Erramilli, M. Krishna, Agrawal, Sanjeev & Dev, Chekitan S. "Choice Between Non-Equity Modes: An Organizational Capability Perspective," *Journal of International Business Studies,* Vol. 33(2), 2002, pp. 223-242.

Evangelista, Felicitas U., "Linking Business Relationship to Marketing Strategy and Export Performance," *Advances in International Marketing,* Vol. 8, 1996, pp. 59-83.

Fayerweather, J., *International Marketing,* Prentice-Hall Inc, 1965. (村田昭治・川嶋行彦訳『インターナショナル・マーケティング』ダイヤモンド社, 1977年)

Fayerweather. J., *International Business Management: A Conceptual Framework,* McGraw Hill, 1969. (戸田忠一訳『国際経営論』ダイヤモンド, 1975年)

Francis, June & Collins-Dodd, Colleen, "The Impact of Firms' Export Orientation on the Export Performance of High-Tech Small and Medium-Sized Enterprises," *Journal of International Marketing,* Vol. 8(3), 2000, pp, 84-103.

Frank, Ronald E., Massy, William F., & Wind, Yoram, *Market Segmentation,* Englewood Cliffs, NJ, Prentice-Hall, inc., 1972.

Friedman, Thomas L., *The World is Flat: A Brief History of the Twenty-first Century,* Farrar Straus & Giroux, 2005.

Gabriel, Peer P., "Adaptation: the Name of the MNC's Game," *Journal of World Business,* Vol. 7(6), 1977, pp. 7-14.

Galbraith, Jay R., *Designing the Global Corporation,* Jossey-Bass Inc., 2000. (斉藤彰悟監訳『グローバル企業の組織設計』春秋社, 2002年)

Gates, Stephen R. & Egelhoff, William G., "Centralization in Headquarters-Subsidiary Relationships," *Journal of International Business Studies*, 1986, January, pp. 71-92.

Gerpott, Torsten J. & Jakopin, Nejc M., "International Marketing Standardization and Financail Performance of Mobiles Network Operators-An Empirical Analysis," *Schmalenbach Business Review*, Vol. 57(3), 2005, pp. 198-228.

Ghemawat, Pankaj & Ghadar, Fariborz, "The Dubious Logic of Global Megamergers," *Harvard Business Review*, Vol. 78, Jul./Aug., 2000, pp. 64-72.

Ghemawat, Pankaj, "Distance Still Matter: The Hard Reality of Global Expansion," *Harvard Business Review*, Vol. 79, Sep., 2001. pp. 137-148.(邦訳「海外市場のポートフォリオ分析」『DIAMOND ハーバード・ビジネス・レビュー』2002年1月号, 143-154ページ)

Ghemawat, Pankaj, "The Forgotten Strategy," *Harvard Business Review*, Vol. 81, Nov., 2003, pp. 76-87.(松本直子訳「アービトラージ戦略――比較優位の再発見」『DIAMOND ハーバード・ビジネス・レビュー』2004年5月号, 84-95ページ)

Ghemawat, Pankaj, "Regional Strategies for Global Leadership," *Harvard Business Review*, Vol. 83, Dec., 2005, pp. 98-108.

Ghemawat, Pankaj, "Managing Differences: The Central Challenge of Global Strategy," *Harvard Business Review*, Vol. 85, March, 2007, pp. 58-71.

Ghoshal, S., "Global Strategies: An Organizing Framework," *Strategic Management Journal*, Vol. 8, 1987, pp. 425-440.

Goodnow, J. D. & Hanz, J. E., "Environmental Determinants of Overseas Market Entry Strategies," *Journal of international business studies*, Vol. 3, No. 1, 1972, pp. 33-50.

Grant, R. M. "The Resource-Based Theory of Competitive Advantage," *California Management Review*, Spring, 1991, pp. 114-135.

Gray, Brendan J., "Profiling Managers to Improve Export Promotion Targeting," *Journal of International Business Studies*, Vol. 28(2), 1997, pp. 387-420.

Greenwald, Bruce & Kahn, Judd., "All Strategy is Local," *Harvard Business Review*, Vol. 83, Sep., 2005, pp. 95-104.

Griffith, D. A, Hu, M. Y, & Ryans, J. K. Jr., "Process Standardization across Intra-and Inter-Cultural Relationships," *Journal of International Business Stud-*

ies, Vol. 31(2), 2000, pp. 303-324.

Grosse, R. & Zinn, W., "Standardization in International Marketing: The Latin American case," *Journal of Global Marketing,* Vol. 4(1),1990, pp. 53-78.

Gupta, A. K. & Westney, D. E., *Smart Globalization,* John Wiley & Sons, Inc., 2003. (諸上茂登監訳『スマートグロバリゼーション』同文舘出版, 2005年)

Hamel, G. & Prahalad, C. K., "Managing Strategic Responsibility in the MNC," *Strategic Management Journal,* Vol. 4, 1983, pp. 341-351.

Hamel, G. & Prahalad, C. K., "Do You Really Have a Global Strategy ?," *Harvard Business Review,* Vol. 63, July-August, 1985, pp. 139-148.

Han C. Min & Kim, Jung Min, "Korean Marketing in China: An Exploratory Analysis of Strategy-Performance Relationships," *Journal of International Marketing,* Vol. 11(2), 2003, pp. 79-100.

Harrell, Gilbert D. & Richard, O. Kiefer, "Multinational Market Portfolios in Global Strategy Development," *International Marketing Review,* Vol. 10, No. 1, pp. 60-72.

Harris, Greg, "International Advertising Standardization: What Do the Multinationals Actually Standardize ?," *Journal of International Marketing,* Vol. 2(4), 1994, pp. 13-30.

Hassan, S. S., Craft, S., & Kortam, W., "Understanding the new bases for global market segmentation," *The Journal of Consumer Marketing,* Vol. 20(4/5), 2003, pp. 81-89.

Hassan, S. S. & Craft, S., "Linking Global Market Segmentation Decisions with Strategic Positioning Options," *The journal of Consumer Marketing,* Vol. 22 (2/3), 2005, pp. 81-89.

Hellriegel, D. & Slocum, J. W., Jr., *Management: Contingency Approaches,* Addison-Wesley, 1978.

Helsen Kristiann, Jedidi, Kamel, & DeSarbo, Wayne S., "A New Approach to Country Segmentation Utilizing Multinational Diffusion Patterns." *Journal of Marketing,* 1993, October, 57(4), pp. 60-71.

Hill, C. W. L., Hwang, P., & Kim, W. C. "An Eclectic Theory of the Choice of International Entry Mode," *Strategic Management Journal,* Vol. 11(2), 1990, pp. 117-128.

Hill, J. S. & Still, R. P., "Adapting Products to LDC Tastes," *Harvard Business*

Review, Vol. 62, March-April, 1984, pp. 92-101.

Hite, R. E. & Fraser, Cynthia, "International Advertising Strategies of Multinational Corporations," *Journal of Advertising Research*, 28(4), 1988, pp. 9-17.

Hout, C., Porter, M. E., & Rudden, E., "How Global Company Win Out," *Harvard Business Review*, No. 60, Sep.-Oct.,1982, pp. 98-109.

Huszagh, S., Fox, R. J. & Day, E., "Global Marketing: An Empirical Investigation," *Columbia Journal of World Business*, Twentieth Anniversary Issue, 1985, pp. 31-43.

Jain, S. C., "Standardization of International Marketing Strategy: Some Research Hypotheses," *Journal of Marketing*, Vol. 53, January, 1989, pp. 70-79.

Jain, S. C., "Problems of International Protection of Intellectual Property Rights," *Journal of International Marketing*, Vol. 4(1), 1996, pp. 9-32.

Jain, S. C., *International Marketing*, South-Western Thomson Learning, Sixth Edition, 2001.

Jeannet, Jean-Pierre & Hennessey, H. David, *Global Marketing Strategies*, Houghton Mifflin Company, Sixth Edition, 2004.

Johanson, John & Wiedersheim-Paul, F., "The Internationalization of the Firm: Four Swedish Case," *Journal of Management Studies*, Vol. 12, 1975, pp. 305-322.

Johansson, Johny K. & Yip, George S., "Exploiting Globalization Potential: U. S. and Japaness Strategies," *Strategic Management Journal*, Vol. 15(8), 1994, pp. 579-601.

Johnson, J. L., & Arunthanes, W., "Ideal and Actual Product Adaptation in US Exporting Firms," *International Marketing Review*, Vol. 12(3), 1995, pp. 3-46.

Kacker, M. P., "Export-oriented product adaptation-its patterns and problems," *Management International Review*, Vol. 16, No. 1, pp. 61-70.

Kanso, A., "International Advertising Strategies: Global Commitment to Local Vision," *Journal of Advertising Research*, Vol. 32(1), 1992, pp. 10-14.

Karns, David A. & Inder, P. Khera, "Organizational Adaptation and Perceived International Marketing Effectiveness," *Journal of Global Marketing*, Vol. 1 (1/2), pp. 112-130.

Kashani, Kamran, "Beware the Pitfalls of Global Marketing," *Harvard Business*

Review, Vol. 67, Sep.-Oct., 1989, pp. 91-98. (邦訳「グローバル・マーケティングの成功法則」『ダイヤモンド・ハーバード・ビジネス』1990年1月号, 39-46ページ)

Keegan, W. J., "Multinational Product Planning: Strategic Alternatives," *Journal of Marketing*, Vol. 33, January, 1969, pp. 58-62. (嶋正訳「多国籍製品計画——戦略的代替案」中島潤・首藤信彦・鈴木典比古・江夏健一監訳『国際ビジネス・クラシックス』文眞堂, 1990年, 395-404ページ)

Keegan, W. J., *Global Marketing Management*, 5th ed., Prentice-Hall, 1995.

Keegan, W. J., *Global Marketing Management*, 7th ed., Prentice-Hall, 2002.

Kelly, E. J. & Lazer, W., *Managerial Marketing*, Richard D. Irwin Inc., 3rd. edition, 1967. (片岡一郎, 村田昭治, 貝瀬勝共訳『マネジリアル・マーケティング』(下巻), 丸善, 1969年)

Khanna, Tarun & Palepu, Krishna G., "Emerging Giants: Building World-Class Campanies in Developing Countries," *Harvard Business Review*, October, 2006, pp. 60-71.

Killough, J., "Improved Payoffs from Transnational Advertising," *Harvard Business Review*, Vol. 56, July-August, 1978, pp. 102-110.

Kim, HyeongJung, Nakato, Hirakubo & Craig, Davis, "Korean vs Japanese Cell-Phone Manufacturers: Sustanining A Long Term Competitive Advantage in the Global Marketplace," *SS International Journal of Business and Management Research*, Volume. 3, Issue. 6. Nov., 2013, pp. 44-57.

Kim, W. C. & Hwang, P., "Global Strategy and Multinationals' Entry Mode Choice," *Journal of International Business Studies*, Vol. 23, No. 1, 1992, pp. 29-53.

Kim, W. C. & Mauborgne, R. A., "Implementing Global Strategies: the Role of Procedural Justice," *Strategic Management Journal*, Vol. 12, 1991, pp. 125-43.

Kogut, B., "Designing Global Strategies: Comparative and Competitive Value Added Chains," *Sloan Management Review*, Summer, 1985, pp. 15-28.

Kogut, B., "Joint Ventures: Theoretical and Empirical Perspectives," *Strategic Management Journal*, Vol. 9, 1988, pp. 319-332.

Kogut, B., "A Note on Global Strategies," *Strategic Management Journal*, Vol. 10, 1989, pp. 383-389.

Koh, Anthony C., "Relationships among Organisational Characteristics, Market-

Kotabe M., & Helsen, Kristiaan, *Global Marketing Management*, 2nd ed., John Wiley & Sons, Inc., 2001.（横井義則監訳・三浦俊彦他訳『グローバル・ビジネス戦略』同文舘, 2001年）

Kotabe, M., & Omura, G. S., "Sourcing strategies of European and Japanese multinationals," *Journal of International Business Studies*, 20(1), 1989, pp. 113-130.

Kotler, Philip, *Marketing Management: Analysis, Planning, and Control*, 1976.（稲川和男他訳『マーケティング・マネジメント』東海大学出版部, 1979年）

Kotler, Philip, "Global Standardization-Courting Danger," *Journal of Consumer Marketing*, Vol. 3(2), 1986, pp. 13-15.

Kotler, Philip, Kartajaya, Hermawan & Den Huan, Hooi, *Think ASEAN: Rethinking Marketing toward ASEAN Community 2015*, McGraw-Hill, 2007.（洞口治夫監訳『ASEANマーケティング――成功企業の地域戦略とグローバル価値創造』マグロウヒル・ビジネス・プロフェッショナル・シリーズ, 2007年）

Kreutzer, Ralf Thomas, "Marketing-Mix Standardisation; An Integrated Approach in Global Marketing," *European Journal of Marketing*, Vol. 22(10), 1988, pp. 19-30.

Lau, K. N. & Lam, P. Y., "Economic Freedom Ranking of 161 Countries in Year 2000: a Minimum Disagreement Approach," *The Journal of the Operational Research Society*, 2002, Vol. 53(6), pp. 664-667.

Lawrence, P. R. & Lorsch, J. W., *Organization and Environment: Managing Differentiation and Integration*, Harvard Business School, Division of Research, 1967.（吉田博訳『組織の条件適応理論』産業能率短期大学出版部, 1977年）

Lee, Chol & Griffith, David A., "The Marketing Strategy-Performance Relationship in an Export-driven Developing Economy," *International Marketing Review*, Vol. 21(3), 2004, pp. 321-334.

Lemak, David J. & Wiboon, Arunthanes, "Global Business Strategy: A Contingency Approach," *Multinational Business Review*, Vol. 5(1), 1997, pp. 26-37.

Lenormand, J. M., "Is Europe Ripe for the Integration of Advertising?," *The International Advertiser*, March, 1964.

Leonidou, Leonidas C., "Product Standardization or Adaptation: the Japanese Approach," *Journal of Marketing Practice,* Vol. 2(4), 1996, pp. 53-71.

Levitt, Theodore, "The Globalization of Market," *Harvard Business Review,* May-June, 1983, pp. 92-102. (邦訳「地球市場は同質化へ向かう」『ダイヤモンド・ハーバード・ビジネス』1983年, 8-9月号, 9-22ページ)

Levy, B., "Korean and Taiwanese Firms as International Competitors: The Challenges Ahead," *Columbia Journal of World Business,* Spring, 1988, pp. 43-51.

Lim, Lewis KS, Acito, Frank & Rusetski, Alexander, "Development of Archetypes of International Marketing Strategy," *Journal of International Business Studies,* Vol. 37, 2006, pp. 499-524.

Lovelock, Christopher H. & Yip, G. S., "Developing Global Strategies for Service Business," *California Management Review,* 1996, Vol. 38(2), pp. 64-86.

Madhok, A., "Cost, Value and Foreign Market Entry Mode: The Transaction and the Firm," *Strategic Management Journal,* Vol. 18, 1997, pp. 39-61.

Madsen, T. K., "A Contingency Approach to Export Performance Research," *Adrancein International Marleeting,* Vol. 6, 1994, pp. 25-42.

Majaro, S., *International Marketing: A Strategic Approach to World Markets,* George Allen & Unwin, 1977, pp. 53-61.

Malhotra, Naresh K., Wu, Lan & Whitelock, Jeryl, "An Overview of the First 21 years of Research in the International Marketing Review, 1983-2003," *International Marketing Review,* Vol. 22(4), 2005, pp. 391-398.

Martenson, Rita, "Is Standardisation of Marketing Feasible in Culture-bound Industries? A European Case Study," *International Marketing Review,* Vol. 4 (3), 1987, pp. 7-17.

Martin, V. M, "Culture-Sensitive Adaptation or Global Standardization-the Duration-of-Usage Hypothesis," *International Marketing Review,* 17(1),2000, pp. 74-84.

Meyer, Arnoud De, Mar, Pamaela C. M., & Richter, Frank-Jurqen, *Global Future: The Next Challenge for Asian Business,* John Wiley & Sons Inc, 2005.

Mitchell, P., Lynch, J., & Alabdali, O., "New Perspectives on Marketing Mix Program Standardization," *International Business Review,* Vol. 7, 1998, pp. 617-634.

Moon, H. Chang, "The Choice of Entry Modes and Theories of Foreign Direct Investment, *Journal of Global Marketing*, Vol. 11, 1997, pp. 43-64.

Mueller, B., "Standardization versus Specialization: an Examination of Westernization in Japanese Advertising," *Journal of Advertising Research*, Vol. 32 (1), 1992, pp. 15-24.

Narver, John C. & Slater, Stanley F., "The Effect of a Marker Orientation on Business Profitability," *Journal of Marketing*, October, 1990, pp. 20-35.

Nicoulaud, "Problems and strategies in the international marketing of services," *European Journal of Marketing*, Vol. 23, No. 6, 1989, pp. 55-66.

O'Donnell, Sharon & Jeong, Insik, "Marketing standardization within global industries: An empirical study of performance implications," *International Marketing Review*, Vol. 17(1), 2000, pp. 19-33.

Ohmae, K., *Triad Power: the Coming shape of Global Competition*, New York: The Free Press, 1985. (大前研一『トライアド・パワー——21世紀の国際企業戦略』講談社, 1985年)

Ohmae, K., "Managing in a Borderless World," *Harvard Business Review*, Vol. 67, May-June, 1989, pp. 152-161.

Onkvisit, Sak & Shaw, John J., "Standardized International Advertising: A Review and Critical Evaluation of the Theoretical and Empirical Evidence," *Columbia Journal of World Business*, Fall, 1987, pp. 43-55.

Onkvisit, Sak & Shaw, John J., "Standardized International Advertising: Some Research Issues and Implications, *Journal of Advertising Research*, Nov./Dec., 1999, pp. 19-24.

Ozsomer, A., Muzzfer B. & T. S. Cavusgil, "Marketing Standardisation by Multinational in an Emerging Market," *European Journal of Marketing*, 25(12), 1991, pp. 51-64.

Ozsomer, A. & Simonin, Bernard L., "Marketing Program Standardization: A Cross-Country Exploration," *International Journal of Research in Marketing*, Vol. 21, 2004, pp. 397-419.

Papavassiliou, Nikolaos & Stathakopoulos, Vlasis, "Standardization versus Adaptation of International Advertising Strategies: Towards a Framework," *European Journal of Marketing*, Vol. 31(7), 1997, pp. 504-527.

Peebles, D., Ryans, J. K. Jr, & Vernon, I. R., "A New Perspective on Advertising

Standardisation," *European Journal of Marketing*, Vol. 11(8), 1977, pp. 569-576.

Peebles, D., Ryans, J. K. Jr, & Vernon, I. R., "Coordinating International Advertising," *Journal of Marketing*, January, 1978, pp. 28-34.

Perlmutter, H. V., "The Tortuous Evolution of the Multinational Corporation," *Columbia Journal of World Business*, January-February, 1969, pp. 9-18.

Peter, Sampson, "People are People the World Over: The Case for Psychological Market Segmentation," *Marketing and Research Today*, November, 1992, pp. 236-244.

Picard, J., Boddewyn, J. J., & Soehl, R., "US marketing policies in the European community: a longitudinal study, 1973-1983," *Journal of Global Marketing*, Vol. 1(4),1988, pp. 5-23.

Porter, M. E., *Competitive Advantage: Creating and Sustaining superior Performance*, The Free Press, 1985. (土岐坤・中辻萬治・小野寺武夫訳『競争優位の戦略』ダイヤモンド社, 1985年)

Porter, M. E., "The Strategic Role of International Marketing," *Journal of Consumer Marketing*, Vol. 3(2), 1986, pp. 17-21.

Porter. M. E., *Competition in Global Industries*, Harvard Business School Press, 1986. (土岐・中辻・小野寺訳『グローバル企業の競争戦略』ダイヤモンド社, 1989年)

Prahalad, C. K. & G. Hamel, "The Core competence of the Corporation," *Harvard Business Review*, May-June, 1990, pp. 79-91.

Quelch, Joan A. & Edward J. Hoff, "Customizing Global Marketing," *Harvard Business Review*, May-June, 1986, pp. 59-68. (邦訳「グローバル・マーケティング:いかに推進するか」『ダイヤモンド・ハーバード・ビジネス』1986年9月号, 4-16ページ)

Quelch, Joan A. & Buzzell, Robert D., "Marketing Moves through EC Crossroads," *Sloan Management Review*, Vol. 31(1), 1989, pp. 63-74.

Quester, P. G. & Conduit, J., "Standardization, Centralization and Marketing in Multinational Companies," *International Business Review*, Vol. 5(4), 1996, pp. 395-421.

Rapaille, Clotaire, *The Culture Code: An Ingenious Way to Understand Why People Around the World Buy and Live As They Do*, Broadway Books,

2007.

Rau, P. A & Preble, J. F., "Standardization of Marketing Strategy by Multinationals," *International Marketing Review*, Vol. 4(3), Autumn, 1987, pp. 18-28.

Rigby, Darrell K. & Vishwanath, Vijay, "Localization: The Revolution in Consumer Markets," *Harvard Business Review*, Vol. 84, April, 2006, pp. 82-92.

Robles, Fernando, R. & Akhter, S. H., "International Catalog Mix Adaptation: An empirical Study," Journal of Global Marketing, Vol. 11(2), 1997, pp. 65-91.

Root, F. R., *Foreign Market Entry Strategies*, AMACOM, 1982.（中村元一監訳,桑名義晴訳『海外市場戦略——その展開と成功のノウハウ』ホールトサンダース社, 1984年）

Rose, Gregory M., & Shoham, Aviv, "Export performance and market orientation Establishing an empirical link," *Journal of Business Research*, Vol. 55, 2002, pp. 217-225.

Rugman, A. M., *Inside the Multinationals*, Croom Helm, 1981.（江夏健一・中島潤・有沢孝義・藤沢武史訳『多国籍企業と内部化理論』ミネルヴァ書房, 1983年）

Rugman, A. M., "New Theories of the Multinational Enterprise: An Assessment of Internalization Theory," *Bulletin of Economic Research*, Vol. 38(2), 1986, pp. 101-118.

Rugman, A. M., *The End of Globalization*, Random House Business Books, 2000.

Ryans, John. K. Jr., "Is It Too Soon to Put a Tiger in Every Tank ?" *Columbia Journal of World Business*, Vol. 4, March-April, 1969, pp. 69-75.

Ryans, John K. Jr. & Ratz, David G., "Advertising Standardization: A Re-Examination," *International Journal of Advertising*, Vol. 6(2), 1987, pp. 145-158.

Ryans, John K. Jr., Griffith, David A., & White, D. Steven, "Standardization/adaptation of International Marketing Strategy," *International Marketing Review*, Vol. 20(6), 2003, pp. 588-603.

Samiee, S. & Roth, K., "The Influence of Global Marketing Standardization on Performance," *Journal of Marketing*, Vol. 56, April, 1992, pp. 1-17.

Sharma, Varinder M., & Erramilli, M. Krishna., "Resource-Based Explanation of Entry Mode Choice," *Journal of Marketing Theory and Practice*, Vol. 12(1),

2004, pp. 1-18.
Shaw, Vivienne, "The Successful Marketing Strategies of German Companies in the UK," *European Journal of Marketing*, Vol. 34(1/2), 2000, pp. 91-106.
Shoham, Aviv., "Global Marketing Standardization," *Journal of Global Marketing*, 9(1/2),1995, pp. 91-119.
Shoham, Aviv, "Marketing-Mix Standardization: Determinants of Export Performance," *Journal of Global Marketing*, Vol. 10(2), 1996, pp. 53-73.
Shoham, Aviv, "Bounded Rationality, Planning, Standardization of International Strategy, and Export Performance, *Journal of International Marketing*, Vol. 7(2), 1999, pp. 24-50.
Shoham, Aviv, "Standardization of International Strategy and Export Performance," *Journal of Global Marketing*, Vol. 16(1,2), 2002, pp. 97-120.
Solberg, C. A., "Standardization or Adaptation of the International Marketing Mix: The Role of the Local subsidiary/Representative," *Journal of International Marketing*, Vol. 8(1), 2000, pp. 78-98.
Solberg, C. A., "The Perennial Issue of Adaptation or Standardization of International Marketing Communication: Organizational Contingencies and Performance," *Journal of International Marketing*, Vol. 10(3), 2002, pp. 1-21.
Sorenson, R. Z. & Wiechmann, U. E., "How Multinationals View Marketing Standardization," *Harvard Business Review*, May-June, 1975, pp. 38-54. (茂木友三郎訳「マーケティングの標準化をめぐる多国籍企業の見解」『ダイヤモンド・ハーバード・ビジネス』1976年11-12月号, 72-80ページ)
Steenkamp, Jan-Benedic E. M. & Hofstede, Frenkel T., "International Market Segmentation: issues and perspectives," *International Journal of Research in Marketing*, Vol. 19, 2002, pp. 185-213.
Strategy Analytics『Global Handset Market Share Update』Strategy Analytics, 2009. 2.
Subramaniam, Mohan & Hewett, Kelly, "Balancing Standardization and Adaptation for Product Performance in International Markets: Testing the Influence of Headquarters-Subsidiary Contact and Cooperation," *Management International Review*, Vol. 44(2), 2004, pp. 171-194.
Sustar, Boris & Sustar, Rozana, "Managing Marketing Standardization in a Global Context," *Journal of American Academy of Business*, Vol. 7(1), 2005,

pp. 302-309.

Svensson, Goeran, "Glocalization of Business Activities: A Glocal Strategy Approach," *Management Decision*, 39(1), 2001, pp. 6-18.

Szymanski, D. M., Bharadwaj, S. G., & Varadarajan, P. R., "Standardization versus Adaptation of International Marketing Strategy: An Empirical Investigation," *Journal of Marketing*, Vol. 57, October, 1993, pp. 1-17.

Takeuchi, H. & Porter, M. E., "Three Roles of International Marketing in Global Strategy," Porter. M. E. [ed], *Competition in Global Industries*, Harvard Business School Press, 1986, Chapter 4. (土岐・中辻・小野寺訳『グローバル企業の競争戦略』ダイヤモンド社, 1989年, 第3章)

Talaat, Abdel-Malek, "Export marketing orientation in small firms," *American Journal of Small Business*, July, 1978, pp. 25-34.

Terpstra, V., *International Marketing*, NY, Holt, Rinehart and Winston, Inc., 1972.

Theodosiou, Marios & Katsikeas, Constantine S., "Factors Influencing the Degree of International Pricing Strategy Standardization of Multinational Corporations," *Journal of International Marketing*, Vol. 9(3), 2001, pp. 1-18.

Theodosiou, Marios & Leonidou, Leonidas C., "Standardization versus Adaptation of International Marketing Strategy: an Integrative Assessment of the Empirical Research," *International Business Review*, Vol. 12, 2003, pp. 141-171.

Friedman, Thomas L., *The World is Flat: A Brief History of the Twenty-first Century*, Farrar Strasu & Giroux, 2006. (伏見威蕃訳『フラット化する世界』日本経済新聞社, 2006年)

Toyne, Brian., & Walters, P. G. P., *Global Marketing Management*, Allyn & Bacon, 1989.

Townsend, Janell D., Yeniyurt, Sengun, Deligonul, Z. Seyda & Cavusgil, S. Tamer, "Exploring the Marketing Program Antecedents of Performance in a Global Company, *Journal of International Marketing*, Vol. 12(4), 2004, pp. 1-24.

Van Mesdag, Martin, "Culture Sensitive Adaptation or Global Standardization-the Duration-of-Usage Hypothesis," *International Marketing Review*, Vol. 17(1), 2000, pp. 74-84.

参考文献

Verhage, B. J., Dahringer, L. D., & Cundiff, E. W., "Will a Global Marketing Strategy Work? An Energy Conservation Perspective," *Journal of the Academy of Marketing Science*, Vol. 17(2), 1989, pp. 129-136.

Viswanathan, Nanda K. & Dickson, Peter R., "The Fundamentals of Standardizing Global Marketing Strategy," *International Marketing Review*, Vol. 24(1), 2007, pp. 46-63.

Vrontis, Demetris, "Integrating Adaptation and Standardisation in International Marketing: The AdapStand Modelling Process," *Journal of Marketing Management*, Vol. 19, 2003, pp. 283-305.

Vrontis, Demetris & Vronti, Peri, "Levi Strauss: an International Marketing Investigation, *Journal of Fashion Marketing and Management*, Vol. 8(4), 2004, pp. 389-398.

Waheeduzzaman, A. N. M. & Dube, Leon F., "Elements of Standardization, Firm Performance and Selected Marketing Vriables: A General Linear Relationship Framework," *Journal of Global Marketing*, Vol. 16(1,2), 2002, pp. 187-205.

Waheeduzzaman, A. N. M. & Dube, Leon F., "Trends and Development in Standardization Adaptation Research," *Journal of Global Marketing*, 17(4), 2004, pp. 23-52.

Walters, P. G. P, "International Marketing Policy: A Discussion of The Standardization Construct and Its Relevance For Corporate Policy," *Journal of International Business Studies*, Summer, 1986, pp. 55-69.

Walters, P. G. P. & Toyne, B., "Product Modification and Standardization in International Markets: Strategic Options and Facilitating Policies," *Columbia Journal of World Business*, Vol. 24(4), Winter, 1989, pp. 37-44.

Wang, Cheng Lu, "The Degree of Standardization: a Contingency Framework for Global Marketing Strategy Development," *Journal of Global Marketing*, Vol. 10(1), 1996, pp. 89-107.

Welch, D. E., Welch, L. S., and Willinson, I. F., "The Importance of Networks in Export Promotion: policy Issues," *Journal of International Marketing*, 6(4), 1998, pp. 68-82.

Wernerfelt, B., "A Resource-based View of the Firm," *Strategic Management Journal*, Vol. 5, 1984, pp. 171-180.

Whitelock, Jeryl M., "Global Marketing and the Case for International Product Standardisation," *European Journal of Marketing*, Vol. 21(9), 1987, pp. 32-44.

Whitelock, Jeryl M. & Pimblett, Carole, "The Standardisation Debate in International Marketing," *Journal of Global Marketing*, Vol. 10(3), 1997, pp. 45-66.

Wiechman, U. S., "Integrating Multinational Marketing Activities," *Columbia Journal of World Business*, Vol. 9, Winter, 1974, pp. 17-23.

Wilkins, Mira, The *Emergence of Multinational Enterprise*. Harvard University Press, 1970. (江夏健一・米倉昭夫訳『多国籍企業の史的展開』ミネルヴァ書房, 1973年)

Williamson, O. E., *Economic Organization: Firms, Markets and Policy Control*, Wheatsheaf Books LTD, 1986. (井上薫・中田善啓監訳『エコノミックオーガニゼーション―取引コストパラダイムの展開』晃洋書房, 1989年)

Wind, Y., Douglas, S. P. & Perlmutter, H. V., "Guidelines for Developing International Marketing Strategies," *Journal of Marketing*, Vol. 37, April, 1973, pp. 14-23.

Yavas, U., Verhage, B. J., & Green, R. T., "Global Consumer Segmentation Versus Local Market Orientation: Empirical Findings," Management International Review, Vol. 32(3), 1992, pp. 265-272.

Yin, R. K., *Case Study Research*, 2nd Edition, 1994.

Yip, G. S., Loewe, P. M., & Yoshino, M. Y., "How to Take Your Company to the Global Market," *Columbia Journal of World Business*, Winter, 1988, pp. 37-48.

Yip, G. S., "Global strategy…in a world of nations?," *Sloan Management Review*, Vol. 31(1), 1989, pp. 29-41.

Yip, G. S., Total Global Strategy: *Managing for Worldwide Competitive Advantage*, Prentice Hall, 1992. (浅野徹訳『グローバルマネジメント――グローバル企業のための統合的世界戦略』ジャパンタイムズ, 1995年)

Yip, G. S., "Patterns and Determinants of Global Marketing," *Journal of Marketing Management*, Vol. 13, 1997, pp. 153-164.

Yip, G. S., Johansson, Johny K. & Roos, J., "Effects of Nationality on Global Strategy," *Management International Review*, Vol. 37(4), 1997, pp. 365-385.

Zandpour, Fred & Harich, Katrin R., "Think and Feel Country Clusters: A

New Approach to International Advertising Standardization." *International Journal of Advertising,* Vol. 15, 1996, p. 325.

Zou, S., & Cavusgil, T. S., "Global strategy: A Review and an Integrated Conceptual Framework," *European Journal of Marketing,* Vol. 30(1), 1996, pp. 52-69.

Zou, S., & Laughlin, J. L., "Dimensions of Global Strategy and Their Utilization by European and Japanese MNCs: An Exploratory Study," *Advances in International Marketing,* 1996, pp. 199-210.

Zou, S., Andrus, David M. & Wayne, Norvell D., "Standardization of International Marketing Strategy by Firm a Developing Country," *International Marketing Review,* Vol. 14(2), 1997, pp. 107-123.

Zou, S., Taylor, Charles R., & Osland, Gregory E., "The EXPERF Scale: A Cross-National Generalized Export Performance Measure," *Journal of International Marketing,* Vol. 6(3), 1998, pp. 37-58.

Zou, S., & Cavusgil, T. S., "The GMS: A Broad Conceptualization of Global Marketing Strategy and Its Effect on Firm Performance," *Journal of Marketing,* Vol. 66, October, 2002, pp. 40-56.

【日本語文献】

相原修・嶋正・三浦俊彦『グローバル・マーケティング入門――「70億人世界市場」をとらえる新視点』日本経済新聞出版社, 2009年。

淺羽茂「競争戦略論と産業組織論の相互作用――競争優位持続可能戦略の研究のための文献サーベイ」『学習院大学経済論集』第29巻第1号, 1992年, 95-110ページ。

安倍誠「韓国携帯電話端末産業の成長――電子産業との連続性と非連続性から」今井健一・川上桃子編『東アジアのIT機器産業―分業・競争・棲み分けのダイナミクス』アジア経済研究所, 2006年, 第1章。

天野恵美子「グローバル・マーケティングにおける適応化の有効性」『中央大学大学院研究年報』第31号, 2001年, 251-261ページ。

ROA. Group『サムスン電子携帯電話の競争力分析レポート』ROA. Group, 2003年。

石井淳蔵・栗木契・嶋口充輝・余田拓郎著『ゼミナールマーケティング入門』日本経済新聞社, 2004年。

伊丹敬之『経営と国境』白桃書房, 2004年。

糸久正人・猪狩栄次郎・吉川良三「サムスン電子におけるリバース・エンジニアリング型開発プロセス——イノベーションを追求することは競争優位の源泉につながるのか？」『MMRC Discussion Paper』No. 165, 2007年, 1-17ページ。

稲垣保弘「コンティンジェンシー理論の再検討」『経営志林』第36巻第2号, 1999年, 47-54ページ。

稲村毅「組織構造のコンティンジェンシー理論」『経営研究』第33巻第3号, 1982年, 43-63ページ。

臼井哲也「国際マーケティング行動と競争優位の関係を測定する分析フレームの構築に向けて」『商学研究論集』第19号, 2003年, 437-455ページ。

臼井哲也「国際マーケティングにおける製品政策と競争優位——マス・カスタマイゼーション研究との結合に向けた予備的考察」『明治商学論叢』第87巻特別号, 2005年, 141-158ページ。

小圷義之「国際マーケティングの標準化と適応化——市場環境要因と製品特性の考察を通して」『国際関係学研究』第2号, 1989年, 61-74ページ。

大石芳裕「国際マーケティング標準化論争の教訓」『佐賀大学経済論集』第26巻第1号, 1993年, 1-34ページ。

大石芳裕「グローバル・マーケティングの分析枠組」『佐賀大学経済論集』第26巻第2号, 1993年, 1-27ページ。

大石芳裕「グローバル・マーケティングの具体的方策」『佐賀大学経済論集』第26巻第3号, 1993年, 1-25ページ。

大石芳裕「日本的国際マーケティングの特徴」『佐賀大学経済論集』第27巻第4号, 1994年, 123-167ページ。

大石芳裕「国際マーケティング複合化戦略」角松正雄・大石芳裕編著『国際マーケティング体系』ミネルヴァ書房, 1997年, 126-149ページ。

大石芳裕「国際マーケティング複合化の実態」『経営論集』第44巻第3・4号, 1997年, 157-198ページ。

大石芳裕「グローバル・マーケティングの概念規定」高井眞編著『グローバル・マーケティングへの進化と課題』同文舘出版, 2000年, 33-53ページ。

大石芳裕「国際マーケティング複合化の実証研究」『明治大学社会科学研究所紀要』第40巻第1号, 2001年, 129-139ページ。

大石芳裕「グローバル・マーケティングの現代的課題」近藤文男・陶山計介・青木俊昭編著『21世紀のマーケティング戦略』ミネルヴァ書房, 52-79ページ。

大石芳裕「グローバルSCMの現状と課題」『マーケティング・ジャーナル』第88

号，2003年，14-27ページ。

大石芳裕編著『グローバル・ブランド管理』白桃書房，2004年。

大石芳裕編著『日本企業のグローバル・マーケティング』白桃書房，2009年。

大木博巳「中国を柱に輸出・内需増で安定成長」『ジェトロセンサー』2004年2月号。

大塚茂「インスタントラーメンの国際化」『島根女子短期大学紀要』Vol. 33号，1995年，109-118ページ。

岡田正大「RBVの可能性——ポーター vs. バーニー論争の構図」『ダイヤモンド・ハーバード・ビジネス』2001年，5月号，88-92ページ。

奥村昭博「経営戦略の条件適合理論の試み」『慶応経営論集』第1巻第2号，1979年，72-88ページ。

奥本勝彦「アジア地域における外国企業のマーケティング戦略および環境への対応に関する実証研究」『科学研究費補助金研究成果報告書』2006年。

角松正雄『国際マーケティング論』有斐閣，1983年。

角松正雄・大石芳裕編著『国際マーケティング体系』ミネルヴァ書房，1996年。

角松正雄「国際マーケティングと世界市場」角松正雄・大石芳裕編著『国際マーケティング体系』ミネルヴァ書房，1997年。

角松正雄「わが国における国際マーケティング研究」高井眞編著『グローバル・マーケティングへの進化と課題』同文舘，2000年，55-70ページ。

木立真直「国際小売企業における標準化・適合化の調和プロセス——イギリスにおける日系小売企業の経験から学ぶ」『マーケティングジャーナル』第72号，1999年，32-42ページ。

北野利信「条件理論の現代的意義」『組織科学』第10巻第4号，1976年，4-14ページ。

金炯中「国際マーケティングにおける標準化・適応化戦略に関する一考察——その分析枠組を中心として」『研究年報』中央大学大学院，第35号，2006年，119-136ページ。

金炯中「国際マーケティングにおける標準化・適応化戦略に影響を及ぼす要因」『企業研究』中央大学企業研究所，第10号，2007年，223-248ページ。

金炯中「アジア地域市場における韓国企業のマーケティング標準化戦略——標準化程度を中心として」『企業研究』中央大学企業研究所，第11号，2007年，181-207ページ。

金炯中「標準化・適応化戦略と経営成果に関する実証研究」『企業研究』中央大学

企業研究所，第12号，2008年，159-183ページ．
金炯中「国際マーケティングの進出戦略と標準化戦略に関する研究」『企業研究』中央大学企業研究所，第13号，2008年，53-79ページ．
金炯中「国際マーケティング戦略の成功要因に関する実証研究」『企業研究』中央大学企業研究所，第19号，2011年，187-207ページ．
金炯中「標準化・適応化戦略における市場選択の重要性――サムスン電子の事例を中心として」『国際ビジネス研究』国際ビジネス研究学会，第3巻第2号，2011年，145-158ページ．
金炯中「携帯電話メーカーのグローバル・マーケティング」『環境と経営』静岡産業大学論集，第17巻第2号，2011年，35-49ページ．
金炯中「新興多国籍企業の国際化戦略――LG電子の事例」『環境と経営』静岡産業大学論集，第18巻第2号，2013年，77-89ページ．
金炯中・尹大榮「韓国食品企業の国際マーケティング戦略」『東アジア経済経営学会年報』第7号，2014年，45-53ページ．
金炯中「農心のグローバル化とグローバル・マーケティング管理」『静岡産業大学情報学部研究紀要』第17号，2015年，269-284ページ．
熊倉広志「キッコーマン」『日本企業のグローバル・マーケティング』白桃書房，2009年，第5章．
熊田喜三男編著『国際マーケティング戦略――ビジネス活動とグローバル展開』学文社，2000年．
車戸實編著『国際経営論』八千代出版，1995年．
黒田重雄「比較マーケティングと国際市場細分化」『経済学研究』第45号第2巻，1995年，94-108ページ．
黒田重雄「国際市場細分化を中心とする実証化」『経営論集』第2巻第4号，2005年，141-159ページ．
黒田重雄「比較マーケティングにおける国際市場細分化分析のビジュアル化」『経営論集』第3巻第1号，2005年，1-38ページ．
経済産業省『2001年度通商白書』
経済産業省『日本の選択』2002年5月．
黄磷「グローバル・マーケティングにおける標準化戦略と市場革新行動――多国籍企業のマーケティングに関する研究の考察」『第1回国際地域経済ジョイントセミナー報告書』1993年，37-63ページ．
黄磷「マーケティング」吉原英樹編著『外資系企業』同文舘出版，1994年，59-89

ページ。

黄磷「グローバル・マーケティングとイノベーション」『商学討究』第45巻第4号，1995年，111-123ページ。

黄磷「新興市場の参入問題——市場環境，取引要因，競争戦略と企業能力の理論的総合」『経営学・会計学・商学研究年報』神戸大学経営学部，第43号，1997年，121-156ページ。

黄磷「中国市場の参入戦略と経営業績」『国民経済雑誌』第176巻第1号，1997年，61-75ページ。

黄磷「変化する動機と参入プロセス——日米企業の比較」『国民経済雑誌』第178巻第6号，1998年，43-55ページ。

黄磷「マーケティング資源の国際移転について」『国民経済雑誌』第182巻第1号，2000年，69-83ページ。

黄磷『新興市場戦略論』千倉書房，2003年。

小阪恕『グローバル・マーケティング』国元書房，1997年。

米谷雅之「製品差別化と市場細分化」『現代製品戦略論——現代マーケティングにおける製品戦略の形成と展開』千倉書房，2001年。

近藤文男『日本企業の国際マーケティング』有斐閣，2004年。

佐藤秀二「一体化が進む両岸経済」『ジェトロセンサー』2003年5月号。

佐藤俊雄「リージョナル・マーケティングの本質と再評価」『商学集志』日本大学商学部創設100周年記念号，2004年，59-71ページ。

嶋正「国際マーケティングと製品ライフサイクル」『商学論叢』第10号，1985年，79-92ページ。

嶋正「グローバル・マーケティング戦略」角松正雄・大石芳裕編著『国際マーケティング体系』ミネルヴァ書房，1996年，150-173ページ。

嶋正「グローバル・マーケティングの進化」高井眞編著『グローバル・マーケティングへの進化と課題』同文舘，2000年，13-31ページ。

嶋正「グローバル・マーケティングの実現と背景」『マーケティングジャーナル』第88号，2003年，4-13ページ。

白樫三四郎「リーダーシップ論におけるコンティンジェンシー理論」『組織科学』第10巻第4号，1976年，36-56ページ。

城座良之・清水敏行・片山立志共著『グローバル・マーケティング（改訂版）』税務経理協会，1998年。

鈴木典比古『国際マーケティング——理論・構造・戦略への挑戦』同文舘出版，

1989年。

高井眞「国際マーケティング戦略の概念とその構造――戦略的企業行動の展開に向けて」『商学論究』第27巻，1980年，1-20ページ。

高井眞編著『グローバル・マーケティングの進化と課題』同文舘出版，2000年。

高井眞「経済発展とマーケティングの進化」角松正雄・大石芳裕編著『国際マーケティング体系』ミネルヴァ書房，1996年，10-40ページ。

高野仁「現地販売に賭ける日系企業」『ジェトロセンサー』2003年5月号。

武上幸之助「国際マーケティングの製品製作に関する一考察」『商経論集』第49号，1985年，19-31ページ。

竹田志郎「国際マーケティングの特性」角松正雄・大石芳裕編著『国際マーケティング体系』ミネルヴァ書房，1996年，62-84ページ。

竹田志郎編著『新・国際経営』文眞堂，2003年。

田村正紀『リサーチ・デザイン』白桃書房，2006年。

丹下博文『国際経営とマーケティング』同文舘出版，1995年。

張世進『ソニー VS サムスン』日本経済新聞出版社，2009年。

ティオフラス・アサモア「グローバル・マーケティングの概念――国際マーケティング研究における新たな展開」『国際経営論集』No. 4，1993年，107-130ページ。

ティオフラス・アサモア「国際マーケティング研究における企業論的なアプローチに関する考察」『国際経営論集』No. 12，1997年，1-20ページ。

ティオフラス・アサモア「グローバル・マーケティング戦略研究における地域市場――特に，単一市場としてのEU（欧州連合）の設立との関連から」『国際経営論集』No. 21，2001年，63-96ページ。

ティオフラス・アサモア「国際ビジネス環境変革期における国際マーケティング研究の課題」『国際経営論集』No. 25，2003年，257-279ページ。

富山栄子「取引費用理論と競争戦略論の限界と補完性――海外市場参入行動分析のための既存理論の批判的検討」『現代社会文化研究』第23号，2002年，183-200ページ。

中村洋・岡田正大・澤田直宏「経営資源・ケイパビリティ理論とSCP理論の動学的補完性に関する考察――内部経営資源の蓄積・活用と業界構造変化の相互作用の観点から」『組織科学』第40巻第1号，2006年，60-73ページ。

ニザール・スゥイデン「国際マーケティング戦略の理論的検討――標準化，適応化，ハイブリッドアプローチ」『マス・マーケティングの発展・革新』同文舘，

2001年，205-226ページ。

日本機械工業連合会『携帯電話の国際競争力強化に向けた課題の調査研究報告書』2010年。

沼野敏「国際マーケティング戦略の標準化と適応化」早稲田大学原田研究室編『マーケティング戦略』同文舘，1991年。

沼野敏「外資系流通企業の国際マーケティング戦略――実態調査に基づき最近の経営行動を探る」『流通とシステム』第94号，1997年，91-98ページ。

根本考・諸上茂登『国際経営の進化』学文社，1988年。

根本考編著『グローカル経営』同文舘出版，2004年。

野中郁次郎「コンティンジェンシー理論の構造・展開・意義」『組織科学』第10巻第4号，1976年，15-25ページ。

野中郁次郎「統合的コンティンジェンシー理論に向けて」『組織科学』第12巻第2号，1978年，13-23ページ。

野中郁次郎「組織のコンティンジェンシー理論――方法論と課題」『組織科学』第14巻第1号，1980年，29-39ページ。

長谷川容子「グローバル・マーケティングに関する一考察――文献レビューを中心として」『星陵論集』第30巻第1号，1998年，55-83ページ。

河完秀「標準化・適応化論争と国際マーケティング戦略――バランス戦略の視点を通して」『商学研究論集』第5号，1996年，275-292ページ。

朴英元・方桂完・立本博文「製品アーキテクチャ観点からの韓国移動通信産業の成功要因と企業戦略」『MMRC Discussion Paper』No. 195, 2008年，1-79ページ。

林廣茂『国境を越えるマーケティングの移転――日本のマーケティング移転理論構築の試み』同文舘出版，1999年。

林廣茂『日韓企業競争――国際市場で激突する宿命のライバル』阪急コミュニケーションズ，2007年。

林廣茂『AJINOMOTO グローバル競争戦略』同文舘出版，2012年。

林田博光「国際マーケティング」奥本勝彦・林田博光編著『マーケティング概論』中央大学出版部，2004年，205-220ページ。

平敷徹男「ファーストリテイリング」『日本企業のグローバル・マーケティング』白桃書房，2009年，第3章。

深澤琢也・崔在溍・臼井哲也「小売企業の国際化における標準化‐適応化戦略についての一考察――戦略的小売技術国際移転論に向けての予備的考察」『中央学

院大学社会システム研究所紀要』第8号第2巻, 2008年, 75-87ページ。
藤沢武史「グローバル市場参入戦略に関する理論的サーベイ」『商学論究』第41巻第3号, 1994年, 161-176ページ。
藤沢武史「国際広告戦略の世界標準化対現地適合化」『商学論究』第44巻第3号, 1997, 13-38ページ。
藤沢武史『多国籍企業の市場参入行動』文眞堂, 2000年。
藤沢武史「国際マーケティング」江夏健一・桑名義晴編著『理論とケースで学ぶ国際ビジネス』同文舘, 2001年, 151-163ページ。
藤沢武史「グローバル・マーケティングの研究課題」『商学論究』第49巻第4号, 2002年, 117-134ページ。
藤沢武史「在アジア日系多国籍製造企業のグローバル市場参入戦略に関するケーススタディ」『商学論究』第52巻第2号, 2004年, 19-40ページ。
藤澤武史編著『グローバル・マーケティング・イノベーション』同文舘出版, 2012年。
藤田輔「国際化進展の中でカンボジアの経済発展──貿易・投資自由化の影響と東アジア市場統合での位置づけ」『立教経済学論叢』第67・68号, 2006年, 1-38ページ。
船川淳志『多文化時代のグローバル経営──トランスカルチャラル・マネジメント』ピアソンエデュケーションズ, 2001年。
堀出一郎・山田晃久編著『グローバル・マーケティング戦略』中央経済社, 2003年。
馬場一「標準化─適応化フレームワークの再構築」『日本商業学会ワークショップ報告書』2004年, 1-21ページ。
丸谷雄一郎「国際マーケティング概念規定に関する再検討」『経営総合科学』2001年, 51-70ページ。
丸谷雄一郎「グローバル・マーケティングにおける統合・調整と組織」『経営総合科学』愛知大学経営総合科学研究所, 第87号, 2006年, 27-48ページ。
丸谷雄一郎『グローバル・マーケティング(第4版)』創成社, 2012年。
三浦俊彦「思考型／感情型製品類型と国際マーケティング戦略──APD世界10地域消費者調査を題材に」『マーケティングジャーナル』第72号, 1999年, 12-31ページ。
三浦俊彦「マーケティング・マネジメントの上位概念としてのグローバル・マーケティング──グローバル・マーケティングの概念規定に関する一考察」『中央大学企業研究所年報』第21号, 2000年, 315-332ページ。

三浦俊彦「日本の消費者はタフな消費者か？——在日外資系企業の消費者認識とグローバル・マーケティング戦略」『マーケティングジャーナル』第85号，2002年，4-18ページ。

茂垣広志「国際経営管理の特徴」竹田志郎編著『新・国際経営』文眞堂，2003年。

森隆行「欧州の視点から見た東アジア市場統合とロジスティックス」『海運経済研究』第39号，2005年，37-46ページ。

森下二次也「ワールド・マーケティング」『経済学雑誌』第56巻第4・5号，1967年。

諸上茂登「広告活動の国際的標準化に関する実証的研究（その1）」『明治商学論叢』第68巻第1・2号，1985年，105-130ページ。

諸上茂登「国際市場細分化分析への価値変数の導入——その意義と方法について」『明大商学論叢』第70巻第1号，1987年，19-35ページ。

諸上茂登「在日外資系企業マーケティング戦略タイプと市場評価，成果に関する実証研究」『商学論究』第38巻第2号，1990年，65-88ページ。

諸上茂登「国際マーケティングにおける市場細分化研究の現状と課題」『明大商学論叢』第75巻第2・3・4号，1992年，77-102ページ。

諸上茂登「成功的な対日マーケティングの戦略タイプに関する実証的研究——欧米系企業と韓国企業の比較から」『商学論纂』第33巻第4・5号，1992年，51-74ページ。

諸上茂登「グローバル経営におけるマーケティングの役割」諸上茂登・藤沢武史著『グローバル・マーケティング』中央経済社，1997年，15-27ページ。

諸上茂登「国際市場細分化戦略」諸上茂登・藤沢武史著『グローバル・マーケティング』中央経済社，1997年，43-52ページ。

諸上茂登「国際マーケティングにおける標準化／適応化フレーム——その有効性についての実証的検討」高井眞編著『グローバル・マーケティングの進化と課題』同文舘，2000年，139-165ページ。

諸上茂登「国際マーケティング関連行動と企業グループ経営成果について」『明大商学論叢』第83巻第3号，2001年，121-146ページ。

諸上茂登「国際マーケティング」吉原秀樹編『国際経営論への招待』有斐閣ブックス，2002年。

諸上茂登「国際マーケティング行動と経営成果に関する最近の研究動向と課題」『熊本学園商学論集』第9巻第3号，2003年，11-26ページ。

谷地弘安「国際マーケティング政策標準化・適応化の問題図式——近年の研究を手

がかりに」『六甲台論集』第41巻第1号，1994年，55-67ページ。
柳川隆「産業組織論の分析枠組──新産業組織論と構造‐行動‐成果パラダイム」『神戸大学経済学研究年報』第47号，2000年，125-141ページ。
山口重克『東アジア市場経済──多様性と可能性』御茶の水書房，2003年。
山崎清・竹田志郎編著『テキストブック国際経営』有斐閣ブックス，1993年。
山本久義「国際マーケティングにおける製品計画のあり方──消費財の領域における「標準化」と「現地化」を中心に」『研究論叢』第23巻第1号，1998年，61-86ページ。
余語将尊「産業組織論の理論構造」『金沢経済大学経済研究所年報』第21号，2001年，87-111ページ。
吉田準三「情況適応の経営計画──コンティンジェンシー・アプローチ」『流通経済大学論集』第14巻第2号，1979年，85-92ページ。
吉田真浩「好調な日系企業の東アジアでの現地販売」『ジェトロセンサー』2004年2月号。
吉原英樹「成功のキーファクター」『外資系企業』同文舘出版，1994年，137-158ページ。
吉原英樹編著『外資系企業』同文舘，1994年。
吉原英樹編『国際経営論への招待』有斐閣ブックス，2002年。
吉村壽「グローバル・マーケティングの諸問題」『商学集志』第69巻第2号，1999年，51-69ページ。
若松勇「中国ビジネスを積極化するASEAN企業」『ジェトロセンサー』2003年4月号。

【韓国語文献】

アン・ヨンガブ「国際企業の韓国子会社に対するマーケティング意思決定の集中化と標準化に関する研究」『経営学研究』第14巻第2号，1985年。
イ・ギュヒョン・オ・ジャンギュン『新商品開発とマーケティング』キョンムンサ，2002年。
イ・クァンスク「国際広告樹立における標準化と現地化水準」『中部大学校論文集』第1号，1999年，207-229ページ。
イ・クァンチョル「グローバル化の進展と韓国企業の国際戦略方向──グローバル化vs現地化」『経営学研究』第24巻第1号，1995年，267-299ページ。
イ・ジェロク「国際マーケティング戦略の標準化に関する研究」『社会科学研究』

第1号，1990年，237-266ページ。

イ・ジャンウ「グローバルマーケティング戦略」『貿易』第346号，1995年，45-47ページ。

イ・ジャンロとパク・クァンソ「国際企業のマーケティング・プログラム標準化程度の決定要因に関する実証的研究」『貿易学会誌』第16号，1991年，49-71ページ。

イ・スヒョン「在日韓国企業のマーケティング戦略——眞露JAPANを中心として」『経営論集』第23巻，1995年，115-129ページ。

イ・スンヨンとキム・テヒョン「韓国内多国籍企業の国際広告戦略研究」『経営論叢』第23号，1999年，83-108ページ。

イ・チョル「輸出マーケティング政策と輸出成果との関係に対する実証的分析」『経営学研究』第22巻第1号，1992年，243-266ページ。

イ・チョル「韓国企業の国際マーケティング力と企業特性要因の関係——非価格競争力を中心として」『国際経営研究』第13巻第1号，2002年，151-179ページ。

イ・チョル「グローバル消費者文化と韓国企業のグローバルブランド育成戦略——国際マーケティングミックスを中心として」『貿易学会誌』第26巻第4号，2001年，247-269ページ。

イ・プンリム，パク・クァンソとグ・ジョンスン「国際企業の子会社意思決定権限の統制程度の決定要因に関する研究」『貿易学会誌』第18巻第20号，1993年，298-306ページ。

イ・ヨンイル「国際マーケティング戦略の標準化と差別化に関する研究」『ソンウォン大学論文集』第22号，1996年，327-348ページ。

イ・ヨンチャン「国際製品戦略のマーケティング効果に関する研究」『生産性論集』第18号，1997年，221-238ページ。

オ・ギョンヒとキム・ジョンポ「我が国の海外進出企業の市場参入方式の決定要因に関する研究」『国際経営論集』第17巻，2002年，83-102ページ。

オ・ユンデとバン・ホヨル「韓国企業の海外直接投資形態に関する実証的研究」『経営論叢』第26号，1984年，69-106ページ。

韓国経済新聞「サムスンUltra Edition 10.9ヨーロッパで100万台販売」2007. 6. 14.

韓国経済新聞「ラーメン市場占有率下落…海外市場輸出拡大は肯定的」2014. 09. 05.

韓国輸出入銀行海外経済研究所『中国消費財商品市場への進出成功事例及び示唆

点』韓国輸出入銀行，2006年。
韓国日報「エニコール Ultra Music Phone 話題満開…なぜ？」2007. 6. 27.
韓国日報「国産携帯世界を魅了させる」2007. 11. 19.
カン・ホサンとソン・ヨンモ「韓国企業の海外市場参入方式に関する実証研究」『経営学研究』第29巻第1号，2000年，271-289ページ。
カン・ミソン「韓国広告環境の特性と多国籍広告会社の市場適応化戦略」『コミュニケーション科学』第17号，1998年，63-84ページ。
キム・イテ「国際マーケティング環境に関する研究」『産業経営研究』第16号，1991年，99-118ページ。
キム・イテ「多国籍マーケティングの行動戦略に関する研究」『牛岩論叢』第7号，1991年，51-70ページ。
キム・イテ「国際マーケティングにおける標準化に関する研究」『牛岩論叢』第15号，1996年，1-16ページ。
キム・ウンクックとジョン・スヨン『乗勝長駆　農心，威風堂々　三養』モノプラス，2011年。
キム・エヨン「市場のグローバル化と多国籍マーケティング戦略の統合的接近方に関する小考」『産業経営』第26号，2000年，131-154ページ。
キム・ギホンとオ・セヨン「国際マーケティングの標準化戦略に関する研究設計」『ロジスティックス研究』第2巻第1号，1994年，179-194ページ。
キム・クァンス「マーケティングミックス手段のグローバル標準化に関する研究」『経営・経済研究』第17巻第1号，1998年，29-53ページ。
キム・ジュンシン「チョコパイのグローバルマーケティング成功事例」『食品産業と栄養』第12巻第1号，2007年，31-39ページ。
キム・スグン「標準化によるグローバルマーケティング戦略──グローバル化を促進させる要因を中心として」『経商論叢』第5号，1996年，199-226ページ。
キム・ソンシクとジョ・ドンソン「韓国企業の企業特有競争優位形成に関する実証的研究」『国際経営研究』第8号，1997年，127-150ページ。
キム・テウ「国際マーケティング活動の市場志向性，標準化，そして成果との関係」韓国外国語大学校大学院貿易学科修士論文，2004年。
キム・ヒチョル「国際マーケティング戦略の標準化と現地化に関する研究──駐韓多国籍企業を中心として」『ドンヘ専門大学研究論文集』第2号，1994年，353-379ページ。
キョンヒャン新聞「韓国食品企業，中国人の味覚をつかむ」2006. 03. 05.

クォン・ヨンチョル「市場志向性が成果に与える影響——輸出企業の場合」『マーケティング研究』第1号，1996年，35-48ページ。

クォン・ヨンチョル「国際製品適応行態——決定要因および成果に関する研究」『経営学研究』第43号，1996年，27-49ページ。

クォン・ヨンチョル「海外直接投資の決定要因と内部化水準——輸出志向 vs 市場志向的投資比較」『国際経営研究』第2号，1999年，138-159ページ。

クォン・ヨンチョル「輸出マーケティングの現地化戦略——製品適応戦略」『マーケティング』第363号，1999年，52-56ページ。

KMAC『韓国産業の顧客満足度』韓国能率協会コンサルティング，2009年。

サムスン経済研究所「企業海外進出成功の条件」『CEO Information』458号，2004年。

サムスン経済研究所「最近の危機にも輝いた企業の教訓」『CEO Information』第717号，2009年。

サムスン電子『アニュアルレポート』2007年号，2008年号，2009年号。

サムスン電子『持続可能経営報告書』2008年号，2009年号。

サムスン電子40年史編纂チーム『サムスン電子40年挑戦と創造の歴史』2009年。

食品ジャーナル「農心"辛ラーメン"輸出100カ国に拡大」『食品ジャーナルニュース食品産業』2014.01.07.

シン・チョルホ『サムスンブランドはなぜ強いか』キムアンドキムブックス，2009年。

シン・ハンウォンとパク・サンガブ「多国籍企業の製品マーケティング戦略に関する研究——標準化対適応化」『経営学研究』第4号，1991年，39-63ページ。

ジョン・インシク「アジア市場における米国，欧州，日本の多国籍企業の国際広告標準化決定要因に関する研究」『マーケティング論集』第11巻第2号，2002年，107-121ページ。

ジョン・インシク「国際多角化が企業成果に与える影響に対する研究——輸出企業を中心として」『貿易学会誌』第28巻第1号，2003年，139-155ページ。

ジョン・インシク，イ・ジャンロとイ・チュンス「韓国輸出企業の新製品開発戦略と輸出成果に対する実証研究」『貿易学会誌』第32巻第3号，2007年，201-219ページ。

ジョン・インスとハン・ジェヨン「市場志向性が事業成果に及ぼす影響要因に関する研究」『マーケティング研究』第9巻第1号，1994年，75-91ページ。

ジョン・スギョン「国際マーケティングコミュニケーションの考察」『言論学報』

第20号，2001年，139-167ページ。

ジョン・デヨン「国際マーケティングの広告戦略に関する研究」『湖南大学論文集』第18巻第3号，1997年，469-483ページ。

ジョン・デヨン「国際マーケティングの文化的環境に関する考察」『経商研究』第14号，1998年，127-143ページ。

ジョン・デヨン「国際マーケティングの製品戦略に関する研究」『湖南大学論文集』第20巻第1号，1999年，437-455ページ。

ジョン・デヨン「国際マーケティングの流通経路戦略に関する研究」『経営研究』第16号，2000年，105-121ページ。

世界日報「中国ラーメン戦争，大陸の味覚を魅了する辛拉面」2005.11.30.

ソウル経済新聞「パウリナフォーンで中南米市場本格攻略」2007.6.28.

ソン・ジェヨンとユン・チェリン「海外子会社の現地化水準の決定要因に関する研究」『経営学研究』第35巻第2号，2006年，389-411ページ。

チェ・ミョンスとイ・ヒョンテク「国際広告の類型標準化の決定要因に関する実証研究」『国際経営研究』第11巻第2号，2000年，71-95ページ。

チャ・スヨン「国際マーケティングに対する小考」『経営論叢』第11号，1986年，75-203ページ。

中国農心本部「中国農心概況」『韓国国際経営管理学会学術発表資料』2009年。

デジタルタイムズ「携帯電話の2つの顔…国内―海外用違う」2007.8.31.

東亜日報「機能だけ良くていいのか，心を読まないと」2009.4.30.

ナ・ウソク「本社と子会社の関係から見る標準化程度に影響を与える要因に関する研究」ヨンセ大学校大学院経営学科修士論文，2003年。

農心（株）アニュアルレポート各年号及び経営成果発表資料各年号。

農心社史編纂委員会『農心40年史』2006年。

ハ・ジェクァン「製品要因および企業要因による国際広告の情報内容および標準化程度に関する研究――雑誌広告を中心として」ハンヤン大学校大学院修士論文，1993年。

ハ・ミョンファン「海外子会社の国際マーケティングミックス差別化戦略決定要因に関する実証研究」『ウソン工業大学論文集』第30号，2001年，77-99ページ。

ハン・ソンミン「国際マーケティング戦略の調整に関する研究」『産経論集』第10号，1992年，157-197ページ。

ハン・チュンミン「韓国企業の輸出マーケティング成果決定要因に関する実証的研究――資源ベース理論の観点から」『国際地域研究』第10巻第1号，2006年，

566-586ページ。

パク・キアン「韓国企業の国際マーケティング事例——大宇自動車のウズベキスタン進出」『マーケティング』Vol. 349，1998年，34-40ページ。

パク・キアンとシン・ゴンチョル「韓・米輸出企業の製品適応化戦略に関する比較研究」『国際経営研究』第12巻，2001年，301-327ページ。

パク・ギョンチョル「輸出マーケティングミックス適応化戦略に影響を及ぼす要因に関する研究」西江大学校大学院貿易学科修士論文，2002年。

パク・クァンソ「マーケティングプログラム標準化程度の決定要因に関する研究——韓国内外国人投資企業の戦略を中心として」『韓国経営学会』1990年，10月号。

パク・クァンソ「国際企業のマーケティング戦略の標準化論争」『産経論叢』Vol. 17，1999年，1-11ページ。

パク・チョル「輸出成果別中小企業群の輸出関連変数の差異に関する探索的研究」『国際経営研究』第9号，1999年，261-282ページ。

ファイナンシャルニュース「13億中国人辛ラーメンに魅了する」2004. 04. 11.

ファイナンシャルニュース「サムスン電子Jet独モバイルライブ行事で人気」2009. 6. 22.

ファン・ナムイルとジョン・デヨン「韓国企業の国際広告戦略に関する実証的研究」『貿易学会誌』第22巻第1号，1997年，185-192ページ。

ホン・ウンヒャン「韓国企業の国際マーケティング標準化戦略に関する研究」淑明女子大学校経営大学院修士論文，1997年。

毎日経済 ECONOMY「新成長動力を探せ，農心グループ」2006. 02. 22.

毎日経済新聞「1000万台ビックヒット商品を増やせ」2008. 2. 16.

毎日経済新聞「サムスン・モバイルライブは何？」2009. 4. 17.

毎日経済新聞「サムスン電子世界初太陽光充電携帯常用化」2009. 6. 11.

毎日経済新聞「サムスン電子戦略フォーンJet注文200万台越え」2009. 6. 22.

Money Today「辛さで中国泣かした辛ラーメン，経営教科書書き直す」2012. 06. 20.

ミョン・チャンシク「国際企業マーケティング意思決定の標準化に関する理論的考察」『経営研究』Vol. 121，1991年，19-30ページ。

ムン・フィチャン「海外直接投資の新たな形態を説明する新たな接近法」『国際地域研究』第8巻，第2号，ソウル大学国際地域院，1998年，1-19ページ。

ムン・フィチャン「海外直接投資の動機，グローバル調整および進出類型を説明す

る新たな理論」『国際地域研究』第11巻第4号，ソウル大学国際地域院，2002年，1-20ページ。
聯合ニュース「電子製品現地化で不況越える」2009. 3. 22.
聯合ニュース「グローバル戦略フォーンサムスン Jet 公開」2009. 6. 16.
聯合ニュース「サムスン Jet 発売中国で生中継」2009. 7. 1.

索　引

あ　行

アジア市場　73, 74, 86, 96, 124, 136, 155, 164, 181
アップル　222
アメリカ企業　15, 29, 57, 77, 78, 104, 105, 120
アリババ（alibaba）　252
意思決定権限　61, 79, 83, 85, 92, 94, 96
異質環境下のマーケティング　15
イスラエル　128
一般的変数　169
イトーヨーカドー　247
イノベーション　21, 29, 38
インド　164
ウォールマート　250, 256
エクステンション・マーケティング　17, 19
延長マーケティング　18
オランダ　234

か　行

海外市場志向性　84, 85
海外市場進出戦略　22
学習メカニズム　148
革新的適応化　63, 102
各国共通セグメント方式　186
加卜吉　251
華龍　245
カルフール　256
環境論　47, 49, 54, 65, 69
環境論的アプローチ　47, 48, 143
韓国企業　74, 86, 96
企業特殊的優位　147
企業能力　145
規制回避のメカニズム　148-150
キッコーマン　219
規模の経済性　26, 31, 44, 118
客観的変数　169
競争戦略論　52, 145
競争優位　20, 25, 52, 64, 101
国別多様セグメント方式　186

国別ポートフォリオ　173, 174
トランスナショナル・マーケティング　17
グローバル・マーケティング　13, 16-20
グローバル・マーケティング・リサーチ　172
グローバル・マーケティング戦略（Global Marketing Strategy: GMS）　30, 61, 62, 101
グローバル・マーケティングの概念　19, 20, 38
グローバル・マーケティングの定義　20
グローバルSCM　18
グローバル型　178
グローバル効率性　20, 21, 38
グローバルネットワーク　144
クロスマーケット（cross-market）　7, 73, 87, 188
クロスマーケット標準化　191
経済発展段階　82
原産国効果（coutry of origin）　261
現地知識　53, 92, 134, 137, 138
康師傅　243, 245
構造─行動─成果パラダイム　52
行動の変数　169
購買力評価（Purchasing Power Parity: PPP）　182
合理的思考　173
コカ・コーラ　27, 45
国際化プロセス　150, 151, 154, 157, 158, 164
国際経験　31, 53, 60-62, 83, 109, 111, 121, 128, 145
国際市場細分化戦略　21, 22
国際マーケティング　13, 15, 17, 19, 20
国際マーケティングの意思決定領域　22
国際マーケティングの概念　14, 16, 38
国際マーケティングの生成　15
国際マーケティングの定義　16
国際ロジスティクス　63
コストコ　250
国境　16, 19

315

コンティンジェンシー・アプローチ　28, 58, 59
コンティンジェンシー理論（contingency theory）　49-51, 56, 69
コントロール程度　152, 154, 157, 163

さ 行

サービス産業　85
財務的成果　61, 62
サムスン　218, 221, 224-227, 235
産業財　85, 93, 99, 109, 127, 133, 134, 160
産業組織論　51-53, 59, 60, 63, 69
産業組織論的アプローチ　65
サンシー殖産　243
三養食品　243
サンヨー　248
事業拡張可能性　130, 136
資源調達のメカニズム　149, 150
資源の有効性　32, 64
資源ベース論　53, 59, 63, 65, 69
市場拡張可能性　123, 138
市場グループ化　220, 237
市場細分化　168, 171
市場細分化のデメリット　170
市場細分化のメリット　170
市場の同質化　26
シナジー効果　31
集約（Aggregation）　220
状況的変数　169
情緒的訴求　173
シリコンバレー　148
人口統計的変数　169
進出形態　22
進出後　28, 29, 58, 67
進出タイミング　260, 261
進出動機　147, 149, 155, 164
辛ラーメン　247, 248, 250, 251, 253, 257
心理的変数　169
スイス企業　77
推定的変数　169
スウェーデン企業　150
スマートフォン　217, 222, 223
製品カテゴリー　27, 78
世界ラーメン協会　243

折衷理論　147
セブンイレブン　251
潜在的利益　24
戦略的資源　52
戦略的成果　61, 62
相互補完関係　53, 146
双方向のコミュニケーション　25
即席麺　239, 243, 244
即席麺需要量　244
測定可能性　177
組織能力　60
ソニー・エリクソン　222, 223, 225, 235

た 行

タイ　128
耐久消費財　76, 85, 99, 109, 160
台湾　139, 164
タオバオ（taobao）　252
多国籍マーケティング　13, 17, 19
地域（region）　4, 167
地域市場　80, 178, 179, 181
地域内の貿易　179
中核能力（core competence）　53
中国　139, 164
調整　20, 21, 26, 31, 38
地理的変数　169
追撃メカニズム　148
程度（degree）　103
適応化戦略　23, 43
適応化戦略のメリット　46
適合化　37
ドイツ企業　77, 197
統一　243, 245
統合　20, 21, 38
統合的視点　54
統合パースペクティブ　31
同時達成　27, 218, 219
東芝　226
統制不可能要素　48
動態的な視点　58, 67
東洋水産　243
取引費用理論　144, 145
トルコ市場　105

索引

な行

内部化理論　144, 147
日清食品　243
日本　139, 164
日本企業　27, 150
ニュージーランド企業　80
ネスレ　27
農心　243
ノキア　221, 224, 225, 227, 235

は行

バイ・リージョン型　178
配置　26, 31
配置・調整パースペクティブ　31
ハイテク産業材　30
ハイブリッド（hybrid）　103
ハイブリッドアプローチ　175
白象　245
発展段階論的アプローチ　17, 38
ハブ戦略　180
ハラル（Halal）　249
バランス　28
範囲の経済　31
ハンガリー　233
非耐久消費財　76, 85, 96, 99, 109, 134, 138
標準化・適応化戦略の対象　34
標準化・適応化戦略の論争　26, 28
標準化可能性　29
標準化戦略　23, 43
標準化戦略のメリット　44
標準化達成可能程度　56
標準化達成程度　56
標準化程度　1, 28, 44, 99, 100
標準化の有効性問題　29
標準化パースペクティブ　30
フィードバック　67, 68, 70
複合化（Duplication）　28
プラットフォーム戦略　180
文化的感度　242
ベトナム　139, 164
方便面　255, 261
ポートフォリオ戦略　180
ポートフォリオ分析　174

ホーム・ベース戦略　180
ホーム・リージョン型　178, 180
ホームベース戦略　181
ホスト・リージョン型　178

ま行

マーケティング・イノベーション　204
マーケティング・プログラム　14, 26, 37, 76
マーケティング・プロセス　25, 27, 127, 163
マーケティング・ミックス　24
マルチドメスティック・マーケティング　18, 19
マンデート戦略　180
ミニストップ　251
モトローラ　222-225, 227, 235

や行

唯一最善の方法　49
輸出成果　121, 128
輸出マーケティング　13, 17-19, 50, 59, 121, 127
輸出マーケティング・アプローチ　15

ら行

ラテンアメリカ市場　105
類似国セグメント方式　186
連結　101
連続体　28, 50, 51
ロッテグループ　246
ロッテ工業　246

わ行

旺旺　252

アルファベット

Anycall　228
ASEAN　33, 181, 183
ASEAN＋3　182
Brand Keys　225
CDMA方式　227
cross-market　122
EU　179
Gartner　217
GMS　62

317

Goodyear 23
GSM方式 227
LG 221, 223, 227
NAFTA 179
ownership interest 153
PLC 54, 77

RIM 222
Sam's Club 250
S-C-P 51, 59, 63
SIMカード 233
Strategy Analytics 224
two-step process 176

〈著者紹介〉

金　炯中（きむ　ひょんじゅん）
1976年　韓国生まれ。
2009年　中央大学大学院商学研究科博士後期課程修了（商学博士）。
　　　　中央大学商学部兼任講師，中央大学企業研究所客員研究員などを経て，
2010年　静岡産業大学経営学部専任講師。
2014年　静岡産業大学情報学部准教授，現在に至る。
専　門　国際マーケティング論，マーケティング戦略論。
主要業績　「標準化・適応化戦略における市場選択の重要性」『国際ビジネス研究』第3巻第2号，2011年。
　　　　"Korean VS Japanese Cellphone Manufacturers: Sustaining A Long Term Competitive Advantage in the Global Marketplace", *SS International Journal of Business and Management Research*, Vol.3(6), 2013.（共著）
　　　　キース・ディニー編著『国家ブランディング──その概念・論点・実践』中央大学出版部，2014年（共訳）ほか。

　　　　　　　　未来を創造する国際マーケティング戦略論
　　　　　　　　──標準化・適応化戦略の理論と実践──

　　2016年5月10日　初版第1刷発行　　　　　　　〈検印省略〉

　　　　　　　　　　　　　　　　　　　　　定価はカバーに
　　　　　　　　　　　　　　　　　　　　　表示しています

　　　　　　　　　著　者　　金　　　炯　中
　　　　　　　　　発行者　　杉　田　啓　三
　　　　　　　　　印刷者　　江　戸　孝　典

　　　　　　　　　発行所　　株式会社　ミネルヴァ書房
　　　　　　　　　　　　　607-8494 京都市山科区日ノ岡堤谷町1
　　　　　　　　　　　　　電話代表（075）581-5191
　　　　　　　　　　　　　振替口座 01020-0-8076

　　　　　　© 金　炯中, 2016　　　　共同印刷工業・清水製本

　　　　　　　　ISBN978-4-623-07675-8
　　　　　　　　Printed in Japan

ロバート・バーテルズ 著／山中豊国 訳 マーケティング学説の発展	A5判・560頁 本 体 6500円
江上 哲 著 ブランド戦略から学ぶマーケティング	A5判・264頁 本 体 2800円
井原久光 著 ケースで学ぶマーケティング［第2版］	B5判・320頁 本 体 3200円
佐竹隆幸 編著 現代中小企業の海外事業展開	A5判・240頁 本 体 3500円
板垣 博 編著 中国における日・韓・台企業の経営比較	A5判・282頁 本 体 6500円
中川涼司・高久保 豊 編著 東アジアの企業経営	A5判・308頁 本 体 2800円
陳 晋 著 アジア経営論	A5判・274頁 本 体 2800円
井原久光 編著 経営学入門キーコンセプト	A5判・296頁 本 体 2500円
神戸大学経済経営学会 編 ハンドブック経営学	A5判・460頁 本 体 3500円
「よくわかる現代経営」編集委員会 編 よくわかる現代経営［第4版］	B5判・236頁 本 体 2700円
高橋伸夫 編 よくわかる経営管理	B5判・239頁 本 体 2800円

―― ミネルヴァ書房 ――

http://www.minervashobo.co.jp/